SCHOOL SOCIAL WELFARE

제2판

학교사회복지론

노병일

YANGSEOWON
양서원

머리말

학교는 현대 사회에서 누구나 만나게 되는 대표적인 교육기관이다. 아동과 청소년은 학교라는 기관에서 젊은 시절의 많은 부분을 보내고 있다. 따라서 사회복지에서는 '학교사회복지'라는 영역에서 학교와 관련된 복지를 다루고 있다.

하지만 우리나라에서 학교사회복지에 관한 책은 많은 편이 아니다. 따라서 본인은 오래 전에 학교사회복지에 관한 책을 세상에 선보인 바 있다. 그러다가 세월이 흘러, 이번에 새로운 출판사에서 개정판(제2판)을 새롭게 내보이게 되었다.

이 책은 크게 다섯 부분(part)으로 구성되어 있다. 각 부분에서는 학교사회복지의 여러 모습을 다루고 있다.

제1부의 경우, 학교사회복지의 일반적 측면을 다루고 있다. 구체적으로 제1부에서는 학교사회복지의 정의와 필요성 및 목적, 학교사회복지의 특징과 중요성 및 가치, 학교사회복지의 역사, 학교사회복지사, 학교제도에 관해 살펴보고 있다.

제2부의 경우, 학교사회복지의 개입을 다루고 있다. 구체적으로 제2부에서는 학교사회복지의 개입 수준, 학교사회복지사의 활동 수준과 활동 대상, 학교사회복지의 실천 모델, 학교사회복지사의 역할에 관해 살펴보고 있다.

제3부의 경우, 가족과 특정 집단에 대한 학교사회복지를 다루고 있다. 구체적으로 제3부에서는 가족과 학교사회복지, 빈곤학생과 학교사회복지, 장애학생과 학교사회복지, 다문화학생과 학교사회복지에 관해 살펴보고 있다.

제4부의 경우, 문제 영역에 따른 학교사회복지를 다루고 있다. 구체적으로 제4부에서는 학교출석, 학교폭력, 학생의 정신건강에 관해 살펴보고 있다.

제5부의 경우, 학교사회복지의 폭넓은 측면을 다루고 있다. 구체적으로 제5부에서는 학교사회복지의 생태학적 관점, 학교사회복지의 거시적 측면에 관해 살펴보고 있다.

이 세상의 모든 사람이 학교를 거쳐 갔거나 거쳐 가겠지만, 본인에게는 학교가 특히 남다르다. 무엇보다도 본인의 아내는 교사로 수십 년을 근무하였다. 본인은 아내의 동료교사와도 자주 어울렸기 때문에, 학교의 풍경이 진하게 가슴에 들어와 있다. 또한 본인은 어릴 때부터 교육에 관심이 많아서, 대학 시절에는 비정규 중학교 과정의 교사(이른바, 야학교사)로 자원봉사 활동을 한 적도 있었고, 미국에 유학 가서는 교육학과의 대학원 수업을 들은 적도 있었다. 이런 탓에, 학교사회복지에 관한 책을 세상에 보이니 옛 풍경이 다시 진하게 떠오른다.

하지만 이 책의 마지막 마침표를 찍고 나니, 허전한 가슴으로 아쉬움이 듬뿍 밀려온다. 부족한 부분은 나중에 개정판을 낼 때 보완하겠다는 뻔한 변명을 하면서, 스스로 위로의 찻잔을 들어본다.

이 책이 세상에 나와 빛을 보기까지는 많은 분들의 도움이 있었다. 우선, 이 책을 발간해 주신 양서원의 박철용 회장님, 항상 따뜻하게 본인을 지지해 주신 정성학 이사님, 예쁘게 편집해 주신 박상훈 선생님에게 깊은 고마움을 표한다. 또한 사진과 관련해 도움을 주시거나 격려해 주신 심희숙 박사님, 정윤옥 박사님, 이재연 박사님, 김달순 교장선생님, 김일상 교장선생님, 김은경 선생님, 전갑수 님, 박준식 선생님, 유재진 박사님에게 깊은 감사의 말씀을 전한다. 더불어, 글쓰기에 좋은 공간을 제공해 주시고 여러모로 배려해 주신 동그라미발달연구소 사회적협동조합의 박미영 박사님에게 고마움을 듬뿍 표한다.

그리고 이 세상을 하늘나라에서 바라보고 계시는 부모님, 허물 많은 본인을 위해 항상 힘을 넣어주는 아내 전영신, 곧 학교에 다닐 건후를 잘 키우고 있는 노대겸·감윤경 부부에게 사랑이 가득 담긴 향기를 담아 보낸다.

2024년 7월

유섭(儒燮) 노병일

일러두기

이 책의 독자분에게 참고가 될까 해서 몇 가지를 미리 일러두고자 한다.

1. 이 책에서는 학교와 관련된 복지를 다루고 있다. 따라서 이 책에서 가장 자주 등장하는 대상자는 학생이다. 그런데 부모의 입장에서 보면, 학생은 아동기나 청소년기에 있는 자녀이다. 따라서 이 책에서는 그때그때의 상황을 고려해 '학생', '아동', '아동이나 청소년', '자녀'와 같은 용어를 섞어서 사용하였다.

2. 이 책에서 제시한 모든 국내 문헌과 국외 문헌은 본인이 '원본'을 직접 읽고 정리한 것이다. 본인이 원본을 직접 읽지 않고 인용한 것은 '재인용'이라고 표시하였다. 독자분께서 이 책의 일부를 인용할 경우, 이 책을 출처로 표시해 주시기 바란다. 특히 이 책에서 제시한 외국 학자나 기관의 내용을 독자분께서 인용할 경우, 이 책에서 '재인용'하였음을 표시해 주시기를 부탁드린다.

3. 독자분께서 이 책의 본문에 더 잘 주목하게 하기 위해, 이 책에서는 인용한 문헌의 페이지를 제시하지 않았다. 그리고 독자분께서 보기 편하게 하기 위해, 이 책에서 참고한 문헌의 저자가 세 명 이하일 때는 모든 저자의 이름을 표시하였다.

차 례

Part 01 학교사회복지의 일반적 측면

PART

1

학교사회복지의 일반적 측면

Chapter 1

학교사회복지의 정의와 목적 및 특징과 역사

1. 학교사회복지의 정의
2. 학교사회복지의 필요성
3. 학교사회복지의 목적
4. 학교사회복지의 특징과 중요성
5. 학교사회복지의 가치
6. 학교사회복지와 관련해 고려할 점
7. 학교사회복지의 역사

1. 학교사회복지의 정의

학교사회복지school social work는 사회복지에서 여러 전문분야 중 하나에 속하고 있다. 그동안 학교사회복지에 관해 정의한 것을 몇 가지 제시하면 다음과 같다(한국학교사회복지사협회, 2024a; Barker, 2003; Barrett, Frederick, Johannsen & Riseley, 2011; Wikipedia, 2024c; Shaffer, 2007).

① 미국 전국사회복지사협회에서 발간한 사전의 경우, 학교사회복지(학교사회사업)는 학생이 학교에 제대로 적응하도록 도와주는 데 관심을 가진 전문적 분야라고 본다.

② 미국 학교사회복지사협회의 경우, 학교사회복지사는 정신건강, 행동, 학습 등과 관련해 도와줄 수 있는 정신건강 전문가라고 본다.

③ 한국학교사회복지사협회의 경우, 학교사회복지는 "교육의 본질적인 목적을 달성하고, 또한 학생복지를 실현할 수 있도록 도와주는 교육 기능의 한 부분이며 사회복지의 전문분야"라고 본다.

④ 스몰리Smalley의 경우, 학교사회복지는 개인 학생이 학교가 제공하는 것을 이용하도록 도와주는 방법이라고 본다.

정리하건대, 학교사회복지는 학생이 학교에 잘 적응하고 학교에서 제공하는 서비스를 잘 이용하도록 도와주는 전문적인 사회복지 분야라고 볼 수 있다.

학교사회복지란?

1. 학교에서 일어나는 학생의 문제들을 개인의 문제만이 아닌 개인을 둘러싼 환경과의 상호작용의 문제로 봅니다.
2. 이러한 심리적·사회적 문제들을 학생·학교·가정·지역사회의 연계를 통해 예방하고 해결함은 물론, 모든 학생이 자신의 잠재력과 능력을 최대한 발휘할 수 있도록 최상의 교육환경과 공평한 교육기회를 제공합니다.

3. 궁극적으로[1] 교육의 본질적인 목적을 달성하고, 또한 학생복지를 실현할 수 있도록 도와주는 교육 기능의 한 부분이며 사회복지의 전문분야입니다.

[출처: 한국학교사회복지사협회(2024a).][*원문을 거의 그대로 옮김]

Points

- 학교사회복지는 학생이 학교에 잘 적응하고 학교의 서비스를 잘 이용하도록 도와주는 전문적인 사회복지 분야이다.

2. 학교사회복지의 필요성

오늘날의 사회에서 학교는 아동과 청소년에게 매우 중요한 공간에 속하고 있다. 무엇보다도, 학교는 아동과 청소년이 많은 시간을 보내는 장소가 되고 있다. 따라서 학교생활에 만족하지 못하는 아동과 청소년은 자신의 일반적 생활에 대해서도 만족하지 못할 가능성이 크다. 이런 탓에, 학교에 다니는 아동과 청소년이 학교생활에 만족하는 정도는 아동과 청소년의 삶의 질에 매우 크게 영향을 미치고 있다(노병일·노대겸, 2024; Kim & Kim, 2013). 결국, 학생이 학교생활을 잘 하는 것은 아동과 청소년의 건전한 발달에 매우 중요하다. 그러므로 사회복지사는 아동과 청소년이 많은 시간을 보내는 학교에 관여하여야 하고, 이에 따라서 학교사회복지가 필요하다.

그리고 오늘날의 사회에서 학생은 다양한 형태의 사회적 문제, 정서적 문제, 행동과 관련된 문제를 겪을 수 있다. 학생이 겪는 문제는 다른 심각한 문제와 함께 나타나는 경우가 많다. 특히 학생은 학습하는 데 부정적인 영향을 미치는 여러 가지 문제를 경험할 수 있다. 이런 문제의 예로 빈곤 상태에 있는 것, 폭력을 겪는 것, 약물을

1) 여기에서 '궁극적으로'는 '결국에 가서는'과 같은 것을 의미한다.

▲ 밖에서 본 학교: 학교는 아동과 청소년에게 매우 중요한 공간이다.

[출처: 미국에서 저자 촬영]

사용하는 것, 우울한 상태에 있는 것, 자살하려고 생각하는 것이 있다. 이런 문제는 학생이 현재와 미래의 상황에 지혜롭게 대처하는 데 부정적인 영향을 미칠 가능성이 크다. 이것은 여러 가지 어려움을 함께 겪고 있는 학생에게 특히 그렇다(노병일, 2022b; Thompson & Frey, 2020; Pfiffner, Windlinger & Hostettler, 2023; Bickley-Green, 2007). 이때, 학생이 겪는 여러 가지 문제는 사회복지 영역에서 다루는 주제인 경우가 많다. 그러므로 사회복지사는 학생이 겪는 여러 형태의 문제에 관여하여야 하고, 이에 따라서 학교사회복지가 필요하다.

그리고 학교에서의 교육 과정은 모든 학생과 교사와 직원이 다양하고 복잡하게 교류하는 상황을 포함하고 있다. 그러나 개인 학생이 학습 및 기타 영역에서 겪는 독특한 어려움을 학교가 해결하지 못하는 경우도 많다. 그러므로 학교사회복지사는 자신의 전문 지식을 학생의 독특한 문제를 해결하는 데 사용하여야 하고, 이에 따라서 학교사회복지가 필요하다.

정리하건대, 학교는 학생에게 중요하고, 많은 학생은 학교 안팎에서 여러 가지 어려움을 겪고 있고, 학교는 이런 어려움을 잘 해결하지 못하는 경우가 많다. 이런 상황에서는 전문적 지식을 지닌 사회복지사가 학교에 관여해서 도움을 주어야 하고, 이에 따라서 학교사회복지가 필요하다.

Points

- 학교는 학생에게 중요하고, 많은 학생은 학교 안팎에서 여러 어려움을 겪고 있고, 학교는 이런 어려움을 잘 해결하지 못하는 경우가 많다. 그러므로 전문적 지식을 지닌 사회복지사가 학교에 관여해서 도움을 주어야 하고, 이에 따라 학교사회복지가 필요하다.

3. 학교사회복지의 목적

학교사회복지에서는 여러 가지 목적을 추구하고 있다. 이 중에서 학교사회복지에서 우선적으로 추구하는 목적은 학생이 학습을 잘하도록 도와주는 것이다. 따라서 학교사회복지에서 제공하는 서비스의 주요한 목적은 학생이 학습할 수 있는 능력을 키우도록 도와주는 데 있다(Barrett et al., 2011; Johnson & Nealis, 2014).

그러나 넓게 볼 경우, 학교사회복지에서 가장 주목하는 것은 학생이 학교에 잘 적응해서 만족스러운 생활을 하는 것이다. 따라서 학교사회복지에서 폭넓게 추구하는 목적을 몇 가지 제시하면 다음과 같다(Barker, 2003).

① 학생이 학교에서 잘 적응하도록 도와준다.
② 학생이 학교에서 잘 적응하게 하기 위해 학교와 가족과 지역사회가 하는 활동을 조정하고, 이런 활동에 관여한다.

그리고 미국 전국사회복지사협회에 따르면, 학교사회복지에서는 학교가 다음과 같은 환경을 갖추어서 학생이 학습을 더 잘할 수 있게 하려 하고 있다(National Association of Social Workers, 2012). 당연히, 이런 측면은 학교사회복지가 추구하는 목적과 관련되어 있다.

① 안전하다.

② 지지해 주고, 공평하게 일을 처리하고, 학생들의 목소리를 받아들인다.

③ 일찍 개입하고, 학생이 좋은 행동을 하도록 하기 위해 개입한다.

▲ 입시 중심의 학교에서 시달리는 학생의 상황을 표현한 작품: 학교사회복지의 주요한 목적은 학생이 학습을 잘하도록 돕는 데 있다.

[출처: 전영신 님(작가) 제공]

Points

- 학교사회복지에서 우선적으로 추구하는 목적은 학생이 학습을 잘하도록 돕는 것이고, 폭넓게 추구하는 목적은 학생이 학교에 잘 적응해서 만족스러운 생활을 하는 것이다.

4. 학교사회복지의 특징과 중요성

1) 학교사회복지의 특징

학교사회복지에서는 학생이 겪는 어려움을 없애거나 줄여주고 또한 학생이 학습하는 데 걸림돌이 되는 것을 없애줌으로써, 학생이 학습을 제대로 하는 데 도움을 주고 있다. 이를 위해서 학교사회복지에서는 모든 학생에게 주목하고 있다.

또한 학교사회복지에서는 여러 가지 문제 때문에 어려움을 겪는 학생에게 특히 주목하고 있다. 이런 문제의 예로 빈곤한 상태에 있는 것, 억압을 당하는 것, 장애를 겪는 것이 있다. 이때, 학교사회복지에서는 가족과 학교와 지역사회의 좋은 자원을 이용해서 학생이 학습을 잘하도록 도와주고 있다(Huxtable, 2022).

그리고 학교사회복지에서는 학생이 학습을 더 잘하고 사회적 · 정서적 · 행동적으로 더 발달하게 도와주기 위해서, 학교와 가족과 지역사회의 활동을 조정하는 데 계속 관심을 가지고 있다. 이때, 학교사회복지에서는 인간을 환경 속에서 바라보는 독특한 관점을 취하고 있다(Barrett et al., 2011; National Association of Social Workers, 2012). 결국, 학교사회복지에서는 학교라는 환경과 학교를 둘러싸고 있는 폭넓은 환경에 주목하고 있다. 이런 점은 학교사회복지의 중요한 특징에 속하고 있다.

한편, 학교사회복지와 관련된 연구에서는 증거에 근거한 실천을 크게 강조하고 있다(Ding, Lightfoot, Berkowitz, Guz, Franklin & DiNitto, 2023).

2) 학교사회복지의 중요성

학교사회복지는 학생과 관련된 여러 영역에서 긍정적인 영향을 미치고 있다. 따라서 학교사회복지는 중요하다. 예를 들어, 미국에서 학교사회복지에 관해 조사한 결과, 학교사회복지는 학생의 출석, 성적, 심리, 행동에 긍정적인 영향을 미치는 것으로 나타난 바 있다(Kelly, Frey & Anderson-Butcher, 2010).

구체적으로, 학교사회복지는 다음과 같이 도움을 주기 때문에 중요하다(Constable, 2009; Nguyen, Vo-Thi, Nguyen-Vu & Tran-Chi, 2022).

① 교육 과정을 잘 운영하는 데 도움을 준다. 따라서 학교사회복지는 학생에 대한 교육이 효과적으로 이루어지게 하는 데 이바지한다.

② 학생의 사회적 배경을 잘 이해하는 데 도움을 준다. 왜냐하면 학교사회복지에서는 학교사회복지사를 포함한 여러 전문가가 팀을 이루어서 학생의 가족, 학교, 지역사회의 상황을 고려하기 때문이다.

③ 취약한 학생이 잘 적응하는 데 도움을 준다. 예를 들어, 학교사회복지에서는 경제적 · 사회적으로 어려운 상황에 있거나 개인적으로 취약한 학생을 전문적으로 도와준다.

④ 모든 학교구성원이 서로 협력해 문제를 해결하는 방법을 찾는 데 도움을 준다. 이를 위해서 학교사회복지에서는 학교의 모든 구성원과 협력하면서, 학교사회복지사의 여러 기본적 역할을 다양한 상황에 적용한다.

⑤ 교사가 자신의 역할을 하는 데 도움을 준다. 예를 들어, 학교에서 학교사회복지 서비스를 잘 제공할 경우, 교사는 학생의 정서적 문제나 행동 문제보다는 학습 문제에 더 주목할 수 있게 된다.

▲ 산책하는 교사들: 학교사회복지는 교사가 자신의 역할을 하는 데 도움을 준다.
[출처: 이탈리아에서 저자 촬영]

Points

- 학교사회복지에서는 한편으로 모든 학생에게 주목하면서, 다른 한편으로 어려움을 겪는 학생에게 특히 주목한다. 더불어 학교사회복지에서는 학교 환경과 학교를 둘러싸는 폭넓은 환경에 주목한다.
- 학교사회복지는 학생과 관련된 여러 영역에서 긍정적 영향을 미친다. 따라서 학교사회복지는 중요하다.

5. 학교사회복지의 가치

학교사회복지에서 추구하는 가치는 사회사업(사회복지)의 가치에 근거하고 있다. 학교사회복지가 사회복지의 한 영역임을 고려하면, 이것은 너무나 당연하다고 볼 수 있다.

사회사업의 일반적 가치를 학교사회복지에 적용한 것을 몇 가지 제시하면 다음과 같다(Constable, 2009).

① 사회사업의 가치에서는 모든 인간은 가치가 있고 위엄이 있는 존재라고 본다. 사회사업의 이런 가치를 학교사회복지에 적용하면 다음과 같다: 각각의 학생이 지니는 독특한 특성에 상관없이, 모든 학생을 개인으로서 가치 있게 여겨야 한다.

② 사회사업의 가치에서는 클라이언트는 자기가 결정하거나 자아를 실현할 권리가 있다고 본다. 사회사업의 이런 가치를 학교사회복지에 적용하면 다음과 같다: 모든 학생은 학습 과정에 참여할 수 있어야 한다.

③ 사회사업의 가치에서는 개인이 가진 능력을 존중하고, 개인이 이런 능력을 갖추려고 하는 것을 지지한다. 사회사업의 이런 가치를 학교사회복지에 적용하면 다음과 같다.

㉠ 개인적 차이를 인정하여야 한다. 여기에는 배우는 속도에서 차이가 있는 것도 포함된다.

㉡ 개입할 경우, 학생이 교육과 관련된 목적을 이루는 데 주목하여야 한다.

④ 사회사업의 가치에서는 모든 사람은 다른 사람과 차이가 날 권리가 있고, 이런 차이는 존중될 권리가 있다고 본다. 사회사업의 이런 가치를 학교사회복지에 적용하면 다음과 같다: 모든 학생은 경제 수준 및 기타 상태에 상관없이 학교에서 평등하게 대우받을 권리를 가져야 한다.

> Points
>
> • 학교사회복지에서 추구하는 가치는 사회사업(사회복지)의 가치에 근거한다.

6. 학교사회복지와 관련해 고려할 점

1) 학교사회복지 서비스 제공에 영향을 미치는 요인

학교사회복지와 관련된 서비스를 제공하는 데는 여러 가지 요인이 영향을 미치고 있다. 이 중에서 어떤 요인은 긍정적인 영향을 미치고 있고, 어떤 요인은 부정적인 영향을 미치고 있다. 따라서 학교에서 사회복지 서비스를 제공하는 데 도움이 되는 요인과 걸림돌이 되는 요인을 체계적으로 파악할 필요가 있다(Teasley, Canfield, Archuleta, Crutchfield & Chavis, 2012).

우선, 학교사회복지 서비스를 제공하는 데 긍정적인 영향을 미치는 요인과 관련된 상황을 몇 가지 제시하면 다음과 같다(Teasley et al., 2012).

① 학교사회복지사가 부모와 교사를 만나기 쉽다.

② 학교사회복지사가 부모 및 교사와 적극적으로 이야기를 나눈다.

③ 클라이언트와 학교사회복지사 사이의 관계가 좋다.

④ 학교에 자원이 적절하다.

⑤ 학교의 교사와 직원이 능력이 있다.

⑥ 학교사회복지사가 전문적으로 지도한다.

그러나 개인적 요인, 경제적 요인, 문화적 요인, 제도적 요인, 환경적 요인을 포함한 여러 요인은 학교에서 사회복지 서비스를 제공하는 데 걸림돌로 작용할 수 있다. 학교사회복지 서비스를 제공하는 데 부정적인 영향을 미치는 요인과 관련된 상황을 몇 가지 제시하면 다음과 같다(Teasley et al., 2012).

① 학교사회복지사가 부모 및 교사와 교류하기 어렵다.
② 학교사회복지사가 부모 및 교사와 적극적으로 교류하지 않는다.
③ 학교에 자원이 부족하다.
④ 학교사회복지사가 시간의 제약을 받는다.
⑤ 교사와 교장·교감 사이의 관계가 좋지 않다.

학교사회복지에서는 서비스를 제공하는 데 걸림돌로 작용하는 요인에 특히 더 관심을 가질 필요가 있다.

2) 체계적 욕구조사에 근거한 학교사회복지 서비스의 제공

학생의 욕구를 충분히 충족해주기 위해, 지역의 교육기관은 학교사회복지 서비스를 잘 제공할 필요가 있다. 이 경우, 지역사회의 교육기관은 체계적인 욕구조사 자료에 근거해, 적절한 수준과 적절한 형태의 학교사회복지 서비스를 제공할 필요가 있다(노병일, 2023; National Association of Social Workers, 2012).

Points

- 학교사회복지와 관련해 고려할 점으로 학교사회복지 서비스 제공에 영향을 미치는 요인과 관련된 측면, 체계적 욕구조사에 근거한 학교사회복지 서비스의 제공과 관련된 측면이 있다.

7. 학교사회복지의 역사

1) 세계의 학교사회복지 도입과 진전

학교사회복지가 발달한 역사는 100년이 넘는다. 따라서 오늘날에는 많은 국가에서 학교사회복지를 실시하고 있다. 오늘날에는 전 세계에서 교육복지, 교육사회사업, 학교사회사업, 학교사회복지사업 등의 이름으로 학교에서 사회복지 서비스를 제공하고 있다(전구훈, 2013; Huxtable, 2022).[2)]

학교사회복지를 일찍 시작한 국가 중 하나는 미국이다. 미국에서는 1906~1907년에 방문교사visiting teacher 프로그램을 시작함으로써, 학교사회복지를 실시하였다. 그리고 스웨덴, 핀란드, 노르웨이, 덴마크와 같은 북유럽 국가에서는 1940년대부터 1970년대 사이에 학교사회복지를 시작하였다. 1960년대에는 아르헨티나에서 학교사회복지를 시작하였고, 1970년대에는 호주, 독일, 폴란드, 싱가포르, 홍콩에서 학교사회복지를 시작하였다. 그리고 나서 오스트리아, 뉴질랜드, 스위스, 사우디아라비아, 스리랑카, 몽고, 타이완, 일부 동유럽 국가에서 학교사회복지를 시작하였다(Allen-Meares, 2011; Huxtable, 2007; Huxtable, 2022).

오늘날, 학교사회복지는 세계적으로 빠르게 발전하고 있는 사회복지 전문분야이다(Ding et al., 2023). 그리고 우리나라를 포함한 많은 국가에서는 학교에서 사회복지 서비스를 제공하고 있다.

2) 미국 학교사회복지의 역사

역사적으로 발달한 측면에 주목할 경우, 선진국 중에서 학교사회복지가 가장 잘 발달한 국가의 하나로 미국을 꼽을 수 있다.

---

2) 우리나라의 학교에서는 '학교사회복지'라는 용어와 더불어 '교육복지'라는 용어도 자주 사용하고 있다(조성심, 2014).

(1) 초기

미국에서 학교사회복지는 사회적으로 혼란스러운 시기였던 1900년대 초에 등장하였다. 구체적으로 1906~1907년에 여러 지역에서 학교사회복지 사업을 동시에 처음으로 실시하였다. 이 당시에, 뉴욕New York, 시카고Chicago, 보스턴Boston, 하트포드Hartford에서 방문교사 프로그램을 실시하였다. 방문교사 프로그램을 실시한 것은 미국의 공립학교에서 사회복지 서비스를 처음으로 제공한 사례가 되었다(Huxtable, 2022; Daftary, Sugrue, Gustman & Lechuga-Pena, 2021; Forenza & Eckhardt, 2020; Constable, 2009; Shaffer, 2007; Knox, Gherardi & Stoner, 2020).[3)]

▲ 미국의 초등학교: 미국에서 방문교사 프로그램을 실시한 것은 공립학교에서 사회복지 서비스를 처음으로 제공한 사례가 되었다.

[출처: 전갑수 님 제공]

3) 이에 관해서는 앞에서도 설명한 바 있다.

미국에서 방문교사 프로그램을 실시하기 바로 전의 구체적 상황을 제시하면 다음과 같다(Shaffer, 2007; Daftary et al., 2021; Forenza & Eckhardt, 2020).

① 인보관에서[4] 활동하는 사람, 여성운동을 하는 사람, 아동복지 서비스를 제공하는 사람, 아동학대를 조사하는 사람의 경우, 학교는 어려움을 겪는 아동과 청소년에게 개입하는 데 매우 좋은 환경이라고 보았다.

② 유럽에서 이민자들이 많이 들어왔고, 또한 남부의 농업 지역에서 북부의 산업 지역으로 아프리카계 미국인(흑인)이 이주하였다. 이에 따라서 학교에 다닐 나이의 아동과 청소년의 수가 빠르게 증가하였다.

③ 경제적으로 더 불평등해졌고, 빈곤 상태에 있는 사람이 많았다.

앞에서와 같은 상황 때문에, 공립학교에 다니는 학생들의 사회적 · 경제적 상태와 인종이 매우 다양해졌다. 이에, 공립학교는 다양한 학생들이 글을 더 잘 이해하고 사회의 가치를 더 받아들이게 함으로써, 사회적 · 경제적으로 안정된 생활을 하도록 하고자 하였다. 그리고 이때 교육학, 심리학, 정신건강 영역에서 새로운 지식이 나타났다.

이런 여러 상황 때문에, 학교는 그동안 오래 지니고 있던 생각과 제도의 많은 부분을 바꾸게 되었다. 그 결과, 학교는 학교사회복지와 같은 영역에 관심을 가지게 되었다(Constable, 2009; Shaffer, 2007).

방문교사의 경우, 다음과 같은 학생이 어려움을 겪는 원인을 찾아서 더 잘 적응하도록 도와주는 일을 하였다(Shaffer, 2007).

① 성적이 좋지 않고, 건강이 좋지 않고, 행동을 잘하지 못하고, 지각하고, 출석을 제대로 하지 않기 때문에, 학교가 방문교사에게 의뢰한 학생이 있다.

② 가정환경이 좋지 않은 것으로 보이는 학생이 있다.

'방문교사'라는 명칭에서 알 수 있듯이, 학교사회복지 서비스에서는 처음에는 학생

4) 인보관은 요즈음의 지역사회복지관과 비슷한 곳을 말한다(노병일, 2021a).

의 가정과 동네에서 발생한 것에 크게 관심을 가지고 있었다. 또한 학교사회복지 서비스에서는 가정과 동네의 상황이 학생의 학교 경험에 어떻게 영향을 미치는지에 크게 관심을 가지고 있었다. 그리고 방문교사는 지역사회에서 독특한 위치에 있었다. 왜냐하면 방문교사는 동네가 돌아가는 상황과 학교에 대해 잘 알고 있었기 때문이다. 따라서 지역사회에서 방문교사는 지역사회를 더 빨리 변화시키는 역할을 하였다.

방문교사 프로그램은 성공적인 것으로 평가되었다. 그 결과, 다른 지역의 인보관과 조직에서도 가정과 학교 사이의 관계를 더 잘 이해하기 위해서 자기 지역에 있는 학교에 방문교사를 배치하기 시작하였다(Daftary et al., 2021; Shaffer, 2007).

(2) 1920~1930년대

미국의 경우, 1920년대와 1930년대에도 학교사회복지는 나름의 역할을 하였다. 이 당시, 학교사회복지와 관련된 상황을 몇 가지 제시하면 다음과 같다(Allen-Meares, 2011).

① 학교사회복지사의 수가 증가하였고, 학교사회복지사가 더 크게 영향을 미치게 되었다.

② 학교사회복지 영역에서 시범 프로그램이 더 많아졌다.

③ 공립학교에서 학교사회복지사는 치료하는 역할을 하기 시작하였다.

1930년대 이전에는 학교사회복지에서 지역사회에 주목하는 경우가 많았다. 그러나 1930년대에 들어서 학교사회복지에서는 개인에게 서비스를 제공하는 데 주목하는 방향으로 나아갔다. 따라서 학교사회복지사는 정신건강 영역에서 서비스를 제공하는 역할을 주로 하게 되었다. 그 결과, 학교사회복지사는 학교와 가족과 지역사회를 연결하는 데는 덜 주목하게 되었다(Forenza & Eckhardt, 2020).

한편, 대공황 시기에 사회복지 활동은 사람의 기본적 욕구를 충족하는 데 주목하는 방향으로 나아갔다. 이런 탓에, 1930년대에 학교사회복지사는 전문적 역할을 크게 하지 못하였다(Allen-Meares, 2011; Shaffer, 2007; Wikipedia, 2024c).

(3) 1940~1950년대

제2차 세계대전이 끝난 후에도, 학교사회복지에서 제공하는 서비스는 개인에게 주목하는 경우가 많았다. 하지만 이 시기에 다음과 같은 경향이 나타났다(Shaffer, 2007).

① 학교사회복지를 중학교와 고등학교에서 실시하는 것에 관심을 가졌다.

② 학교사회복지를 실시하는 학교의 수가 늘어났다.

그리고 제2차 세계대전이 끝난 후에, 학교사회복지에서는 예방하는 측면을 강조하고 있었다. 또한 일부 학교에서는 '문제가 있는 아동problem child'에게만 관심을 가지는 방향에서 벗어나서, 모든 아동에게 관심을 가지는 방향으로 나아갔다.

(4) 1960~1970년대

미국의 경우, 1960년대 이전에도 학교에서 집단사업group work을[5] 실시하고 있었다. 그러나 이 시기에 집단사업은 주요한 방법이 되었다(Allen-Meares, 2011; Shaffer, 2007).

그리고 1970년대에 학교사회복지사의 수가 증가하였다. 또한 이 시기에는 가족과 지역사회를 더 강조하는 방향으로 나아갔고, 학교와 관련된 기타 학문 분야의 전문가들과 함께 팀을 이루어 활동하는 것을 더 강조하는 방향으로 나아갔다(Allen-Meares, 2011).

그러다가 1975년에 의회는 「장애아동 교육법」을 통과시켰다. 이에 따라서 학교사회복지사의 역할이 크게 변하게 되었다. 「장애아동 교육법」은 학교에서 사회복지 서비스를 제공하는 데 크게 영향을 미쳤다(Forenza & Eckhardt, 2020; Allen-Meares, 2011).

그리고 사회적 환경과 교육 환경이 변함에 따라, 학교사회복지사는 새롭고 더 효과적인 역할과 실천 모델을 개발하기 시작하였다(Shaffer, 2007). 이에 따라 1970년대

5) 집단사업은 집단을 대상으로 서비스를 제공하는 활동을 말한다.

에 일부 학자는 학교사회복지사가 활용할 수 있는 실천 모델을 제시하였다.[6]

(5) 1980년대 이후

미국의 경우, 1980년대에 학교사회복지사는 장애인 교육과 관련된 법과 초등학교와 중·고등학교를 더 좋게 만드는 것과 관련된 법에서 제시한 '자격 있는 전문가 qualified personnel'에 포함되었다. 이에 따라서 전국사회복지사협회에서는 학교사회복지에 관심을 더 가지게 되었고, 학생의 욕구를 충족하기 위해서 서비스를 더 제공하는 데 관심을 더 가지게 되었다.

그러다가 2002년에 「아동낙오방지법No Child Left Behind Act」을 만들었다. 이 법에 따르면, 학교와 교사와 학생은 학습에 대해 책임지게 되어 있다. 따라서 이 법은 학교사회복지와 관련되어 있다.

그 후, 미국의 학교사회복지는 꾸준히 발전하고 있다.

3) 우리나라 학교사회복지의 역사[7]

(1) 도입 이전 시기

우리나라에서 처음 실시한 학교사회복지 활동은, 1960년대 후반에 서울의 마포사회복지관이 실시한 활동으로 알려져 있다. 이때, 외국의 민간 원조기관이 마포사회복지관을 운영하고 있었다. 이 당시에, 마포사회복지관은 의뢰받은 초등학교 학생 36명을 경제적으로 도와주고 이들에게 상담 서비스를 실시하였다. 또한 이들이 학교에 적응하고 학습을 잘하게 하는 데 도움을 주었다. 그러나 이에 관한 자세한 기록이 남아 있지 않아서, 이런 활동의 구체적인 내용은 알 수 없다.

그러다가 1973년에 우리나라 교육부는 18학급 이상의 중등학교에 교도교사를 의

6) 실천 모델에 관해서는 학교사회복지의 모델을 다루는 장(제4장)에서 자세히 설명한다.

7) 이 부분은 성민선 외(2004)를 많이 참조하였다.

무적으로 두게 하였다. 이에 따라서 우리나라에서는 학교에서 학교사회복지와 관련된 제도를 처음으로 시작할 수 있었다. 그리고 1985년에 이 제도를 확대해, 12학급 이상의 중학교와 9학급 이상의 고등학교에 학교상담실을 의무적으로 설치하도록 하였다. 이때 학교상담실에는 일정한 자격을 갖춘 교도교사를 배치하도록 하였다. 그러나 이때는 상담 활동은 하지 않고 교과 지도만 하는 사례가 많았다. 또한 가출과 같은 문제에 대해서는, 치료나 예방 차원에서 대처하기보다는 행정적으로 대처하는 경우가 많았다(성민선 외, 2004).[8)]

▲ 어느 고등학교의 상담실: 우리나라에서는 1985년에 일정 학급 수 이상의 고등학교에 학교상담실을 의무적으로 설치하도록 하였다.

[출처: 저자 촬영]

8) 그 후 1994년에 교육부는 교도교사의 명칭을 진로상담교사로 바꾸었다. 그러나 진로상담교사는 교사자격증을 가지고 있어야 한다고 정하였기 때문에, 교사자격증이 없는 사회복지사는 학교에서 체계적으로 활동할 수 없었다. 그러다가 1997년에 진로상담교사의 명칭을 전문상담교사로 바꾸었다.

(2) 도입 시기

사회복지사 자격증을 가지고 있던 영어교사가 1986~1988년에 서울의 고등학교에서 교사들과 팀을 이루어 사회복지 서비스를 제공하였다. 이것은 우리나라에서 학교사회복지를 제공하는 기회가 되었다.

그러나 우리나라에서 사회복지관을 중심으로 학교사회복지를 공식적으로 처음 시작한 시기는 1993년으로 알려져 있다. 이 당시에, 태화종합사회복지관에서 두 명의 사회복지사가 초등학교 학생을 대상으로 '꿈나무교실' 프로그램을 운영하였다. 이 프로그램은 특수학급 아동 9명을 대상으로 실시한 집단지도 프로그램이었다.

그 후, 1993년에 사회복지학과 대학원생이 서울의 고등학교에서 실습할 때 학교중심 학교사회복지를 실시하였다. 이때, 학교에서 해결하기 어려운 문제를 사회사업적 접근방식으로 해결하고자 하였다. 그리고 이 시기부터 지역 중심의 학교사회복지 모델과 학교 중심의 학교사회복지 모델이 함께 발달하였다(성민선 외, 2004).

(3) 확대 시기

1993년부터 시작한 '꿈나무교실' 프로그램 덕분에, 이후에 복지관은 학교사회복지에 점점 관심을 가지게 되었다. 그러다가 보건복지부에 속해 있던 '국민복지기획단'은 1995년에 '학교사회사업'을 제도화할 것을 권고하였다. 이에 따라 교육부는 1997년 3월부터 1999년 2월까지 '학교사회사업 시범연구사업'을 실시하였다. 그리고 1999년에 1년 동안 평가를 한 후, 2000년 이후에 2차 시범사업을 실시하겠다고 발표하였다. 그러나 교육부가 제시한 것은, 취약한 학생들에게 '사회사업 서비스'를 제공하되, 이것을 상담교사, 교육학을 부전공한 교사, 학부모 자원봉사자를 통해서 실시하는 것이었다.

그러다가 교육부는 시범사업을 전국의 4개 학교에서 2년 동안 실시하였다. 또한 교육부와는 별도로, 서울시 교육청은 지방 교육청으로는 처음으로 1997년에 학교사회복지 시범사업을 실시하였다. 이런 시범사업은 우리나라에서 학교사회복지가 학교를 중심으로 발전할 수 있는 토대가 되었다(성민선 외, 2004; Huxtable, 2007).

그리고 학교사회복지 현장에 이론적 토대를 제공하기 위해서, 1997년에 한국학교사회사업학회(나중에 한국학교사회복지학회로 명칭을 바꿈)를 조직하였다. 이어서 2000년에 한국학교사회사업실천가협회(나중에 학교사회복지사협회로 명칭을 바꿈)를 조직하였다(전구훈, 2013).

(4) 발전 시기

사회복지공동모금회는 학교사회복지를 제도화하기 위해서 2002년부터 3년 계획으로 학교를 중심으로 학교사회복지 시범사업을 지원하였다. 이 사업의 의도는, 전국의 14개 학교에 사회복지사를 배치하여 학교사회복지를 실시한 다음에, 학교사회복지가 효과가 있음을 증명함으로써 학교사회복지의 체계를 갖추려는 것이었다. 사회복지공동모금회가 지원한 이 사업은 학교사회복지가 크게 발달하는 데 이바지하였다. 무엇보다도, 이 사업은 학교사회복지를 안정되고 꾸준하게 실시할 수 있는 상황을 마련해 주었다.

그 후, 2003년에 교육인적자원부는 '교육복지투자우선지역 지원사업'을 실시하겠다고 발표하였다. 교육복지투자우선지역 지원사업에서는 학교를 중심으로 지역교육공동체를 구성하는 데 주목하였다. 그리고 교육인적자원부는 2004년 5월부터 2005년 4월까지 교육복지를 더 많이 제공하고 학교폭력을 예방하기 위해 사회복지사를 활용하는 연구사업을 새로 시작하였다(성민선 외, 2004; 전구훈, 2013; Lee, 2008).

이어서, 학교사회복지와 관련해 여러 가지 사업을 실시하였다. 이런 사업의 예로 지방자치단체에서 지원한 학교사회복지사업, 교육과학기술부에서 실시하였다가 이후에 보건복지부에서 파견사업으로 진행한 시범학교 사업, WeStart사업 내의 학교사회복지사업, 교육과학기술부에서 시행한 Wee Project사업이 있다(전구훈, 2013).

그 후, 우리나라의 학교사회복지는 꾸준히 발전하고 있다.

Points

- 오늘날, 우리나라를 포함한 많은 국가에서 학교사회복지를 제공하고 있다.
- 미국에서 학교사회복지는 사회적으로 혼란스러운 시기였던 1900년대 초에 등장하였다. 이후에 미국의 학교사회복지는 꾸준히 발전하고 있다.
- 우리나라 최초의 공식적인 학교사회복지 활동은, 태화종합사회복지관에서 두 명의 사회복지사가 초등학교 학생을 대상으로 '꿈나무교실' 프로그램을 운영한 것이다. 이후에 우리나라의 학교사회복지는 꾸준히 발전하고 있다.

Chapter 2

학교사회복지사

1. 학교사회복지사의 정의와 명칭
2. 학교사회복지사의 목표와 업무
3. 학교사회복지사의 자격과 고용
4. 학교사회복지사에게 필요한 지식
5. 학교사회복지사의 가치와 윤리
6. 학교사회복지사의 장점과 어려움

1. 학교사회복지사의 정의와 명칭

1) 학교사회복지사의 정의

학교사회복지사school social worker는 문자 그대로 학교 영역에서 활동하는 사회복지사를 일컫는다. 구체적으로 학교사회복지사는 학교와 관련된 사람들에게 사회복지 서비스를 제공하는 전문가를 말한다(American Council for School Social Work, 2014).

2) 학교사회복지사에 대한 명칭

미국에서는 교육기관에서 근무하는 사회복지사를 '학교사회복지사'라고 부르고 있다. 우리나라에서도 학교사회복지를 담당하고 있는 전문가를 학교사회복지사라고 부르고 있다. 그러나 학교사회복지사에 대한 명칭은 국가마다 다소 차이가 나고 있다. 예를 들어, 영국에서는 초기에 학교사회복지사를 '교육복지 관리자education welfare officer'라고 부른 바 있다(National Association of Social Workers, 2012; Huxtable, 2022).

그리고 학교사회복지 영역에서 활동하는 사람에 대해서, '학교사회복지사'라는 명칭 이외에 여러 가지 명칭을 사용하기도 한다. 이런 명칭의 예로 학생 개별 사업가 pupil personnel worker, 가정 · 학교 방문가home and school visitor, 가정 · 학교 조정자home-school coordinator, 방문교사visiting teacher, 가족 협력 사업가family collaborative worker, 가족 전문가family specialist, 가정 · 가족 전문가home family specialist가 있다(National Association of Social Workers, 2012).

학교사회복지사를 나타내기 위해 사용한 명칭이나 직책과 관련된 사례를 몇 가지 제시하면 다음과 같다(Shaffer, 2007).

① 미국에서 1900년대 초에 학교사회복지가 등장할 무렵에, 학교사회복지사는 방문교사, 학교 상담사, 가정 · 학교 방문가라고 부른 바 있다.

② 1945년에 미국의 교육 부서가 조사한 결과, 학교에서 활동하는 사회복지사를 나타내는 직책이 50가지나 되는 것으로 나타난 바 있다.

③ 1980년대에 미국의 어느 주에서 학교사회복지사를 조사한 결과, 학교사회복지사를 나타내기 위해 사용하고 있는 직책이 20가지가 넘는 것으로 나타난 바 있다.

그러나 미국 전국사회복지사협회의 경우, 앞에서 제시한 여러 가지 명칭은 학교사회복지사의 자격과 역할에 관해 잘못된 인식을 심어주고 있다고 보고 있다. 따라서 미국 전국사회복지사협회는 '학교사회복지사' 이외의 명칭을 사용하지 말라고 권고한 바 있다(National Association of Social Workers, 2012; Shaffer, 2007).

Points

- 학교사회복지사는 학교와 관련된 사람들에게 사회복지 서비스를 제공하는 전문가이다.
- 학교사회복지사에 대한 명칭은 국가마다 차이가 있다.

2. 학교사회복지사의 목표와 업무

1) 학교사회복지사가 추구하는 목표

학교사회복지사가 추구하는 중요한 목표는 학생과 가족의 욕구를 충족하는 것이다. 이 외에도, 학교사회복지사는 여러 가지 목표를 추구하고 있다. 예를 들어, 학교사회복지사는 다음과 같은 목표를 추구하고 있다(National Association of Social Workers, 2012).

① 학생이 교육을 받을 기회를 공평하게 가진다.

② 학생이 교실에서 신체적·정서적으로 건전하게 지낸다.

③ 모든 학생을 더 존중한다.

한편, 학교사회복지사는 다음과 같은 측면에 관심을 가지는 경우가 많다(Ding et al., 2023). 이런 측면은 학교사회복지사가 추구하는 구체적 목표와 관련되고 있다.

① 학생이 행동과 학습을 더 잘하게 한다.
② 학생의 심리적 스트레스를 줄이거나 없앤다.
③ 학교의 환경과 문화를 개선한다.
④ 교사와 부모와 학생들 사이에 서로 교류한다.
⑤ 학생 부모의 복리 수준을 높인다.

2) 학교사회복지사의 업무

학교사회복지사가 추구하는 중요한 목표가 학생과 가족의 욕구를 충족하는 것이기 때문에,[1] 학교사회복지사의 구체적 업무는 학생과 가족의 욕구를 충족하는 것과 직접 관련되어 있다.

특히, 학교사회복지사는 학생과 가족이 교육과 관련된 어려움을 극복하도록 도와주는 여러 가지 업무를 하고 있다(Lee, 2007). 실제로 이와 관련해, 학교사회복지사는 다양한 업무를 하고 있다. 이런 점은 학교사회복지사가 하는 다양한 역할을 통해서도 잘 알 수 있다.[2]

이 외에도 학교사회복지사는 여러 가지 복잡한 업무를 하고 있다. 미국 학교사회복지협의회의 경우, 학교사회복지사가 하는 주요한 업무를 다음과 같이 제시한 바 있다(Forenza & Eckhardt, 2020).

① 학생에게 서비스를 제공한다.
② 학생의 부모와 가족에게 서비스를 제공한다.
③ 교사와 직원에게 서비스를 제공한다.
④ 지역사회에 서비스를 제공한다.

---

1) 이에 관해서는 위에서 이미 설명한 바 있다.
2) 학교사회복지사가 하는 여러 가지 역할에 관해서는 학교사회복지사의 역할을 다루는 장(제5장)에서 자세히 설명한다.

⑤ 학교와 지역사회를 연결한다.

앞에서와 같은 업무를 하면서, 학교사회복지사는 여러 가지 구체적인 문제를 다루고 있다. 예를 들어, 영국에서 학교사회복지사는 다음과 같은 문제를 다루고 있다(Harris & White, 2013).

① 학생이 학교에 다니는 데 걸림돌로 작용하는 것과 관련된 문제가 있다.

② 학교 환경과 관련된 문제가 있다.

▲ 업무를 보고 있는 학교사회복지사: 학교사회복지사는 다양한 업무를 한다.

[출처: 학교사회복지사의 허락을 받고, 저자 촬영]

그러나 학교사회복지사의 구체적인 업무는 학교나 국가에 따라 차이가 나고 있다. 예를 들어 스웨덴의 경우, 학교사회복지사는 자신의 주요한 업무가 개인 학생을 상담하는 것이라고 보고 있다(Frey, Alvarez, Dupper, Sabatino, Lindsey, Raines, Streeck, McInerney & Norriset, 2013; Kjellgren, Lilliehorn & Markstroom, 2022).

Points

- 학교사회복지사가 추구하는 중요한 목표는 학생·가족의 욕구를 충족하는 것이다.
- 학교사회복지사는 학생·가족이 교육과 관련된 어려움을 극복하도록 도와주는 업무를 한다.

3. 학교사회복지사의 자격과 고용

1) 학교사회복지사의 자격과 조직

학교사회복지사가 되기 위해서는 정해진 자격을 갖출 필요가 있다. 물론, 학교사회복지사가 되기 위해서는 사회복지(사회사업) 분야에서 학위를 가지고 있어야 한다. 그러나 그 이외의 자격 기준은 국가마다 차이가 나고 있다.

미국의 경우, 많은 주에서는 절차를 거쳐서 학교사회복지사 자격증을 주고 있다. 미국에서 학교사회복지사는 사회복지 분야에서 석사학위 이상을 가지고 있으면서 정신건강에 관한 지식도 많이 가지고 있는 전문가인 경우가 많다(New York State School Social Workers' Association, 2024; Huxtable, 2022; Knox, Gherardi & Stoner, 2020).

우리나라의 경우, 과거에는 한국학교사회복지사협회와 한국학교사회복지학회가 공동으로 학교사회복지사 자격증을 담당하였다. 그러나 오늘날에는 보건복지부 장관의 위임을 받아서 사회복지사협회에서 학교사회복지사 자격증을 담당하고 있다(한국학교사회복지사협회, 2024a).

한편, 각 국가에는 학교사회복지사를 위한 전문조직이 존재하고 있다. 예를 들어, 미국에는 공립학교와 사립학교에서 근무하는 사회복지사를 위한 전문적인 기관으로 미국 학교사회복지협회School Social Work Association of America가 있다(Barker, 2003).

우리나라에도 학교사회복지사를 위한 조직이 존재하고 있다. 예를 들어, 우리나라에는 학교사회복지사와 관련된 조직으로 한국학교사회복지사협회가 있다.

2) 학교사회복지사의 고용

학교사회복지사가 고용되어 일하는 방식에는 여러 가지가 있을 수 있다. 학교사회복지사를 고용하는 방식을 몇 가지 제시하면 다음과 같다(American Council for School Social Work, 2014).

① 개별 학교나 교육청에 고용되어 일하는 방식이 있다. 실제로 학교사회복지사는 개별 학교나 교육청에 고용되어 일하는 경우가 많다.

② 지역사회의 기관에 고용되어 일하는 방식이 있다. 일부 학교사회복지사의 경우, 학교와 함께 활동하는 지역사회기관에 고용되어 일할 수 있다.

그리고 이와 관련해, 학교사회복지 서비스를 제공하는 방식에는 여러 가지가 있다(UNICEF, 2021b). 예를 들어, 일부 국가에서는 학교 자체가 사회복지 서비스를 제공하고 있다. 그리고 일부 국가에서는 가족복지기관이나 아동복지기관과 협력해 학교에서 사회복지 서비스를 제공하고 있다.

▲ 프로그램을 진행하기에 앞서, 외부 사회복지사(오른쪽)와 계획을 짜고 있는 학교사회복지사(왼쪽): 학교사회복지사는 개별 학교나 교육청에 고용되어 일하는 경우가 많다.

[출처: 노대겸 님 제공]

Points

- 학교사회복지사가 되기 위해서는 정해진 자격을 갖추어야 한다. 각 국가에는 학교사회복지사를 위한 전문조직이 있다.
- 학교사회복지사를 고용하는 주요한 방식에는 학교나 교육청에 고용되어 일하는 방식, 지역사회의 기관에 고용되어 일하는 방식이 있다.

4. 학교사회복지사에게 필요한 지식

1) 기본적 지식

학교사회복지사가 활동하기 위해서는 여러 가지 기법이 필요하다. 따라서 학교사회복지사에게는 여러 가지 지식이 필요하다.

우선, 학교사회복지사에게는 기본적 지식이 필요하다. 또한 학교사회복지사가 다른 전문가와 서로 협력하기 위해서는 전문적인 기본적 지식이 필요하다. 이것은 학교사회복지사가 교사와 서로 협력할 때 특히 그렇다(Gherardi, Knox, Stoner & Garling-Spychala, 2022).

학교사회복지사에게 기본적으로 필요한 지식을 몇 가지 제시하면 다음과 같다(National Association of Social Workers, 2012; American Council for School Social Work, 2014).

① 교육제도에 관한 전문 지식이 있다.

② 학교와 관련된 법, 특수교육과 관련된 법에 관한 지식이 있다.

③ 체계이론에 관한 지식이 있다.

④ 여러 영역 사이의 관계와 관련된 지식이 있다. 이런 영역의 예로 교육과 관련된 영역, 경찰·검찰·법원과 관련된 영역, 가족과 아동·청소년의 건강과 관련된 영역, 정신건강과 관련된 영역, 아동보호 서비스와 관련된 영역이 있다.

그리고 기본적 지식에 추가해서, 학교사회복지사에게는 서비스를 효과적으로 제공하기 위해서 실질적인 지식이 필요하다. 학교사회복지사에게 실질적으로 필요한 지식을 몇 가지 제시하면 다음과 같다(Shaffer, 2007).

① 학생의 출석에 대한 정책과 절차, 잘 적응하지 못하는 학생에 대한 정책과 절차에 관한 지식이 있다.

② 아동학대를 파악하고 보고하는 것에 관한 지식이 있다.

③ 임신한 10대, 10대 부모의 권리에 관한 지식이 있다.

④ 정학과 퇴학을 하게 되는 학생에 관한 지식이 있다.

2) 사정과 관련된 지식

학교사회복지사는 학생이 사회적 · 정서적으로 더 발달하고 행동을 더 잘하고 학습을 더 잘하도록 해주기 위해서, 개인, 가족, 제도, 조직에 관해 꼼꼼히 살펴보아야 한다(National Association of Social Workers, 2012).[3] 이것을 사정assessment이라고 부르고 있다. 따라서 학교사회복지사에게는 사정에 관한 지식이 필요하다.

일반적으로 사정은 어떤 것이 발생하고 있고 어떤 것이 가능한 것인지를 이해하고 전달하는 체계적인 방법을 말한다(Constable, 2009). 학교와 관련시켜 볼 경우, 사정은 교실에서의 관계, 가족에서의 관계, 가족과 학교 사이의 관계에서 발생하고 있는 것을 이해하는 체계적인 방법을 말한다.

사정은 사회복지의 모든 영역에서 기초가 되는 중요한 기법이다. 따라서 당연하게도, 사정은 학교사회복지에서도 중요하다. 사정에 근거해, 학교사회복지사는 학생이 잘 발달하도록 지원하기 위해 교사, 교실의 학생들, 기타 관련된 사람들을 도와줄 수 있는 계획을 짤 수 있다(Constable, 2009).

구체적으로 학교사회복지사의 경우, 학생 · 가족 · 교사 · 직원이 가진 욕구, 학생 · 가족 · 교사 · 직원의 특성, 학생 · 가족 · 교사 · 직원들 사이에 서로 교류하는 것을 사정하기 위해 다음과 관련된 지식이 필요하다(노병일, 2023; National Association of Social Workers, 2012).

① 체계적으로 파악한다.

② 자료를 수집한다.

③ 다양한 방법을 사용해 여러 수준에서 해석한다. 이런 방법의 예로 면담하는 것, 직접 관찰하는 것, 표준화된 도구를 사용하는 것, 설문조사를 하는 것, 초점집단focus group을[4] 사용하는 것이 있다.

3) 이때, 제도와 조직은 교실, 학교, 동네, 지역사회와 같은 것을 말한다.

그리고 학교사회복지사가 사정을 할 경우, 다음과 같은 것을 하기 위해서 생태학적 관점에 관한 지식이 필요하다(National Association of Social Workers, 2012).[5]

① 학습에 걸림돌이 되는 것을 더 잘 이해한다.

② 학생의 복리 수준을 더 높이고 학습을 더 잘 하게 하는 개입방법을 더 잘 이해한다.

3) 욕구조사와 관련된 지식

학교사회복지사는 학생의 욕구를 꼼꼼히 살펴볼 필요가 있다. 이와 관련되는 것이 욕구조사needs assessment이다. 일반적으로 욕구조사는 특정한 집단이나 지역사회의 욕구를 파악하는 것을 말한다(노병일, 2023).

학교 영역에서 학생의 욕구를 파악하고자 할 때는 욕구조사를 할 필요가 있다. 또한 학교에서 프로그램을 개발하고 정책을 형성하고자 할 때도 욕구조사를 할 필요가 있다(Constable, 2009; Ding et al., 2023). 따라서 학교사회복지사에게는 욕구조사에 관한 지식이 필요하다.

Points

- 학교사회복지사에게는 기본적 지식과 서비스를 효과적으로 제공하기 위해서 실질적 지식이 필요하다.
- 학교사회복지사에게는 사정에 관한 지식이 필요하다.
- 학교사회복지사에게는 욕구조사에 관한 지식이 필요하다.

4) 초점집단은 몇 명이 모여서 공개적으로 어떤 주제에 관해 의견을 나누는 집단을 말한다(노병일, 2023).

5) 생태학적 관점에 관해서는 학교사회복지의 생태학적 관점을 다루는 장(제13장)에서 자세히 설명한다.

5. 학교사회복지사의 가치와 윤리

1) 학교사회복지사의 가치

당연하게도, 학교사회복지사는 사회복지의 가치를 따르고 있다.[6] 그리고 학교사회복지사와 교육자는 비슷한 가치를 함께 가지는 방향으로 나아가고 있다. 이런 비슷한 가치와 관련된 측면을 몇 가지 제시하면 다음과 같다(Constable, 2009).

① 모든 사람은 원래부터 가치 있는 존재이다.

② 모든 사람은 공통적 욕구를 가진다.

▲ 아침에 학교에 가는 학생들: 학교사회복지사와 교육자는 모든 사람은 원래부터 가치 있는 존재라는 가치를 따른다.

[출처: 이탈리아에서 저자 촬영]

6) 사회복지의 가치와 학교사회복지의 가치에 관해서는 학교사회복지의 가치를 다루는 장(제1장)에서 이미 설명한 바 있다.

2) 학교사회복지사의 윤리

학교사회복지사는 전문가이다. 따라서 학교사회복지사는 전문적인 윤리적 지침을 따라야 한다. 그리고 다른 분야에서 근무하는 사회복지사와 마찬가지로, 학교사회복지사는 사회복지직의 윤리를 지켜야 한다. 따라서 학교사회복지사가 윤리와 관련된 결정을 내리고자 할 경우, 학교사회복지사는 사회복지사의 윤리강령[7]을 지침으로 사용하여야 한다.

사회복지사 윤리강령은 사회복지사가 전문적으로 행동하는 데 지침이 되는 여러 가지 기준을 말한다. 이때 학교사회복지사는 다음과 같이 할 필요가 있다(노병일, 2023; National Association of Social Workers, 2012).

① 서비스와 관련된 주요한 가치, 사회 정의, 인간의 귀중함, 인간관계의 중요성, 문화적 측면을 잘 이해한다.

② 사회복지사의 윤리강령에 나타난 전문적인 윤리적 의무를 지킨다.

특히 학교사회복지사는 자발성과 비밀보장의 원칙을 지켜야 한다. 왜냐하면 자발성과 비밀보장의 원칙은 학생이 상담을 신뢰하게 하는 데 있어 중요한 요소가 되기 때문이다(Pfiffner, Windlinger & Hostettler, 2023).

그리고 학교사회복지사는 학교에서 서비스를 제공하는 데 있어 법적 책임과 윤리적 책임을 잘 조화시킬 필요가 있다. 하지만 학교사회복지사는 이와 관련해 윤리적으로 어려움을 겪을 수 있다. 학교사회복지사가 윤리적으로 겪을 수 있는 어려운 상황을 몇 가지 제시하면 다음과 같다(Dupper, 2003; Frey et al., 2013).

① 학생에 대해 가지는 의무와 학교에 대해 가지는 의무가 서로 잘 어울리기 어렵다.

② 전문가로서 가지는 의무와 특정 법의 내용이 서로 잘 어울리기 어렵다.

③ 사회복지사가 하여야 할 일과 학교사회복지사의 개인적 가치가 서로 잘 어울리기 어렵다.

---

7) 강령은 "일의 근본이 되는 큰 줄거리"를 말한다(국립국어원 표준국어대사전, 2024).

Points

- 학교사회복지사는 사회복지의 가치를 따른다. 학교사회복지사와 교육자는 비슷한 가치를 함께 가지는 방향으로 나아간다.
- 학교사회복지사는 전문적인 윤리적 지침을 따라야 한다.

6. 학교사회복지사의 장점과 어려움

1) 학교사회복지사의 장점

다른 사회복지사에 비해서, 학교사회복지사는 여러 가지 장점을 지니고 있다. 무엇보다도, 학교사회복지사는 학생의 삶의 질에 영향을 미치는 생물학적 요인과 심리적 요인과 사회적 요인을 잘 파악하고 있다. 이런 탓에, 학교사회복지사는 학생과 관련된 다양한 측면을 잘 살펴볼 수 있다. 그리고 학교사회복지사는 학생에게 가장 영향을 미치는 사람에 속할 수 있다(Elswick, Cuellar & Mason, 2019; SocialWork.org, 2024).

또한 학교사회복지사는 학교에서 활동하고 있다. 이런 탓에, 학교사회복지사는 학교에 있는 여러 장소에서 학생을 관찰하고 학생과 교류할 수 있다. 학교사회복지사가 학교에서 활동하기 때문에 유리한 점을 몇 가지 제시하면 다음과 같다(Garrett, 2007; Ding et al., 2023).

① 교사 및 직원과 비교적 쉽게 만날 수 있다.
② 학교에서 학생의 일상 활동을 관찰할 수 있다.
③ 학생에게 서비스가 필요할 경우, 자신의 사무실에서 비밀을 보장하면서 상담할 수 있다.
④ 교육 현장에서 사회서비스를 제공할 수 있다.

▲ 업무를 보고 있는 학교사회복지사: 학교사회복지사는 학교에서 활동하므로, 학교의 여러 장소에서 학생을 관찰하고 학생과 교류할 수 있다.

[출처: 학교사회복지사의 허락을 맡고, 저자 촬영]

그리고 학교사회복지사는 '환경 속의 인간person-in-environment'이라는 관점을 잘 적용하고 있다(Elswick, Cuellar & Mason, 2019; Garrett, 2007). 따라서 학교사회복지사는 학교 환경에서 문제가 되는 것을 폭넓게 이해할 수 있게 된다. 이런 탓에, 학교사회복지사는 학교 분위기를 더 좋게 하고 학생이 학습을 더 잘하게 해주기 위해서, 전체 환경을 고려하고 여러 학문이 함께하는 프로그램을 실시할 수 있게 된다.

또한 학교제도와 관련된 전문가들 중에서, 학교사회복지사는 지역사회에 거주하는 여러 층의 사람들을 찾아가 교류하는 방법을 특히 잘 아는 전문가인 경우가 많다(Wilson, 2007). 이런 탓에, 학교사회복지사는 지역사회의 여러 사람이나 조직과 교류하면서 학생의 복리 수준을 높일 수 있다.

또한 교사와 관련해, 학교사회복지사는 다음의 두 가지 모두를 할 수 있다(Gianesin, 2007).

① 학교를 변화시키는 것이 유리하다는 점을 교사가 이해하도록 도와준다.
② 학습할 준비가 되어 있지 않은 학생을 다루는 교사가 겪는 어려움을 이해하면서, 교사를 격려한다.

결국, 학교사회복지사는 학교가 역할을 더 잘하게 하는 데 도움을 주고 있다(New York State School Social Workers' Association, 2024).

한편, 학교사회복지사는 취약한 학생의 삶에서 중요한 역할을 하고 있다. 특히, 정신건강 서비스와 사회 서비스를 이용하는 데 어려움을 겪는 취약한 지역사회에서는, 학교사회복지사가 취약한 학생과 가족에게 매우 중요한 인물이 될 수 있다(Knox, Gherardi & Stoner, 2020).

2) 학교사회복지사의 어려움

학교사회복지사가 여러 가지 장점을 지니고 있지만, 이에 못지않게 학교사회복지사는 학교에서 어려움을 겪을 수도 있다.

우선, 학교사회복지사가 하는 활동은 학교에서 다른 사람의 눈에 덜 띄는 경우가 많다. 또한 학교사회복지사가 하는 활동이 학교의 목표를 달성하거나 학교가 잘하는 데 있어 중요하다는 점을 인정받지 못하는 경우도 있다(Gherardi et al., 2022).

또한 학교사회복지사는 학교에서 서비스를 제공하는 과정에서 어려움을 겪을 수 있다. 학교사회복지사가 학교에서 서비스를 제공하는 과정에서 겪을 수 있는 어려움을 몇 가지 제시하면 다음과 같다(Shaffer, 2007; Wilson, 2007).

① 업무 내용을 이해하는 것과 관련된 어려움이 있다. 교사와 학교사회복지사는 각자의 업무에 관해 서로 이야기를 잘 나누지 않을 수 있다. 이렇게 될 경우, 교사와 학교사회복지사는 각자의 역할을 제대로 파악하지 못할 수 있고, 또한 각자의 역할을 잘못 이해할 수 있다. 이런 상황은 교사와 학교사회복지사 모두에게 불리하게 작용할 수 있다. 그리고 이런 상황은 결과적으로 학생에게 부정

적인 영향을 미칠 수 있다.

② 사기와 관련된 어려움이 있다.[8] 학교사회복지를 제공하기 위해서는 교육에 관한 지식이 필요하다. 그러나 학교사회복지사가 학교에서 서비스를 제공하는 과정에서, 학교사회복지사는 자신이 교육자로서 하는 역할을 크게 인정받지 못할 수 있다. 학교사회복지사가 학교에서 교육자로서 하는 역할을 크게 인정받지 못하는 것은, 때에 따라서는 학교사회복지사의 사기를 낮추는 요인이 될 수 있다.

③ 철학이나 원리와 관련된 어려움이 있다. 이런 어려움은 학교의 철학과 사회복지의 기본 원리가 서로 충돌할 수 있기 때문에 나타난다. 예를 들어, 오늘날의 학교사회복지사는 여러 영역에서 전문적 윤리와 관련해 어려움을 겪는 경우가 많다. 이런 영역의 예로 개인의 사생활을 보호하는 것, 비밀을 보장하는 것, 정보를 알려주고 동의를 받는 것, 학생이 스스로 결정하게 하는 것, 다른 문화를 잘 아는 것, 성과를 평가하는 것, 교육과 훈련을 제공하는 것이 있다. 이런 영역에서 학교의 철학과 사회복지의 원리가 서로 다른 상황은 학교사회복시사에게 갈등을 유발할 수 있다.

또한 학교사회복지사는 여러 영역에서 다양한 사람을 상대하고 있다. 따라서 학교사회복지사는 지칠 수 있다. 그 결과, 학교사회복지사는 소진burnout[9] 때문에 어려움을 겪을 수 있다(Carnes, 2023). 학교사회복지사가 소진을 겪을 경우, 학교사회복지사는 취약한 학생과 가족에게 서비스를 제공하는 데 어려움을 겪을 수 있다.

한편, 학교를 주로 이끄는 사람은 교사와 관리자(예컨대, 교장과 교감)이다. 학교가 이런 특성을 지니기 때문에, 학교는 학교사회복지와 관련된 전문가가 개입하는 것에 대해 긍정적으로 반응할 수도 있고 부정적으로 반응할 수도 있다(Teasley et al., 2012). 학교가 전문가의 개입에 대해 부정적으로 반응할 경우, 학교사회복지사는 어려움을 겪을

8) 이것은 위의 내용과도 관련된다.

9) 소진은 일터에서 계속 스트레스를 겪지만 이런 스트레스를 제대로 관리하지 못할 때 생기는 증상을 말한다(World Health Organization, 2019a).

가능성이 크다.

그리고 교육제도에서는 개인적으로 개입하는 것을 중요하게 보는 경우가 많다. 그러나 사회복지에서는 더 폭넓게 환경 속에서 개인을 바라보는 관점을 취하고 있다. 따라서 사회복지에서 취하는 이런 관점은, 교육제도에서 개인에 주목하는 경향과는 완전하게 어울리지 못할 수 있다. 이런 탓에, 학교에서 학교사회복지사의 역할이 분명하지 않을 수도 있다(Forenza & Eckhardt, 2020). 그 결과, 학교사회복지사는 어려움을 겪을 수 있다.

▲ 미국의 고등학교: 교육제도에서는 개인에 주목하는 경향이 있으므로 학교사회복지사의 역할이 분명하지 않을 수 있고, 이에 따라 학교사회복지사는 어려움을 겪을 수 있다.

[출처: 전갑수 님 제공]

3) 고려할 점

학교사회복지사는 다양한 형태의 어려움을 겪을 수 있기 때문에, 학교사회복지사는 여러 가지 측면을 고려할 필요가 있다. 학교사회복지사가 고려하여야 할 측면을 몇 가지 제시하면 다음과 같다(Bowen, 2007).

① 학교사회복지사가 활동하는 환경에서는 사회복지보다는 교육에 더 주목한다. 따라서 학교에서 교육과 관련된 목적을 이루기 위해서, 학교사회복지사는 교사 및 직원과 협력할 필요가 있다.

② 학교사회복지사는 학생이 학교에서 잘 생활하고 학습을 잘 하는 데 영향을 미치는 전체 과정을 실제로 이해할 필요가 있다. 이와 관련된 상황을 몇 가지 제시하면 다음과 같다.

㉠ 학교사회복지사는 학교의 전체 분위기를 잘 이해할 필요가 있다. 예를 들어, 학교의 분위기가 따뜻하지 않고 지지가 없고 자극이 없을 경우, 학생이 배우고 교사가 가르치는 것이 어렵게 된다.

㉡ 학교사회복지사는 지역사회와 동네의 상황을 잘 이해할 필요가 있다. 예를 들어, 학생이 사는 동네가 안전하지 않고 해당 동네에 사는 아동과 청소년의 행동을 보호해 줄 성인이 없을 경우, 학생은 학교에 도착해서도 편한 마음으로 학습하지 못할 수 있다.

③ 학교사회복지사는 다른 학교사회복지사와 교류 없이 따로 활동할 수 있다. 따라서 학교사회복지사는 동료 학교사회복지사와 자주 교류할 필요가 있다.

Points

- 학교사회복지사는 학생의 다양한 측면을 잘 살펴볼 수 있고, 학교의 여러 장소에서 학생을 관찰하고 학생과 교류할 수 있고, 전체 환경을 고려하고 여러 학문이 함께하는 프로그램을 실시할 수 있고, 지역사회의 여러 사람·조직과 교류하면서 학생의 복리 수준을 높일 수 있다.
- 학교사회복지사가 서비스를 제공하는 과정에서 겪을 수 있는 어려움으로 업무 내용을 이해하는 것과 관련된 어려움, 사기와 관련된 어려움, 철학이나 원리와 관련된 어려움이 있다.
- 학교사회복지사는 다양한 형태의 어려움을 겪을 수 있으므로 여러 가지 측면을 고려할 필요가 있다.

Chapter 3

학교제도

1. 학교제도에 관한 이해의 필요성
2. 학교의 정의와 목적 및 역할
3. 학교의 특징
4. 학교의 하위체계와 상위체계
5. 학교의 구성원과 구성원들 사이의 관계
6. 학교제도와 관련해 고려할 점

1. 학교제도에 관한 이해의 필요성

학교는 세계의 모든 국가에서 존재하고 있다. 학교는 학생의 삶에 크게 영향을 미칠 뿐만 아니라, 학생의 부모, 교사, 지역사회 주민, 기타 여러 사람의 삶에도 영향을 미치고 있다. 따라서 학교는 사실상 모든 사람의 삶에 영향을 미치는 제도이다. 그리고 사회문제를 해결하고 사회문제를 줄이고자 할 때는 학교에 주목하는 경우가 많다 (노병일, 2022b; Zastrow, 2010; Mills, Stephan, Moore, Weist, Daly & Edwards, 2006). 왜냐하면 학교는 여러 가지 측면에서 중요한 역할을 하기 때문이다. 이런 탓에, 학습과 기타 영역에서 학교는 중요한 제도에 속하고 있다.

한편, 학교사회복지사는 학교에서 주로 활동하고 있다. 그러나 학교는 '사회복지' 기관이 아니라 '교육' 기관이다. 따라서 학교가 추구하는 목적과 사회복지기관이 추구하는 목적은 서로 차이가 나고 있다.

▲파리의 학교: 학교는 복잡한 사회제도이다.

[출처: 프랑스에서 저자 촬영]

그리고 학교에는 지역사회와 사회 전체에 있는 다양한 사람들의 문화와 가치 등이 반영되어 있다(Mills et al., 2006). 따라서 학교는 복잡한 사회제도이다.

학교사회복지사가 학교제도에 관해 제대로 이해하지 못할 경우, 학교사회복지사는 학생과 학생의 가족에게 좋은 서비스를 제공하기 어려울 수 있다. 그리고 더 나아가서, 학교사회복지사는 학교에서 전문가로서 생활하는 데 어려움을 크게 겪을 수도 있다. 이런 상황은 학생의 삶과 학교사회복지사의 삶에 부정적인 영향을 미칠 수밖에 없다.

이런 탓에, 학교사회복지사가 학교에서 제대로 활동하기 위해서는 학교제도에 관해 잘 이해할 필요가 있다.

Points

- 학교는 학습과 기타 영역에서 중요한 제도에 속한다.
- 학교사회복지사는 학교제도에 관해 잘 이해할 필요가 있다.

2. 학교의 정의와 목적 및 역할

1) 학교의 정의

외국의 유명한 사전에 따르면, 학교는 교육을 제공하는 조직을 말한다(Merriam-Webster Dictionary, 2024). 그리고 어느 백과사전에 따르면, 학교는 교사가 학생들을 가르치기 위한 기관이다(Wikipedia, 2024b). 따라서 학교는 학생을 가르치는 조직이나 기관이라고 볼 수 있다.

그러나 학교사회복지의 입장에서 볼 때, 일반적으로 학교는 교육 과정과 관련된 학생과 교사와 직원으로 이루어진 공동체를 말한다(Constable, 2009).

2) 학교의 목적

학교의 기본적 목적은 학생이 학습을 잘하게 도와주는 데 있다(Denton, 2020; Bowen, 2007). 그리고 이에 추가해서, 학교는 학생의 사회적 욕구와 정서적 욕구도 충족해주려 하고 있다. 따라서 학교의 일반적 목적은 학생이 학습과 관련된 욕구, 사회적 욕구, 정서적 욕구를 충족하도록 하는 데 있다고 볼 수 있다.

그러나 더 넓게 볼 경우, 학교의 주요한 목적은 학생이 시민으로서 잘 하도록 준비해주는 데 있다. 학교의 이런 목적은 학생을 생산적인 시민으로 키우는 것과도 관련되고 있다. 따라서 이런 목적을 이루기 위해서, 학교는 학생에게 여러 분야의 최신 지식을 많이 교육하고 있다.

3) 학교의 역할

학교는 아동 및 청소년과 관련해 여러 가지 역할을 하고 있다. 학교의 역할은 학교의 목적과도 밀접하게 관련되고 있다.

오늘날의 사회에서 학교가 하는 역할을 몇 가지 제시하면 다음과 같다(Kim & Kim, 2013; Constable, 2009; University of Minnesota Libraries, 2016).

① 학생을 교육한다. 이것은 새로운 지식을 가르치는 역할을 말한다. 교육하는 역할은 학교가 하는 가장 기본적인 역할에 속한다.

② 학생을 사회화한다. 이것은 사회의 주요한 가치와 행동방식을 전하는 역할을 말한다.

③ 학생을 인지와 심리와 행동 영역에서 더 발달하게 한다. 이것은 학습을 통해 인지적 발달과 심리적 발달과 행동적 발달을 더 하게 하는 역할을 말한다.

④ 학생을 미래의 시민으로 키운다. 이것은 미래에 대해 준비시키는 역할을 말한다.

그러나 학교는 위에서 제시한 것 이외의 역할도 하고 있다. 이런 역할을 몇 가지 제시하면 다음과 같다(University of Minnesota Libraries, 2016).

① 학교에 다니는 아동이나 청소년을 보호한다.

② 또래관계를 잘 형성하게 한다.

한편, 학교는 학생이 학습하는 데 부정적인 영향을 미치는 문제를 해결하는 것과 관련해 나름의 역할을 하고 있다. 예를 들어, 학교는 학생에게 부정적인 영향을 미치는 여러 가지 사회문제와 건강문제를 예방하는 프로그램을 개발하는 것과 관련해 역할을 하고 있다(Huxtable, 2022). 이때, 이런 문제의 예로 가정폭력, 학교폭력, 약물남용이 있다.

Points

- 일반적으로 학교는 교육 과정과 관련된 학생과 교사와 직원으로 이루어진 공동체이다.
- 학교의 일반적 목적은 학생이 학습과 관련된 욕구, 사회적 욕구, 정서적 욕구를 충족하도록 하는 데 있다. 그러나 학교의 폭넓은 목적은 학생이 시민으로서 잘 하도록 준비해주는 데 있나.
- 학교는 여러 가지 역할을 한다. 또한 학교는 학생의 학습에 부정적 영향을 미치는 문제를 해결하고 예방하는 것과 관련해 역할을 한다.

3. 학교의 특징

1) 일반적 특징

학교는 교육기관이다. 따라서 학교에서는 학생에게 기본적인 교과 과정을 가르치고 있다. 그러나 학교에서는 창의적으로 생각하는 방법, 문제를 해결하는 방법, 사회적으로 잘 어울리는 방법, 서로 교류하는 방법, 결정을 내리는 방법도 가르치고 있다. 그러므로 학교는 학생을 가르침으로써, 다음 세대가 독립적으로 생활하고 유급 일자리에서 일할 수 있도록 준비해주는 중요한 공간이 되고 있다(Huxtable, 2022; Lee,

2007).

그러나 학교에서는 학생과 권력을 함께 나누고 학생과 함께 결정하는 것이 가장 어려울 수 있다. 왜냐하면 학교는 다음과 같은 특징을 지니기 때문이다(Wilson, 2007).

① 사무적이고 규정과 형식에 매달린다.
② 위에서 결정해 아래로 전달된다.
③ 상하관계의 권력 구조를 가진다.

이런 상황 때문에, 학교는 융통성이 없고, 학생과 가족의 욕구에 신경을 쓰지 않는 것처럼 보일 수도 있다(Lee, 2007).

2) 사회체계로서의 특징

학교는 하나의 사회체계이다. 사회체계로서 학교는 다음과 같은 특징을 지니고 있다(Bowen, 2007).

① 복잡하다.
② 하위체계를 가진다. 하위체계는 더 큰 전체의 부분을 말한다.
③ 상위체계를 가진다. 상위체계는 환경적 상황을 말한다.[1)]

그리고 학교는 경계를 넘어서 왔다 갔다 할 수 있는 개방open 체계이다. 이런 측면에서 학교는 사회를 줄여 놓은 것이라고 볼 수 있다(Lee, 2007). 따라서 사회에서 나타나는 여러 가지 활동은 학교에서도 나타나고 있다.

1) 학교의 하위체계와 상위체계에 관해서는 뒤에서 자세히 설명한다.

▲ 베트남의 학교: 학교는 하나의 사회체계이다.

[출처: 베트남에서 저자 촬영]

Points

- 학교는 학생을 학습함으로써, 다음 세대가 독립적으로 생활하고 유급 일자리에서 일할 수 있도록 준비해주는 공간이다.
- 사회체계로서 학교는 하위체계와 상위체계를 가진다.
- 사회에서 나타나는 여러 활동은 학교에서도 나타난다.

4. 학교의 하위체계와 상위체계

1) 하위체계

학교에 있는 하위체계의 예로 교실(학급), 교사, 사회복지사가 있다. 그러나 학교에서 가장 기본이 되는 하위체계는 교실과 교사라고 볼 수 있다.

하위체계는 학교에서 중요한 역할을 하고 있다. 그러나 학교제도에 있는 각 하위체계는 권력을 똑같이 가지지 않는 경우가 많다. 따라서 기업에서와 마찬가지로, 학교는 권력에서 차이가 나는 층으로 이루어진 사회체계인 경우가 많다(Bowen, 2007).

2) 상위체계

학교는 개방체계이다.[2] 따라서 학교는 더 큰 환경과 공식·비공식적으로 교류하고 있다. 이런 탓에, 학교는 여러 상위체계와 관련되고 있다. 학교와 관련된 상위체계로 학군district 체계, 지역사회, 더 넓은 제도가 있다.

우선, 학군체계는 학교에 영향을 미치고 있다. 왜냐하면 학교는 복잡한 학군체계에 소속되어 있는 경우가 많기 때문이다. 이것은 초등학교나 중·고등학교 모두에게 해당하고 있다. 각 학군에는 최고 관리자(예컨대, 교육장), 교육을 담당하는 부서, 행정을 담당하는 부서가 있다. 최고 관리자는 학군체계의 모든 제도적 활동을 지시하고 있다(Bowen, 2007).

그리고 학군체계를 포함하는 지역사회도 학교에 크게 영향을 미치고 있다. 왜냐하면 학교는 지역사회에서 활동하고 있기 때문이다.

---

2) 이에 관해서는 앞에서 이미 설명한 바 있다.

▲ 교육청과 교육지원청 건물: 학교는 복잡한 학군체계에 소속되어 있는 경우가 많기 때문에, 학군체계는 학교에 영향을 미친다.

[출처: 저자 촬영]

또한 더 넓은 제도도 여러 가지 방식으로 학교에 영향을 미치고 있다. 제도 수준에서 학교에 영향을 미치는 요인을 몇 가지 제시하면 다음과 같다(Bowen, 2007).

① 중앙정부와 지방정부의 공공복지 정책이 있다.

② 법원의 결정이 있다.

③ 교육청이나 교육위원회에서 결정한 정책이 있다.

④ 노동조합과 교사협의회의 활동이 있다.

Points

- 학교에서 가장 기본이 되는 하위체계는 교실과 교사이다. 학교는 권력에서 차이 나는 층으로 이루어진 사회체계인 경우가 많다.
- 학교와 관련된 상위체계로 학군체계, 지역사회, 더 넓은 제도가 있다.

5. 학교의 구성원과 구성원들 사이의 관계

1) 학교의 구성원

학교에서는 여러 구성원이 관여하고 있다. 그리고 학교와 같은 교육기관의 경계는 넓어지고 있다. 그 결과, 학교는 교사와 직원뿐만 아니라 학교가 서비스를 제공하는 사람들도 포함하는 식으로 경계가 넓어지고 있다(Bowen, 2007).

넓은 의미로 볼 경우, 학교의 구성원은 학생, 교장과 교감, 사무직 직원, 교실에서 학생을 가르치는 일반 교사, 보조 교사, 양호 교사, 영양사와 식당에서 일하는 사람, 학교 간호사, 상담사, 학교사회복지사, 심리적·사회적 서비스를 제공하는 사람, 운동부 코치, 시설을 유지하고 관리하는 직원, 버스기사, 안전 담당 직원, 자원봉사자, 방과 후 학교를 담당하는 사람, 기타 관련자를 일컫는다(Adolescent and School Health, 2015). 따라서 학교사회복지사는 학교의 어엿한 구성원에 속하고 있다. 그리고 더 넓게 볼 경우, 지역사회 주민도 학교의 구성원에 포함될 수 있다.

한편, 학교를 여러 사람이 구성함에 따라서, 학교에는 여러 가지 구체적인 역할이 존재하고 있다. 학교의 구성원은 학교에서 서로 다른 방식으로 나름의 역할을 하고 있다(Constable, 2009).

2) 주요한 구성원

학교에 많은 구성원이 관여하고 있지만, 아무래도 학교의 주요한 구성원은 학생과 교사와 교장일 수밖에 없다. 따라서 학생과 교사와 교장은 학교에서 중요한 구성원에 속하고 있다.

(1) 학생

학생은 학교제도에서 수가 가장 많은 구성원이다. 학생은 다양한 능력과 욕구를 가지고 있다. 따라서 모든 학생은 다음과 같은 특성을 지니는 교육 환경에서 생활할 권리가 있다(Barrett et al., 2011).

① 학생이 모든 영역에서 더 발달하게 한다. 이와 관련된 영역의 예로 신체적 영역, 사회적 영역, 정서적 영역, 지적 영역이 있다.

② 학생이 사회에서 적절한 역할을 하고 사회의 자원을 공평하게 이용하고자 할 때 필요한 학습 능력을 키워준다.

그러나 학생은 학교제도에서 권력을 가장 적게 가진 집단일 가능성이 크다. 따라서 학생은 학교에서 수는 가장 많지만, 목소리는 가장 적게 반영되는 구성원인 경우가 많다. 하지만 학생 집단은 학교에서 어떤 결정을 내리는 데 영향을 미칠 수도 있다(Bowen, 2007).

학생이 어려움을 겪을 때는 학생에게 다음과 같은 문제가 나타나는 경우가 많다(Huxtable, 2022).

① 학교에 잘 출석하지 않는다.

② 학교를 중간에 그만둔다.

③ 학교 성적이 좋지 않다.

④ 행동에 문제가 있다.

(2) 교사

교사는 학생에게 가족 다음으로 중요한 역할을 하는 성인인 경우가 많다. 일부의 경우, 교사가 학생의 학습과 정서에 미치는 영향은 가정환경이 학생의 학습과 정서에 미치는 영향보다 더 큰 것으로 나타나고 있다(Nguyen et al., 2022).

특히 교사는 학교에서 학생이 학습하는 데 있어 매우 중요한 인물에 속하고 있다. 교실의 크기가 작거나 학교의 크기가 작은 곳에서는, 교사가 특히 더 중요한 역할을 하고 있다.

학생이 학교에 대해 만족하거나 애착을 가지는 데 있어 교사의 역할은 중요하다.

예를 들어, 학생이 교사가 자신을 돌봐주고 존중하고 칭찬한다고 인식할 경우, 학생은 학교를 더 좋아할 가능성이 크다(UNICEF, 2021b; Kim & Kim, 2013).

말할 것도 없이, 교사의 주요한 역할은 학생에게 전문 지식을 가르치는 데 있다. 그러나 가르치는 역할 이외에, 교사는 여러 가지 역할을 하고 있다. 이런 역할을 몇 가지 제시하면 다음과 같다(Varasteanu & Iftime, 2013; World Health Organization, 2019b).

① 학생이 자신에 대해 알도록 도와준다. 이것은 중요한 역할이라고 볼 수 있다. 이때, 교사는 학생이 자신을 발견하는 과정에서 학생을 도와주는 역할을 한다.

② 학생의 중요한 역할 모델이 된다. 따라서 교사는 학생이 사회에서 바람직한 행동을 하는 것과 관련해 중요한 역할을 한다.

▲ 저자와 함께 산에 올라간 교사들: 교사는 학생의 중요한 역할 모델이 된다.

[출처: 라오스에서 저자 촬영]

한편, 학교에서 학습 이외의 영역에서 서비스를 제공하는 사례가 많아짐에 따라서, 서비스를 제공하는 전문가와 교사 사이에 효과적으로 협력하는 것이 중요해지고 있다(Gherardi et al., 2022).

(3) 교장

교장은 학교에서 행정적으로 가장 높은 곳에 있는 인물로서, 가장 많은 권력을 지니고 있다. 학교가 좋은 방향으로 나아가기 위해서는, 교장이 학교를 적극적으로 관리하면서 학교에 관심을 가지는 것이 필요하다(Gianesin, 2007). 교장의 경우, 다음과 같이 함으로써 학교에서 좋은 학습 분위기를 형성하는 데 도움을 줄 수 있다(Bowen, 2007).

① 자신의 권위에 도전하는 것을 받아들인다.
② 학생과 부모와 지역사회의 관련자가 학교에 관여하도록 한다.
③ 교사와 직원이 새로운 아이디어를 내는 것을 장려한다.

그리고 교장의 경우, 학생이 학교의 규정을 어겨서 학생을 처벌하는 데 있어 융통성을 많이 가지고 있다(Caplan, 2005).

3) 학교구성원들 사이의 관계

일반적으로 모든 학교구성원은 다음과 같이 하게 되어 있다(Kjellgren, Lilliehorn & Markstroom, 2022).

① 특별히 도움이 필요한 학생을 도와준다.
② 학교가 학생이 발달하고 배우는 데 좋은 환경이 되게 하기 위해서 함께 노력한다.

학교구성원이 앞에서와 같은 것을 하는 과정에서, 학교구성원들은 서로 관계를 맺게 된다. 이 경우, 특히 주목하여야 할 관계는 교사와 학생 사이의 관계, 학교사회복지사와 교사 · 교장 사이의 관계이다.

(1) 교사와 학생 사이의 관계

학교에서 가장 중요한 것은 교사와 학생 사이의 관계이다. 왜냐하면 교사와 학생 사이의 관계는 여러 가지 방식으로 학생에게 영향을 미치기 때문이다. 교사와 학생 사이의 관계가 학생에게 미치는 영향을 몇 가지 제시하면 다음과 같다(Kim & Kim, 2013).

① 교사와 학생 사이의 관계는 학생의 성적, 행동문제, 학교출석과 같은 여러 가지 측면과 관련된다.

② 학생이 교사와 좋은 관계를 유지할 경우, 학생은 학교생활에 대해 더 만족할 가능성이 크다.

그리고 교사와 학생 사이의 관계가 좋을수록, 교사는 학생에게 더 잘 해줄 수 있다. 교사와 학생 사이의 관계가 좋을 경우의 장점을 구체적으로 제시하면 다음과 같다(Kim & Kim, 2013).

① 교사는 학생에게 지식을 더 잘 전달할 수 있다.

② 교사는 학생을 정서적으로 더 잘 지지할 수 있다.

또한 교사와 학생 사이의 관계는 학생과 교사 사이에 존재하는 신뢰의 수준을 보여주고 있다. 이런 신뢰 수준은 학생이 학교생활을 잘하는 정도에 크게 영향을 미치고 있다.

(2) 학교사회복지사와 교사 · 교장 사이의 관계

(가) 학교사회복지사와 교사 사이의 관계

교사는 지식과 가치 등을 전달함으로써, 학생이 가진 능력을 키워주고 있다. 이에 비해서, 학교사회복지사는 학생의 복리 수준을 높여줌으로써, 학생이 학습을 잘하도록 도와주고 있다(Huxtable, 2022). 따라서 학교사회복지사와 교사 사이의 관계는 서로에게 도움을 주는 관계라고 볼 수 있다.

그리고 교사는 학교사회복지사가 서비스를 제공할 때 매우 중요한 인물에 속하고 있다. 무엇보다도, 교사는 학교에서 학생의 문제를 일찍 파악하고 일찍 개입하는 데 있어 중요한 역할을 하고 있다. 또한 학생 개인에 대한 계획을 짜고 학생과 가정과 학교가 변화하기 위해서는, 교사의 지원과 협력이 절대적으로 필요하다. 예를 들어, 교사는 학생의 심리적 문제와 사회적 문제를 파악해서, 해당 학생과 관련해 학교사회복지사에게 도움을 청할 수 있다. 이것은 행동문제를 겪는 학생의 경우에 특히 중요하다. 왜냐하면 행동문제를 겪는 학생은 학교사회복지에서 제공하는 서비스를 이용하지 않을 가능성이 크기 때문이다(UNICEF, 2021b; Pfiffner, Windlinger & Hostettler, 2023; Shaffer, 2007). 이런 탓에, 학교사회복지사가 교사와 밀접한 관계를 맺는 것은 중요하다.

학교사회복지사의 입장에서 볼 때, 교사와 의견을 나누는 것은 가장 효과적이고 가장 편하고 가장 비용이 적은 방식으로 학생을 도와주는 길이 될 수 있다(Constable, 2009). 결국, 학교사회복지사와 교사 사이에 좋은 관계를 유지하는 것은, 학교사회복지사와 교사와 학생 모두에게 긍정적인 영향을 미치고 있다.

(나) 학교사회복지사와 교장 사이의 관계

교장은 학교사회복지사에 대해서 중요한 역할을 하고 있다(Kjellgren, Lilliehorn & Markstroom, 2022). 예를 들어, 학교사회복지사와 교장 사이의 관계가 좋을 경우, 교장은 학교사회복지사가 학교사회복지 서비스를 제공하는 데 있어 재정적 · 행정적으로 도움을 많이 줄 수 있다. 결국, 학교사회복지사와 교장 사이에 좋은 관계를 유지하는 것은 학교사회복지사에게 유리하다.

또한 학교사회복지사와 교장 사이의 관계가 좋을 경우, 교장도 학교사회복지사로부터 전문적인 도움을 받을 수 있다. 예를 들어, 교장은 다음과 관련해 학교사회복지사의 전문적인 도움을 받을 수 있다(Gianesin, 2007).

① 학교와 관련된 정책을 결정한다.

② 교사와 직원, 부모, 지역사회 주민들 사이에 서로 협력하는 관계를 형성한다.

▲ 사회복지사와 이야기를 나누고 있는 교장선생님: 교장은 학교사회복지 서비스를 제공하는 데 있어 재정적·행정적으로 도움을 많이 줄 수 있다.

[출처: 해당 교장과 사회복지사의 허락을 받고, 저자 촬영]

결국, 학교사회복지사와 교장 사이에 좋은 관계를 유지하는 것은, 학교사회복지사와 교장 모두에게 유리하게 작용하고 있다. 그리고 학교사회복지사와 교장이 서로 영향을 미치며 협력하는 관계를 형성하는 것은, 학교를 더 좋게 만드는 데 있어 중요하다.

학교의 관리자가 보는 학교사회복지사

미국에서 조사한 결과, 학교의 관리자는 학교사회복지사와 관련해 다음과 같이 생각한 바 있다(Stalnecker, Tan & Alvarez, 2022).

① 학교사회복지사가 하는 주요한 활동은 위기 상황에서 개입하는 것, 지역사회의 자원에 도움을 요청하는 것, 교사와 직원을 위해서 학생과 상담하는 것이다.

② 학교사회복지사가 학교의 관리자에게 가장 자주 보고하는 내용은 출석과 관련된 것이다.

③ 학교사회복지사는 공식적으로 보고하기보다는 비공식적으로 대화하면서 보고하는 경우가 더 많다.

Points

- 학교에서는 여러 구성원이 관여한다. 학교사회복지사는 학교의 어엿한 구성원에 속한다.
- 학생과 교사와 교장은 학교에서 중요한 구성원에 속한다. 학생은 학교에서 수는 가장 많지만, 목소리는 가장 적게 반영되는 구성원인 경우가 많다. 교사는 학생에게 가족 다음으로 중요한 역할을 하는 성인인 경우가 많다. 교장은 학교에서 행정적으로 가장 높은 곳에 있는 인물로서, 가장 많은 권력을 지닌다.
- 학교에서 가장 중요한 것은 교사와 학생 사이의 관계이다.
- 학교사회복지사와 교사 사이에 좋은 관계를 유지하는 것은, 학교사회복지사와 교사와 학생 모두에게 긍정적 영향을 미친다. 학교사회복지사와 교장 사이에 좋은 관계를 유지하는 것은, 학교사회복지사와 교장 모두에게 유리하게 작용한다.

6. 학교제도와 관련해 고려할 점

다른 사회제도와 마찬가지로, 학교제도는 끊임없이 변하고 있다. 그러나 학교제도가 변함에 따라서, 학교사회복지에서 새로운 역할을 할 기회가 생기고 있다(Huxtable, 2022). 그러므로 학교사회복지사는 학교제도 및 관련 교육제도가 변하는 내용에 항상 주목할 필요가 있다.

Points

- 학교제도와 관련해 고려할 점으로 학교제도 및 관련 교육제도가 변하는 내용에 항상 주목하는 것과 관련된 측면이 있다.

PART

2

학교사회복지의 개입

Chapter 4

학교사회복지의 개입과 실천 모델

1. 학교사회복지의 개입 수준
2. 학교사회복지사의 활동 수준과 활동 대상
3. 학교사회복지의 실천 모델

1. 학교사회복지의 개입 수준

학교사회복지에서는 여러 수준에서 개입할 수 있다. 일반적으로 학교사회복지에서의 개입 수준은 다음과 같은 두 가지 측면에서 분류할 수 있다(노병일, 2021a).

① 미시적micro 수준과 거시적macro 수준으로 구분할 수 있다. 이것은 전통적으로 많이 구분하는 방식이다.

② 예방 및 개입과 관련해 몇 가지로 구분할 수 있다.

1) 미시적 수준과 거시적 수준

미시적 수준에서의 개입은 개인을 대상으로 활동하는 것을 말한다. 학교사회복지에서 미시적 수준에서 개입하는 예로 학생이 학교에서 제대로 지내는 데 부정적인 영향을 미치는 행동에 개입하는 것이 있다.

거시적 수준에서의 개입은 조직과 지역사회를 대상으로 활동하거나, 법과 사회정책을 변화시키고자 활동하는 것을 말한다. 학교사회복지에서 거시적 수준에서 개입하는 예로 학교를 제대로 운영하는 데 부정적인 영향을 미치는 체계에 개입하는 것이 있다(노병일, 2021a; Zastrow, 2010; Bowen, 2007).

2) 다층 모델과 관련된 수준

일반적으로 학교사회복지에서는 다양한 수준에서 개입하고 있다. 이와 관련된 모델이 다층 모델multitier model이다. 다층 모델은 예방 및 개입과 관련되는 세 가지 수준을 포함하고 있다(National Association of Social Workers, 2012). 이 세 가지 수준은 1차tier 1 수준, 2차tier 2 수준, 3차tier 3 수준이라고 부르고 있다.

그리고 각 수준에서의 개입은 '증거'에 근거하고 있다. 이런 상황은 사회복지에서 증거에 근거해서 프로그램이나 서비스를 제공하는 것을 강조하는 것과 관련되고 있다(노병일, 2023).

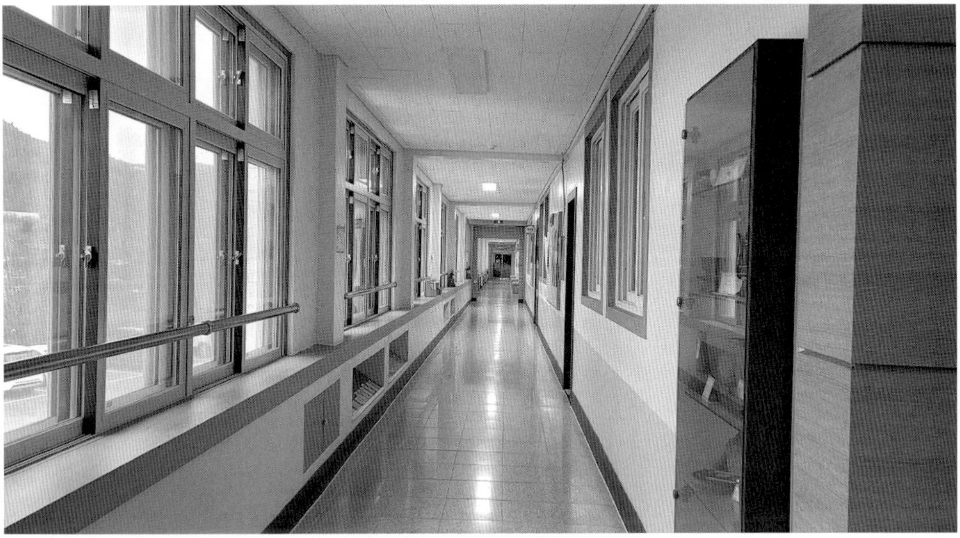

▲ 학교의 내부: 학교사회복지에서는 다양한 수준에서 개입한다.

[출처: 전영신 님 제공]

(1) 1차 수준

1차 수준의 개입은 증거에 근거해서 학교 전체적으로 문제를 예방하는 것을 말한다. 1차 수준의 개입에서는 다음과 같은 측면에 주목하고 있다.

① 학생에게 긍정적 행동을 가르친다.

② 학생이 사회적 · 정서적으로 더 발달하도록 한다.

③ 학습에 좋은 학교 분위기를 만든다.

1차 수준은 학교의 모든 교사 및 직원과 관련되고 있다. 이에 따라서, 학교에 있는 모든 교사와 직원은 1차 수준에서 프로그램과 서비스를 제공하고 있다.

(2) 2차 수준

2차 수준의 개입은 증거에 근거해서 소집단에 단기적으로 개입하는 것을 말한다. 2차 수준의 개입에서는, 문제 행동을 줄이기 위해 이른 시기에 학습 영역, 사회관계 영역, 정서 영역에서 더 관여하는 데 주목하고 있다.

2차 수준의 개입에서 추구하는 목적을 몇 가지 제시하면 다음과 같다.

① 갈등을 해결한다.

② 사회생활을 하는 데 도움이 되는 방법을 가르친다.

③ 단기적으로 어려운 상황을 해결한다.

1차 수준의 개입이 효과적이지 않을 경우, 해당 학생을 2차 수준의 개입에서 제공하는 프로그램이나 서비스에 참여하도록 의뢰하고 있다.

(3) 3차 수준

3차 수준의 개입은 증거에 근거해서 개인에게 장기적으로 개입하는 것을 말한다. 1차 수준의 개입이나 2차 수준의 개입이 효과가 없는 상태에서 심각한 학습 문제, 행동 문제, 정서 문제를 겪는 학생에게는, 3차 수준에서 개입하고 있다.

3차 수준의 개입에서는 체계적인 개인 맞춤식 전략을 사용하고 있다. 이런 전략에서는 지역사회기관이 자주 관여하고 있다.

> Points
>
> - 미시적 수준의 개입은 개인을 대상으로 활동하는 것을 말한다. 거시적 수준의 개입은 조직과 지역사회를 대상으로 활동하거나, 법과 사회정책을 변화시키고자 활동하는 것을 말한다.
> - 다층 모델은 예방·개입과 관련되는 세 수준을 포함한다. 1차 수준의 개입은 학교 전체적으로 문제를 예방하는 것이고, 2차 수준의 개입은 소집단에 단기적으로 개입하는 것이고, 3차 수준의 개입은 개인에게 장기적으로 개입하는 것이다.

2. 학교사회복지사의 활동 수준과 활동 대상

1) 학교사회복지사의 활동 수준

학교사회복지에서 개입하는 것은 학교사회복지사가 활동하는 수준과 관련되고 있다. 일반 사회복지사가 여러 수준에서 활동하는 것처럼, 학교사회복지사도 여러 수준에서 활동하고 있다. 구체적으로 학교사회복지사는 미시적 수준(예컨대, 개인 수준), 중간 수준(예컨대, 집단 수준), 거시적 수준(예컨대, 학교제도 수준과 지역사회 수준)에서 활동하고 있다.[1)]

또한 학교사회복지사는 모든 교육 수준에서 활동하고 있다. 따라서 학교사회복지사는 초등학교에 다니기 이전의 학생, 초등학교 학생, 중학교 학생, 고등학교 학생에게 사회복지와 관련된 여러 가지 서비스를 제공하고 있다(American Council for School Social Work, 2014).

▲중학교 모습: 학교사회복지사는 모든 교육 수준에서 활동한다.

[출처: 대만에서 저자 촬영]

1) 이에 관해서는 앞에서 이미 설명한 바 있다.

2) 학교사회복지사의 활동 대상

학교사회복지사가 활동하는 수준은 다양하다.[2] 이에 따라서 학교사회복지사는 여러 형태의 클라이언트를 대상으로 활동하고 있다.

우선, 학교사회복지사는 개인을 대상으로 활동하고 있다. 예를 들어 학교사회복지사의 경우, 학생이 가진 상황과 욕구를 다루기 위해서 교사, 가족, 학생과 일대일로 활동할 수 있다(Constable, 2009). 또한 학교사회복지사는 집단을 대상으로 활동하고 있다. 예를 들어 학교사회복지사의 경우, 학생집단이나 교사집단이나 지역사회 주민집단을 대상으로 활동할 수 있다. 그리고 학교사회복지사는 조직이나 체계를 대상으로 활동하고 있다. 예를 들어 학교사회복지사의 경우, 학교의 분위기를 바꾸기 위해 학교조직을 대상으로 활동할 수 있다.

그러나 학교사회복지사가 기본적으로 관심을 가지는 활동 대상은 학생, 학생의 부모와 기타 가족구성원, 교사인 경우가 많다.

한편, 학교사회복지사가 앞에서 제시한 여러 형태의 클라이언트를 대상으로 활동할 때, 다른 전문가와 함께 활동하는 경우도 많다. 예를 들어, 학교사회복지사는 클라이언트를 위해서 교육 전문가나 정신건강 전문가와 함께 활동할 수 있다.

Points

- 학교사회복지사는 여러 수준에서 활동한다.
- 학교사회복지사는 여러 형태의 클라이언트를 대상으로 활동한다.

---

2) 이에 관해서는 앞에서 이미 설명한 바 있다.

3. 학교사회복지의 실천 모델

1) 실천 모델의 정의와 중요성 및 진전

학교사회복지는 몇 가지 실천 모델practice model에 근거해 서비스를 제공하고 있다. 일반적으로 실천 모델은 주어진 종류의 치료를 어떻게 할 것인가에 관해 알려주는 여러 가지 지침을 말한다. 실천 모델에서는 주어진 상황에서 실천가가 할 것으로 기대되는 것이나 실천가가 일반적으로 하는 것에 관해 설명하는 경우가 많다(Allen-Meares, 2011).

학교사회복지와 관련된 실천 모델은 다음과 같은 특징을 지니고 있기에 중요하다(School Social Work Association of America, 2016).

① 학교사회복지 서비스를 제공할 때 사용하여야 하는 일반적 틀이 된다.

② 학교에서 질 좋은 학교사회복지 서비스를 제공하는 데 필요한 기법을 제시한다.

③ 학교사회복지 서비스를 평가하기 위한 틀이 된다.

④ 학교사회복지 서비스를 제공할 때 관련 기관 및 기타 전문가와 협력하기 위한 틀이 된다.

한편, 학교사회복지가 발달함에 따라, 학교사회복지의 실천 모델도 발달하고 있다. 따라서 학교사회복지 영역에서는 그동안 여러 가지 실천 모델을 제시해 왔다. 이 중에서 대표적인 실천 모델로 올더슨Alderson의 실천 모델과 코스틴Costin의 실천 모델이 있다. 그리고 미국 학교사회복지협회도 실천 모델을 제시하였다.

그 후에 몇 가지 모델을 제시해 왔는데, 이와 관련된 대표적인 모델이 '개입 반응response to intervention, RtI 모델'과 '다층 지지체계multi-tiered system of support, MTSS 모델'이다.

2) 올더슨의 실천 모델

올더슨의 경우, 학교사회복지사가 자신의 활동을 살펴보고 평가하는 데 사용할 수 있는 실천 모델을 네 가지로 제시하고 있다. 올더슨이 제시하는 네 가지 모델은 전통적 임상 모델traditional clinical model, 학교 변화 모델school change model, 지역사회 학교 모델community school model, 사회적 상호작용 모델social interaction model이다(Allen-Meares, 2011; Shaffer, 2007).

(1) 각 모델의 내용

(가) 전통적 임상 모델

전통적 임상 모델은 가장 잘 알려져 있고 가장 널리 사용하는 모델이다. 전통적 임상 모델의 주요한 학문적 토대는 정신분석 심리학과 자아 심리학이다. 전통적 임상 모델의 경우, 사회적 문제나 정서적 문제를 겪는 학생을 변화시키는 데 주로 주목하고 있다.

전통적 임상 모델에서는, 문제를 겪는 아동이나 가족은 어려운 시기를 겪고 있거나 역할을 제대로 하지 못하고 있다고 가정하는 경우가 많다. 따라서 전통적 임상 모델에 따를 경우, 학교사회복지사는 학교에 주목하기보다는, 아동이나 가족에게 직접적으로 서비스를 제공하는 역할을 하고 있다.

그리고 전통적 임상 모델에 따를 경우, 교사와 직원은 아동의 행동에 관한 정보를 제공하는 사람의 역할만 하고 있다.

(나) 학교 변화 모델

학교 변화 모델에서는 학교를 대상으로 하고 있다. 따라서 학교 변화 모델에서는, 학교가 역할을 제대로 하지 못하는 상황에 크게 주목하고 있다. 구체적으로 학교 변화 모델의 경우, 학생이 제대로 역할을 하거나 활동하는 데 걸림돌이 되는 정책, 환경, 절차를 변화시키는 데 주목하고 있다. 이런 탓에, 학교 변화 모델에서는 학교의 환경과 상황을 변화시키는 데 관심을 가지고 있다. 이런 점에서, 학교 변화 모델은 전통적 임상 모델과 대조되고 있다.

학교 변화 모델에 따를 경우, 교사와 직원은 관련 문제를 토의하고 파악하는 데 관여하고 있고, 또한 관련 상황을 변화시키는 데 관여하고 있다.

▲ 어느 학교의 모습: 학교 변화 모델에서는 학교의 환경과 상황을 변화시키는 데 관심을 가진다.

[출처: 싱가포르에서 저자 촬영]

(다) 지역사회 학교 모델

지역사회 학교 모델에서는 학교와 지역사회 사이의 관계에 주목하고 있다. 특히 지역사회 학교 모델의 경우, 사회적 자원과 경제적 자원이 적은 지역사회에 크게 주목하고 있다. 따라서 지역사회 학교 모델에서는 취약한 지역사회와 학교 사이의 관계에 특히 관심을 가지고 있다.

또한 지역사회 학교 모델의 경우, 학교사회복지사가 지역사회를 조직하는 방법을 활용할 것을 권장하고 있다. 더불어 지역사회 학교 모델에서는, 상황을 완전히 이해하기 위하여 교사와 직원은 사회문제에 관한 정보와 이런 사회문제가 학생에게 미치는 영향에 관한 정보를 계속 제공하여야 한다고 보고 있다.

지역사회 학교 모델을 따를 때 학교사회복지사가 하는 역할을 몇 가지 제시하면 다음과 같다.

① 학교에서 제공하는 것에 관해 지역사회에 알려준다.

② 지역사회와 관련된 학교 프로그램을 체계적으로 지원한다.

③ 교사와 직원에게 지역사회에 영향을 미치는 요인과 사회적 요인에 관해 설명한다.

(라) 사회적 상호작용 모델

사회적 상호작용 모델의 경우, 관련된 대상들 사이에 나타나는 상호작용의 형태와 질에 주목하고 있다. 이 경우, 관련된 대상은 학생, 학생집단, 가족, 학교, 지역사회를 말한다. 따라서 사회적 상호작용 모델에서는 학생 개인, 환경, 학생의 가족, 학교가 서로 교류하는 데 주목하고 있다.

사회적 상호작용 모델에서는 체계 이론에 근거해 서비스를 제공하고 있다. 따라서 사회적 상호작용 모델의 경우, 개인과 집단이 서로에 대해 행동하면서 미치는 영향에 주목하고 있다.

사회적 상호작용 모델에서는, 학교사회복지사는 대상이 되는 체계와 상호작용하는 체계에 개입할 것을 강조하고 있다. 또한 학교사회복지사의 역할은 더 활발하고, 더 융통성이 있고, 더 변화하는 방향으로 나아간다고 보고 있다(Shaffer, 2007; Constable, 2009). 그리고 사회적 상호작용 모델에 따르면, 학교사회복지사는 공통된 해결 방안을 찾으려는 역할을 하고 있다.

(2) 평가

앞에서 제시한 네 가지 모델 중에서, 전통적 임상 모델, 학교 변화 모델, 지역사회 학교 모델은 특정한 개입방법과 관련되고 있다. 그리고 전통적 임상 모델, 학교 변화 모델, 지역사회 학교 모델 중에서 한 가지 모델을 사용하면, 다른 모델은 사용하지 않는 경향이 있다.

그러나 사회적 상호작용 모델은 전통적 임상 모델, 학교 변화 모델, 지역사회 학교 모델과는 크게 차이가 나고 있다. 예를 들어, 사회적 상호작용 모델에서는 특정한 방법을 강조하지 않고 있다(Shaffer, 2007; Constable, 2009).

3) 코스틴의 실천 모델

(1) 배경과 등장

미국에서 1960년대 중반에 코스틴이 전국적으로 조사한 결과, 학교사회복지사는 개인에게 주목하는 전통적인 서비스를 강조하고 있는 것으로 나타난 바 있다. 따라서 1960년대에는 학교사회복지에서 개인 아동에게 주목하는 것으로 나타난 바 있다.

그 결과, 이 당시의 학교사회복지는 다음과 같은 경향이 있었다(Shaffer, 2007).

① 학교의 상황이 아동에게 영향을 미친다는 점에 관해서는 거의 관심을 가지지 않는다.

② 아동이 제대로 적응하지 못하는 것과 관련될 수 있는 전체적인 학교 상황에 관해서는 크게 관심을 가지지 않는다.

이와 관련해, 코스틴은 다음과 같이 주장하고 있다(Shaffer, 2007).

① 학생이 겪는 문제를 해결하기 위해서는 체계적인 실천방법도 다시 살펴보아야 한다.
② 학교사회복지사는 학교의 정책과 지역사회의 상황이 학생에게 미치는 영향을 무시할 수 없다.

이에 따라서, 올더슨이 네 가지의 학교사회복지 실천 모델을 제시한 시기와 거의 같은 시기에, 코스틴은 '학교–지역사회–학생 관계 모델school-community-pupil relations model'을 제시하였다. 이 모델은 학생 개인에게 제공하는 서비스를 계획적으로 변화시키기 위해 여러 대학교가 함께 시범사업을 실시한 결과로 등장한 모델이다(Allen-Meares, 2011).

(2) 내용

학교-지역사회-학생 관계 모델의 주요한 목적은, 학생과 학교와 지역사회 사이의 상호작용이 변하게 하고, 또한 이렇게 함으로써 학교의 잘못된 제도적 절차와 정책을 어느 정도 조정하는 데 있다. 따라서 학교-지역사회-학생 관계 모델에서는 다음과 같이 하고 있다(Allen-Meares, 2011; Shaffer, 2007).

① 학교와 지역사회에서 부족한 측면에 주목한다.
② 학생이 생활하면서 스트레스를 받는 시기에, 체계의 특정한 특성과 학생 집단의 특성 사이에 서로 영향을 미치는 측면에 주목한다.

특히 학교-지역사회-학생 관계 모델에서는 학교와 지역사회와 학생에 주목하고 있고, 또한 학교와 지역사회와 학생 사이의 교류에 주목하고 있다(Wikipedia, 2024c).

▲ 지역사회 속의 학교: 학교-지역사회-학생 관계 모델에서는 학교와 지역사회와 학생 사이의 교류에 주목한다.

[출처: 저자 촬영]

그리고 코스틴의 경우, 학교-지역사회-학생 관계 모델과 관련해 학교사회복지사가 주로 하는 역할을 다음과 같이 일곱 가지로 제시하고 있다(Constable, 2009).

① 개인, 집단, 가족과 직접 상담한다.

② 옹호한다.

③ 자문한다.

④ 지역사회와 연계한다.

⑤ 여러 학문 분야의 전문가가 팀을 구성하는 것을 도와준다.

⑥ 욕구를 파악한다.

⑦ 프로그램과 정책을 개발한다.

(3) 평가

학교-지역사회-학생 관계 모델은 여러 가지 방법을 합친 모델이다. 이 모델에서는, 학생과 학교와 지역사회 사이의 상호작용이 복잡하다는 점을 강조하고 있다. 따라서 학교-지역사회-학생 관계 모델의 경우, 개성의 측면보다는 상황에 주목하고 있다.

4) 미국 학교사회복지협회가 제시하는 실천 모델

(1) 주요한 요소

미국 학교사회복지협회School Social Work Association of America에서는 나름의 실천 모델을 제시하고 있다. 미국 학교사회복지협회에서 제시한 실천 모델의 경우, 학교사회복지사는 다음과 같은 세 가지 요소에 주목할 것을 장려하고 있다(Knox, Gherardi & Stoner, 2020; Frey et al., 2013; Forenza & Eckhardt, 2020).

① 증거에 근거해 교육 서비스, 행동과 관련된 서비스, 정신건강 서비스를 제공한다.
② 학생이 학습하는 데 더 유리하고 교사가 가르치는 데 더 유리한 학교 분위기와 문화를 만든다.
③ 학교의 자원과 지역사회의 자원을 가능하면 많이 이용할 수 있게 한다.

미국 학교사회복지협회의 실천 모델에 따르면, 학교사회복지사는 앞에서 제시한 세 가지 요소와 관련된 영역에서 서비스를 제공하는 데 필요한 전문 지식과 기술을 갖추고 있어야 한다(Frey et al., 2013).

(2) 필요한 구체적 활동

미국 학교사회복지협회의 실천 모델에 따르면, 앞에서 제시한 세 가지 요소의 각

각에 대해서는 구체적 활동이 필요하다. 우선, 증거에 근거해 서비스를 제공하기 위해서는, 다음과 같은 구체적 활동이 필요하다(Frey et al., 2013).

① 다양한 프로그램과 서비스를 제공한다.
② 학생이 발달한 정도를 지속적으로 살펴본다.
③ 서비스가 어느 정도 효과가 있는지를 평가한다.

그리고 좋은 학교 분위기와 학교 문화를 형성하기 위해서는, 다음과 같은 구체적 활동이 필요하다(Frey et al., 2013).

① 학교의 정책과 행정 절차를 더 효과적으로 진행한다.
② 학교와 관련된 사람이 전문적 능력을 더 갖추도록 한다.
③ 학생, 학생의 가족, 학교, 지역사회 사이에 더 쉽게 교류하도록 한다.

또한 학교의 자원과 지역사회의 자원을 최대로 이용하기 위해서는, 다음과 같은 구체적 활동이 필요하다(Frey et al., 2013).

① 여러 가지 서비스를 더 제공한다.
② 자원을 활용하고 자산을 더 확보한다.
③ 서로 다른 학문 분야 사이에 협력하고, 관련된 체계를 조정하고, 전문적 지식이나 정보를 제공한다.

5) 개입 반응 모델

(1) 개입 반응 모델의 정의

최근 들어서 학교사회복지에서 주목하는 것이 '개입 반응 모델'이다. 일반적으로 개입 반응 모델은 실제 조사에 토대를 두면서, 학생의 욕구에 어울리게 지시하고 개입하는 실천을 말한다(Kelly, Frey, Alvarez, Berzin & Shaffer, 2010).

(2) 개입 반응 모델의 등장과 진전

(가) 개입 반응 모델의 등장

개입 반응 모델은 학교사회복지사가 서비스를 제공하는 것과 관련된 문제를 비판하면서 등장하였다. 이런 비판을 몇 가지 제시하면 다음과 같다(Kelly et al., 2010).

① 그동안 학교사회복지사는 학생의 학습에 방해가 되는 걸림돌을 없애기 위한 방안과 개입방법 등을 상황에 맞게 변화해 가며 사용하고 있었다. 그러나 이때, 학교사회복지사는 학생에게 개인적으로 서비스를 제공하고, 필요할 때는 가족에게도 서비스를 제공하는 것을 강조하는 경우가 많았다.

② 학교사회복지사는 학생에게 개인과 집단을 대상으로 하는 정신건강 서비스를 제공하는 데 관심을 가지는 경우가 많았다. 그러나 학교사회복지사가 제공한 서비스를 체계적으로 살펴본 연구는 드문 편이었다.

앞에서와 같은 비판에 대해서, 여러 학자는 학교사회복지를 실제 조사에 근거해서 서비스를 제공하는 식으로 바꿀 것을 강조해왔다. 개입 반응 모델은 이런 상황에서 등장하였다.

(나) 개입 반응 모델의 진전

일부 국가에서는 개입 반응 모델을 교육 영역에서 사용하고 있다. 예를 들어, 미국에서 진행한 교육 개혁에서는 개입 반응 모델을 사용하게 한 바 있다. 미국의 경우, 처음에는 개입 반응 모델을 학습장애를 겪는 사람에게 적용하였다. 그러나 그 후, 여러 가지 학습문제와 행동문제를 해결하기 위해 모든 학생에게 서비스를 제공하는 데도 개입 반응 모델을 적용하고 있다. 그리고 미국에서는 특수교육과 정규 교육에서 학생의 학습 및 행동과 관련된 영역에서 지원할 때, 개입 반응 모델을 적용해왔다(National Association of Social Workers, 2012; Kelly et al., 2010).

(3) 개입 반응 모델의 특징과 중요성

(가) 개입 반응 모델의 특징

개입 반응 모델에서는 모든 학생의 욕구를 충족해주기 위해서, 질이 좋고 문화적·언어적 측면을 고려하는 지도, 사정[3], 증거 중심의 개입을 체계적으로 실시하는 것에 주목하고 있다. 이외에도 개입 반응 모델은 여러 가지 특징을 지니고 있다. 이런 특징을 몇 가지 제시하면 다음과 같다(Johnson & Nealis, 2014; Kelly, Frey & Anderson-Butcher, 2010).

① 초등학교, 중학교, 고등학교의 각 수준에서, 증거에 근거해 개입한다.

② 자료에 근거해 결정을 내린다.

③ 조사한 결과에 근거해 조기에 개입한다.

한편, 개입 반응 모델에서는 학생이 더 나아지는 정도를 정기적으로 살펴보고 있다. 그리고 개입 반응 모델에서는, 학생이 응답한 자료를 참고해서 교육 내용이나 목적을 변경하는 것과 관련해 결정하고 있다(Kelly et al., 2010).

(나) 개입 반응 모델의 중요성

개입 반응 모델에서는 폭넓게 협력하면서 효과적으로 서비스를 전달하는 데 주목하고 있다. 이런 탓에, 개입 반응 모델은 학교에서 학생의 행동 및 학습과 관련된 서비스를 더 효과적·효율적으로 제공하려는 폭넓은 모델이라고 볼 수 있다.

이 외에도 개입 반응 모델은 여러 가지 장점을 지니고 있어 중요하다. 이런 장점을 몇 가지 제시하면 다음과 같다(Kelly et al., 2010).

① 학습문제와 행동문제를 더 의미 있게 파악하는 데 도움을 준다. 그 결과, 학교

---

3) 일반적으로 사정은 개입하려는 대상의 상황을 자세히 체계적으로 살펴보는 것을 말한다. 사정에 관해서는 학교사회복지사에게 필요한 지식을 다루는 장(제2장)에서 이미 설명한 바 있다.

사회복지사가 직접적으로 서비스를 제공할 학생을 파악하는 방법을 결정하는 데 도움을 준다.

② 사용할 개입방법과 클라이언트를 정하는 데 도움을 준다. 이때 클라이언트는 학교, 교사, 부모, 학생을 일컫는다.

③ 학교에서 잘 할 수 있는 가장 좋은 기회를 모든 학생에게 제공하는 데 도움을 준다.

(4) 개입 반응 모델의 원칙

개입 반응 모델에서는 네 가지 원칙을 사용하고 있다. 개입 반응 모델의 틀을 이루는 네 가지 원칙은 능력 키우기capacity building의 원칙, 증거에 근거한 실천evidence-based practice의 원칙, 다층 수준multitier의 원칙, 자료에 근거한 의사결정data-based decision making의 원칙을 말한다(Kelly et al., 2010).

(가) 능력 키우기의 원칙

첫째 원칙인 '능력 키우기'의 원칙은 학생을 지지하는 서비스는 능력을 키워주어야 하는 것을 말한다. 이때, 능력을 키우는 활동의 예를 몇 가지 제시하면 다음과 같다.

① 학교사회복지사가 아니라 교사나 직원이 학생문제에 주로 개입하는 역할을 하도록 도와준다. 이와 관련된 프로그램으로 수업 시간에 실시하는 폭력 예방 프로그램이 있다.

② 학교의 자원을 어떻게 분배할 것인지를 결정하는 위원회에 참석한다.

(나) 증거에 근거한 실천의 원칙

둘째 원칙인 '증거에 근거한 실천'의 원칙은 질적으로 우수한 서비스를 잘 제공하는 데 관여하여야 하는 것을 말한다. 구체적으로, 증거에 근거한 실천의 원칙은 경험적 자료에 근거해 증명된 서비스를 선정해서 제공하여야 하는 것을 말한다.

▲ 약제박물관의 저울: 증거에 근거한 실천의 원칙은 경험적 자료에 근거해 증명된 서비스를 선정해서 제공하여야 하는 것이다.

[출처: 독일에서 저자 촬영]

(다) 다층 수준의 원칙

셋째 원칙인 '다층 수준'의 원칙은 여러 수준에서 개입하여야 하는 것을 말한다. 다층 수준의 원칙과 관련된 모델로 '세 수준 개입 반응 모델three-tiered response to intervention model'이 있다. 세 수준 개입 반응 모델에서는 세 가지 수준에서 개입하고 있다.

세 수준 개입 반응 모델의 경우, 각 수준에 따른 활동을 다음과 같이 구분하고 있다.[4)]

---

4) 이에 관해서는 앞에서도 이미 설명한 바 있다.

① 1차 수준은 학교 수준을 말한다. 따라서 1차 수준의 활동은 학교 전체에 걸쳐서 개입하는 것을 말한다.
② 2차 수준은 집단 수준을 말한다. 따라서 2차 수준의 활동은 1차 수준의 개입에서 효과가 없는 학생들의 집단을 대상으로 개입하는 것을 말한다.
③ 3차 수준은 개인 수준을 말한다. 따라서 3차 수준의 활동은 2차 수준의 개입에서 효과가 없는 학생을 대상으로 개인적으로 개입하는 것을 말한다.

오늘날의 경우, 앞에서 제시한 세 가지 수준은 서로 분리된 별도의 수준이라기보다는 연속적으로 연결된 수준이라고 보는 방향으로 나아가고 있다. 이것은 2차 수준과 3차 수준의 경우에 특히 그렇다.

(라) 자료에 근거한 의사결정의 원칙

넷째 원칙인 '자료에 근거한 의사결정'의 원칙은 결정을 내리는 과정에서 제도 수준의 자료와 학생 수준의 자료를 사용하여야 하는 것을 말한다. 그리고 자료에 근거한 의사결정의 원칙은 개인 수준과 제도 수준에서 체계적으로 파악하고 학생이 발달하는 것을 살펴보는 것과 관련되고 있다.

자료에 근거한 의사결정의 원칙을 적용하는 상황을 몇 가지 제시하면 다음과 같다.
① 1차 수준의 개입에서 효과가 없는 학생이 누구인지를 파악하기 위해, 학교사회복지사와 교사와 직원은 학교 수준의 일반적인 자료를 체계적으로 수집하고 검토한다.
② 2차 수준과 3차 수준에서 개입할 필요가 가장 큰 학생이 누구인지를 파악하기 위해, 학교사회복지사와 교사와 직원은 개인 수준의 자료를 체계적으로 수집하고 검토한다.

그러므로 자료에 근거한 의사결정의 원칙은 다음과 같은 것을 하는 데 적용할 수 있다.

① 서비스를 제공할지를 결정한다.

② 개입에 대해 반응하지 않은 학생을 파악한다. 이 경우, 더 체계적으로 개입할 필요가 있는 학생이 누구인지를 알 수 있게 된다.

6) 다층 지지체계 모델

(1) 다층 지지체계 모델의 정의와 특징

다층 지지체계MTSS 모델은 학습 영역과 학습 이외의 영역에서 모든 학생이 가지는 욕구를 모두 충족하기 위해서, 자료에 근거해 문제를 해결하고 체계 수준에서 변하게 하는 데 주목하는 모델을 말한다(Lexia, 2018).

다층 지지체계 모델은 학교사회복지에서 자주 사용하는 모델이다. 다층 지지체계 모델은 다음과 같은 특징을 지니고 있다(Ding et al., 2023; Lexia, 2018).

① 학습 영역뿐만 아니라 학습 영역이 아닌 영역도 다룬다. 따라서 다층 지지체계 모델에서는 사회적 영역과 정서적 영역도 다룬다. 예를 들어, 다층 지지체계 모델에서는 행동과 관련된 영역(예컨대, 출석)도 다룬다.

② 학교의 문화, 교사의 발전, 가족의 관여, 지역사회의 관여와 같은 것도 다룬다.

(2) 개입 반응 모델과의 차이점

다층 지지체계 모델은 개입 반응 모델과 비슷한 점이 많다. 예를 들어, 다층 지지체계 모델은 개입 반응 모델에서 개입하는 세 가지 수준을 포함할 수 있다.

그러나 다층 지지체계 모델과 개입 반응 모델은 다루는 영역에서 차이가 나고 있다. 개입 반응 모델에서는 어려움을 겪는 학생의 구체적인 학습 욕구를 파악해서 충족해 주는 데 주목하고 있다. 그러나 다층 지지체계 모델에서는 개입 반응 모델에서보다 훨씬 더 폭넓은 영역에 주목하고 있다. 따라서 다층 지지체계 모델은 개입 반응 모델보다 더 폭넓다고 볼 수 있다(Cunningham, 2024; Lexia, 2018).

Points

- 실천 모델은 주어진 종류의 치료를 어떻게 할 것인가에 관해 알려주는 여러 가지 지침이다. 학교사회복지의 실천 모델은 서비스를 제공할 때의 일반적 틀이 되고, 서비스 제공에 필요한 기법을 제시하고, 서비스 평가를 위한 틀이 되고, 관련 기관 및 기타 전문가와 협력하기 위한 틀이 되기에 중요하다. 학교사회복지에서는 여러 실천 모델을 제시해왔다.
- 올더슨은 학교사회복지사가 활동을 살펴보고 평가하는 데 사용할 수 있는 실천 모델을 네 가지 제시한다. 전통적 임상 모델은 사회적 문제나 정서적 문제를 겪는 학생을 변화시키는 데 주목한다. 학교 변화 모델은 학교의 환경·상황을 변화시키는 데 주목한다. 지역사회 학교 모델은 학교와 지역사회 사이의 관계에 주목한다. 사회적 상호작용 모델은 학생, 환경, 가족, 학교가 서로 교류하는 데 주목한다.
- 코스틴은 학교-지역사회-학생 관계 모델을 제시한다. 학교-지역사회-학생 관계 모델의 주요한 목적은, 학생과 학교와 지역사회 사이의 상호작용이 변하게 하고, 학교의 잘못된 제도적 절차와 정책을 조정하는 데 있다.
- 미국 학교사회복지협회의 실천 모델에서는 증거에 근거한 서비스 제공, 좋은 학교 분위기와 문화의 형성, 학교와 지역사회 자원의 최대 이용에 주목한다.
- 개입 반응 모델은 실제 조사에 토대를 두면서, 학생의 욕구에 어울리게 지시하고 개입하는 실천이다. 개입 반응 모델은 학교에서 학생의 행동 및 학습과 관련된 서비스를 더 효과적·효율적으로 제공하려는 폭넓은 모델이다. 개입 반응 모델의 틀을 이루는 네 가지 원칙은 능력 키우기의 원칙, 증거에 근거한 실천의 원칙, 다층 수준의 원칙, 자료에 근거한 의사결정의 원칙이다.
- 다층 지지체계 모델은 학습 영역과 학습 이외의 영역에서 학생이 가지는 욕구를 모두 충족하는 데 주목하는 모델이다.

Chapter 5

학교사회복지사의 역할

1. 학교사회복지사의 일반적 역할
2. 개입 수준에 따른 역할(1): 미시적 역할
3. 개입 수준에 따른 역할(2): 거시적 역할
4. 학교사회복지사의 역할과 관련해 고려할 점

1. 학교사회복지사의 일반적 역할

1) 역할의 정의와 중요성

일반적으로 학교사회복지사의 역할은, 학교와 학교사회복지사 자신이 학교사회복지사에게 기대하는 여러 가지 행동을 말한다(Constable, 2009). 학교사회복지사의 존재는 학교사회복지사가 하는 역할을 통해서 두드러진다. 따라서 학교사회복지사의 역할은 중요하다.

2) 일반적 역할

학교사회복지사는 여러 가지 역할을 하고 있다. 무엇보다도 학교사회복지사는 학생과 가족이 겪는 문제를 해결하는 데 도움을 주고 있다. 학교사회복지사가 하는 역할을 몇 가지 제시하면 다음과 같다(New York State School Social Workers' Association, 2024; National Association of Social Workers, 2024; UNICEF, 2021; Kjellgren, Lilliehorn & Markstroom, 2022; Huxtable, 2022; Knox, Gherardi & Stoner, 2020; Pfiffner, Windlinger & Hostettler, 2023; Nguyen et al., 2022; Ding et al., 2023).

① 학생이 학습하는 데 영향을 미치는 생물학적 요인, 의료적 요인, 심리적 요인, 문화적 요인, 법적 요인, 경제적 요인을 파악한다.

② 학생의 상황을 개선하기 위해서 학교에서 적절한 프로그램을 실시한다. 이런 프로그램의 예로 다음과 같은 측면에 주목하는 프로그램이 있다.

㉠ 위기에 개입한다.

㉡ 갈등을 해결한다.

㉢ 폭력을 예방한다.

㉣ 약물을 사용하는 것을 예방한다.

㉤ 아동학대를 예방한다.

㉥ 자신에 대해 긍정적인 이미지를 가지게 한다.

▲ 학교사회복지사가 제공한 프로그램에 참여한 학생들: 학교사회복지사가 하는 역할 중에서 가장 중요한 것은, 학생의 욕구를 충족하는 것이다.

[출처: 정윤옥 님 제공]

ⓢ 사회생활에 필요한 기법을 배운다.

ⓞ 개인이나 집단이나 가족을 대상으로 상담한다.

③ 취약한 학생을 치료하는 데 도움을 준다.

더불어, 학교사회복지사는 학교에 다니는 아동과 청소년이 자신의 능력을 펼치도록 도와주는 것과 관련해 중요한 역할을 하고 있다. 그러나 학교사회복지사가 하는 역할 중에서 가장 중요한 것은, 학생의 욕구를 충족하고 학생의 학습을 도와주는 것과 관련된 역할이다(Forenza & Eckhardt, 2020; National Association of Social Workers, 2012; Huxtable, 2022).

그리고 학교사회복지사는 학생, 학생의 가족, 교사 및 직원과 직접 협력하면서, 다음과 같은 역할을 하고 있다(National Association of Social Workers, 2024).

① 학생의 행동을 통제하는 것과 관련된 정책을 정한다.

② 학생의 정신건강과 관련된 문제에 개입한다.

③ 학생이 겪는 위기 상황을 관리한다.

④ 학생을 지지하는 서비스를 제공한다.

학교사회복지사가 활동하는 단계와 이에 따른 역할

학교사회복지사는 여러 단계를 거치면서 활동하고 있다. 이때, 학교사회복지사는 각 단계에서 나름의 역할을 하고 있다.

학교사회복지사가 활동하는 단계와 이에 따른 역할을 예로 들면 다음과 같다(SocialWork.org, 2024).

① 학교사회복지사가 어떤 학생이 취약한 상태에 있는 것으로 판단할 경우, 교실이나 학교의 기타 장소에서 학생을 관찰한다.

② 학교사회복지사는 학생과 한 차례 이상 상담하고, 학생의 태도나 행동에 영향을 미치는 요인을 파악하기 위해서 심리검사를 한다.

③ 학생과 상담하고 심리검사를 해서 얻은 결과를 가지고, 학교사회복지사는 교사 및 부모와 상의해서 학생의 문제를 해결할 수 있는 방법을 찾는다.

한편, 학교사회복지사는 학교의 분위기를 더 안정되고 편하게 유지하는 역할을 하고 있다(Forenza & Eckhardt, 2020).

3) 활동 대상에 따른 역할

학교사회복지사는 활동 대상에 따라 여러 가지 역할을 하고 있다. 이런 역할의 예로 학생과 관련된 역할, 부모와 관련된 역할, 교사 및 직원과 관련된 역할, 외부 조직과 관련된 역할이 있다.

(1) 학생과 관련된 역할

학교사회복지사는 학생을 도와주는 역할을 하고 있다. 예를 들어, 학교사회복지사는 학생이 학습이나 행동이나 정서와 관련해 크게 어려움을 겪을 때 장기적으로 증거에 근거해 서비스를 제공하고 있다(Knox, Gherardi & Stoner, 2020).

또한 학교사회복지사는 다음과 같이 함으로써, 학생을 도와주고 있다(American Council for School Social Work, 2014; UNICEF, 2021).

① 학생의 가정, 학교, 지역사회에서 학생이 학습을 잘 하게 하는 데 부정적인 영향을 미치는 요인을 파악한다.

② 학생의 학습에 걸림돌이 되는 상황을 없애거나 줄이는 데 도움을 준다. 이런 상황의 예로 학생이 학교를 특별한 이유 없이 결석하는 것, 학생이 임신하는 것, 학생이 알코올과 기타 약물을 너무 많이 사용하는 것, 학생이 자살할 생각을 하는 것, 학생이 가정에서 학대를 당하는 것, 학교가 안전하지 않은 것, 학생이 폭력적인 것, 가족이 경제적으로 어려운 것, 학생이 행동문제를 겪는 것, 학생이 정신건강문제를 겪는 것이 있다.

그리고 학교사회복지사는 교육 과정에서 취약한 학생을 대상으로 활동하는 경우가 많다. 따라서 학교사회복지사가 하는 역할 중에는 취약한 학생과 관련된 역할이 많다. 예를 들어 일부 학생의 경우, 다음과 같은 상황에 있기 때문에, 자신이 원하는 바를 이루지 못할 수 있다(Constable, 2009; Huxtable, 2022).

① 여성이거나, 장애를 겪거나, 다문화가족에서 산다.

② 객관적 상황이 불리하다. 이런 예로 빈곤 상태에 있는 것이 있다.

학교사회복지사는 앞에서와 같이 취약한 상황에 있는 학생이 어려움을 극복하도록 도와주기 위해 여러 가지 역할을 하고 있다(Nguyen et al., 2022).

(2) 부모와 관련된 역할

학교사회복지사는 학생의 부모를 도와주는 역할을 하고 있다. 예를 들어, 학교사회복지사는 학생의 부모가 다음과 같이 하는 것을 도와주고 있다(American Council for School Social Work, 2014).

① 자녀의 발달 및 교육과 관련해 가지는 욕구를 이해한다.
② 학교에서 자녀를 위해 목소리를 낸다.
③ 자녀에게 제공할지 모르는 특수교육 서비스를 이해한다.

또한 학교사회복지사는 학생이 가정 환경에 잘 적응하게 도와주기 위해서 학생의 부모와 교류하고 있다(SocialWork.org, 2024).

(3) 교사 및 직원과 관련된 역할

학교사회복지사는 교사와 직원을 도와주는 역할을 하고 있다. 예를 들어, 학교사회복지사는 학습하고 생활하는 데 사회적 · 심리적으로 어려움을 겪는 학생을 교사가 파악하는 것을 도와주고 있다(SocialWork.org, 2024). 더불어, 학교사회복지사는 학생이 겪는 어려움의 원인을 교사가 파악하는 것을 도와주고 있다.

▲ 한국의 옛 교사와 학생 프로그램에 참여한 외국 교사가 만난 모습: 학교사회복지사는 교사를 도와주는 역할을 한다.

[출처: 튀르키예에서 전영신 님 제공]

또한 학교사회복지사는 교사와 직원이 다음과 같이 하는 것을 도와주고 있다(American Council for School Social Work, 2014).

① 학생의 문화와 가족 상황을 이해한다.

② 다양한 학생이 바라는 교육적 목표를 이룬다.

(4) 외부 조직과 관련된 역할

학교사회복지사는 학교 외부에 있는 조직과 관련해 역할을 하고 있다. 예를 들어, 때에 따라서 학교사회복지사는 학생을 더 진단하고 도움을 더 주기 위해서, 학생을 외부 기관이나 의료 전문가에게 의뢰하고 있다(SocialWork.org, 2024).

학교사회복지사와 학교상담사의 역할

학교사회복지사와 학교상담사가 학생과 관련해 관여하는 문제는 중복되는 경우가 많다. 예를 들어, 학교사회복지사와 학교상담사 모두는 학생의 행동 문제나 학습장애와 같은 것에 관여하고 있다.

그러나 학교상담사는 학생이 학습을 잘하는 측면에 더 주목하고 있지만, 학교사회복지사는 학습의 측면 이외에 가정에서의 문제에도 주목하고 있다. 이런 예를 몇 가지 제시하면 다음과 같다(SocialWork.org, 2024).

① 학생과 가족이 적절한 주거에서 살지 않을 경우, 학교사회복지사는 개입할 수 있다.

② 학교사회복지사는 학생의 가정에서 아동학대가 발생하는지를 조사할 수 있다.

그러므로 학교사회복지사가 하는 역할과 학교상담사가 하는 역할은 서로 차이가 나고 있다.

Points

- 학교사회복지사의 존재는 하는 역할을 통해서 두드러진다. 따라서 학교사회복지사의 역할은 중요하다.
- 학교사회복지사는 여러 역할을 하는데, 특히 학생과 가족이 겪는 문제를 해결하는 데 도움을 준다.
- 학교사회복지사는 활동 대상에 따라 학생과 관련된 역할, 부모와 관련된 역할, 교사 및 직원과 관련된 역할, 외부 조직과 관련된 역할을 한다.

2. 개입 수준에 따른 역할(1): 미시적 역할

학교사회복지사가 하는 역할은 개입 수준에 따라서 미시적 수준에서의 역할(미시적 역할)과 거시적 수준에서의 역할(거시적 역할)로 구분할 수 있다. 그러나 어떤 경우에는 특정한 역할이 미시적 역할인지 또는 거시적 역할인지 분명하게 구분하기 어려울 수도 있다. 그 결과, 학교사회복지사의 역할이 매우 복잡할 수도 있다.

학교사회복지사가 하는 미시적 역할의 예로 임상가 역할, 교육자 역할, 협력자 역할, 중개자 역할, 중재자 역할, 사례관리자 역할이 있다.

1) 임상가 역할

학교사회복지사는 임상가(또는 임상전문가) 역할을 하고 있다. 학교사회복지사는 학교에서 학생과 가족에게 임상적 서비스를 우선적으로 제공하는 경우가 많다. 임상가 역할을 하는 학교사회복지사의 경우, 학생이 학교생활과 일상생활을 잘하는 데 영향을 미치는 정서적 문제와 행동 문제를 해결하기 위해, 학생과 가족을 도와주고 있다(Lee, 2007).

학교사회복지사가 하는 주요한 임상적 역할로 진단자 역할, 상담사 역할, 집단 촉진자 역할이 있다(Lee, 2007). 진단자 역할은 학생이 가진 문제를 파악하는 것을 말한다. 학교사회복지사가 진단자 역할을 할 경우, 학교사회복지사는 학생의 문제를 파악하기 위해 다음과 같은 것을 할 수 있다

① 부모나 학생을 만나 이야기를 나눈다.

② 학생과 관련된 서비스기관을 방문한다.

상담자 역할은 학생을 진단한 후에 상담서비스를 제공하는 것을 말한다. 이런 서비스의 예로 개인 상담과 가족 상담이 있다.

집단 촉진자 역할은 학생이 학교에서 지지가 더 필요할 경우, 사회생활을 하는 데 필요한 기술을 가르치거나 기타 문제를 해결하기 위해 만든 집단에, 해당 학생이 참

여하도록 장려하는 것을 말한다.

2) 교육자 역할

학교사회복지사는 교육자 역할을 하고 있다. 일반적으로 학교사회복지사는 교사, 교장과 교감, 부모 등과 정보를 서로 교환하면서 교육자 역할을 하는 경우가 많다. 학교사회복지사가 교육자 역할을 하는 예를 몇 가지 제시하면 다음과 같다(Lee, 2007).

① 학생의 정신건강문제에 대해 개입하는 것에 관해 교사와 직원에게 교육한다.
② 학생이 제대로 행동하도록 해주기 위한 방안에 관해 교사와 직원에게 교육한다.
③ 지역사회 자원을 평가하는 것에 관해 교사와 직원에게 교육한다.
④ 문화의 장점을 파악하는 것에 관해 교사와 직원에게 교육한다.

이때, 학교사회복지사는 여러 방식으로 교육할 수 있다. 학교사회복지사가 교육할 수 있는 방식을 몇 가지 제시하면 다음과 같다(Lee, 2007).

① 혼자 교육한다.
② 지역사회기관의 다른 전문가와 함께 교육한다. 이렇게 할 경우, 학생이 학습을 잘하도록 도와주기 위해서 지역사회의 자원을 학교에 추가로 들여와 사용할 수 있다.

3) 협력자 역할

학교사회복지사는 협력자 역할을 하고 있다. 학생의 문제는 여러 측면과 관련되고 있다. 따라서 여러 가지 요인은 서로 합쳐져서 학생의 학습에 영향을 미치고 있다. 이런 탓에, 학교사회복지사는 여러 학문 분야를 전공한 사람으로 이루어진 팀의 구성원으로 활동하는 경우가 많다. 즉, 학교사회복지사는 학생이 학교에서 잘하게 도와주는 팀의 구성원으로 활동하는 경우가 많다(Huxtable, 2022; National Association of Social Workers, 2024; Allen-Meares, 2011; Nguyen et al., 2022; Gherardi et al., 2022). 이때의 역할이 협력자 역할에 해당한다.

여러 분야의 전문가로 이루어진 팀에는 학교사회복지사 이외에 심리학자, 간호사, 작업치료사, 물리치료사, 언어치료사, 상담사 등이 관여할 수 있다.

학교사회복지사의 협력자 역할: 스웨덴의 사례

스웨덴에서는 학교생활을 하는 데 어려움을 겪는 학생을 도와주기 위해서 여러 전문가가 모인 팀이 관여하고 있다. 이 팀을 학생건강팀(pupil health team)이라고 부르고 있다. 학생건강팀을 만든 목적은 어려운 상태에 있는 학생을 도움으로써 학생이 학교에 다니지 않는 것을 예방하고, 또한 학생을 잘 이해해서 학생이 학교에서 겪는 문제를 해결하는 데 있다.

학생건강팀에는 간호사, 의사, 심리전문가, 특수교육 교사, 학교사회복지사가 참여하고 있다. 학교사회복지사는 학생건강팀에서 학생의 심리적·사회적 측면을 다루는 전문가 역할을 하고 있다 (Kjellgren, Lilliehorn & Markstroom, 2022).

▲ 스웨덴의 학교 표시: 스웨덴에서는 학교생활을 하는 데 어려움을 겪는 학생을 도와주기 위해 여러 전문가가 모인 팀이 관여하는데, 학교사회복지사는 이런 팀의 구성원이 될 수 있다.

[출처: 스웨덴에서 저자 촬영]

4) 중개자 역할

학교사회복지사는 중개자 역할을 하고 있다. 중개자 역할을 하는 학교사회복지사는, 학생이 어려움을 겪기 때문에 학교 밖에서 추가로 자원이 필요할 때 지역사회기관 및 전문가와 접촉하는 경우가 많다. 이 경우, 학교사회복지사가 자주 접촉하는 지역사회 전문가로 직업재활 전문가, 상담사, 정신건강 전문가, 가족 서비스 전문가, 보호관찰 담당자, 의사가 있다(Lee, 2007).

5) 중재자 역할

학교사회복지사는 중재자 역할을 하고 있다. 중재자 역할을 하는 학교사회복지사는 특정한 사람들 사이를 연결하고 있다. 예를 들어 학교사회복지사는 교장과 교사 사이를 중요하게 연결하는 역할을 할 수 있다. 교장과 기타 관련자가 학생들이 좋아하지 않는 방향으로 학교를 개혁하려고 할 경우, 학교사회복지사는 중재자 역할을 할 수 있다(Gianesin, 2007).

6) 사례관리자 역할

학교사회복지사는 사례관리자 역할을 하고 있다. 특히 학교에서 학생과 관련된 문제가 발생할 때, 학교사회복지사는 사례관리자 역할을 할 수 있다. 사례관리자는 취약한 대상자에게 여러 가지 방식으로 서비스를 제공하고 조정하는 데 크게 관여하고 있다. 따라서 학교사회복지사는 서비스를 조정함으로써, 학생이 학습을 더 잘하도록 도와주고 있다. 이렇게 할 경우, 학생은 학교에서 잘 지내게 된다(노대겸·노병일, 2016; Lee, 2007).

그리고 사례관리와 관련해, 학교사회복지사는 다음과 같은 역할도 하고 있다(Lee, 2007).

① 관련된 모든 사람이 서로 자유롭게 이야기하도록 도와준다.

② 학생과 가족의 욕구가 충족되고 있는지를 계속 살펴본다.

③ 개입한 결과를 계속 살펴보고 개입 프로그램을 조정하기 위해, 가족, 교사와 직원, 지역사회기관과 교류한다.

④ 서비스를 제공하는 모든 사람과 기관이 가족과 직접 만나 의견을 나눌 수 있는 기회를 만든다.

⑤ 개입 프로그램과 관련된 사람들을 격려하고 힘을 실어준다.

Points

- 학교사회복지사의 역할은 개입 수준에 따라서 미시적 역할과 거시적 역할로 구분할 수 있다.
- 학교사회복지사가 하는 미시적 역할의 예로 임상가 역할, 교육자 역할, 협력자 역할, 중개자 역할, 중재자 역할, 사례관리자 역할이 있다.
- 임상가 역할을 하는 학교사회복지사는 학생이 학교생활과 일상생활을 잘하는 데 영향을 미치는 정서적 문제와 행동문제를 해결하기 위해 학생과 가족을 도와준다. 교육자 역할을 하는 학교사회복지사는 교사·교장·부모 등에게 교육한다. 협력자 역할을 하는 학교사회복지사는 학생이 학교에서 잘하게 도와주는 팀의 구성원으로 활동한다. 중개자 역할을 하는 학교사회복지사는 학생이 어려움을 겪기 때문에 학교 밖에서 추가로 자원이 필요할 때 지역사회기관 및 전문가와 접촉한다. 중재자 역할을 하는 학교사회복지사는 특정한 사람들 사이를 연결한다. 사례관리자 역할을 하는 학교사회복지사는 서비스를 조정해서 학생이 학습을 더 잘하도록 도와준다.

3. 개입 수준에 따른 역할(2): 거시적 역할

학교사회복지사가 하는 거시적 역할의 예로 옹호자 역할, 변화주도자 역할, 정책제언가 역할이 있다.

1) 옹호자 역할

학교사회복지사는 옹호자 역할을 하고 있다. 미국 학교사회복지협회의 실천 모델에서는, 학교사회복지사는 모든 학생이 교육과 서비스를 평등하게 이용할 수 있도록 해주는 옹호자 역할을 하도록 되어 있다(National Association of Social Workers, 2012; Lee, 2007).

▲ 견학을 온 학생들: 학교사회복지사는 학생의 입장을 반영하는 옹호자 역할을 할 수 있다.

[출처: 스페인에서 저자 촬영]

옹호자 역할을 하는 학교사회복지사가 하는 일을 몇 가지 제시하면 다음과 같다(Bowen, 2007; Lee, 2007; National Association of Social Workers, 2012).

① 취약한 학생을 옹호한다. 이런 예로 자신의 특별한 욕구를 효과적으로 표현할 수 없는 학생을 옹호하는 것이 있다.

② 자신의 교육적 권리를 주장할 수 없는 학생을 옹호한다.

③ 학교에 대해서 학생과 가족을 대표해 옹호한다. 이런 예로, 학생의 가족이 자신을

옹호할 수 있게 해주는 공식적·비공식적 지역사회 자원을 효과적으로 사용할 수 있도록 도와주는 것이 있다.

④ 학생과 가족에 대해서 학교를 대표하여 옹호한다. 특히, 자신의 목소리를 정치적으로 전달할 수 있는 힘이 없는 학생들을 위해 옹호한다.

⑤ 학생과 부모가 학교와 기관에서 목소리를 내도록 도와준다.

그러나 옹호자 역할은 문제가 있을 수 있다. 옹호자 역할과 관련된 문제로, 학교사회복지사가 누구를 대표하는가와 관련된 문제가 있다. 예를 들어, 학교사회복지사는 학생, 부모, 학교 중에서 누구를 옹호해주어야 하는지와 관련된 문제를 겪을 수 있다. 하지만 옹호자 역할에서 주로 주목하여야 할 대상은 학생이다. 왜냐하면 학교사회복지사의 주요한 임무는 학생이 학습을 잘하도록 해주는 것이기 때문이다. 그러나 학교가 학교사회복지사를 고용하는 방식일 경우, 학교사회복지사는 학생을 옹호하는 것과 관련해 윤리적으로 어려움을 겪을 수도 있다. 이 경우, 옹호자 역할을 하는 학교사회복지사는 학생에게 가장 좋은 것과 학교기관이 요구하는 것을 서로 조화시키는 데 있어 어려움을 겪을 수 있다(Lee, 2007).

2) 변화주도자 역할

학교사회복지사는 변화주도자 역할을 하고 있다. 변화주도자 역할을 하는 학교사회복지사는 변화하도록 하는 데 관여하고 있다. 특히 학교사회복지사는 제도를 변화시키는 역할을 할 수 있다(Gianesin, 2007; National Association of Social Workers, 2012).

변화주도자 역할을 하는 학교사회복지사가 하는 일을 몇 가지 제시하면 다음과 같다(National Association of Social Workers, 2012).

① 관여할 필요가 있지만, 지역의 교육기관과 지역사회가 다루지 않는 영역을 파악한다.

② 이런 영역과 관련된 욕구를 충족해주는 서비스를 새로 제공한다.

3) 정책제언가 역할[1)]

학교사회복지사는 정책제언가 역할을 하고 있다. 정책제언가 역할을 하는 학교사회복지사는 정책을 제안하고 영향을 미치는 데 관여하고 있다. 정책제언가 역할을 하는 학교사회복지사가 하는 일을 몇 가지 제시하면 다음과 같다(Lee, 2007; Wilson, 2007).

① 학교의 위원회가 특정한 정책이 부정적으로 미치는 영향을 알도록 도와준다.

② 새로운 정책이 학생에게 미치는 영향을 계속 살펴본다.

③ 정책과 관련된 정보를 수집하고 평가한다.

한국학교사회복지사협회에서 분류하는 학교사회복지사 역할

역할	내용
임상전문가	학생을 위한 개별·집단 상담 및 치료적 개입
교육자/자문가	학습, 진로를 위한 정보의 제공 사회성기술, 학습전략, 의사소통훈련, 가족 예방을 위한 교육
매개자/연계자	학생과 환경 사이에서 양자 모두의 문제 해결 과정을 조정, 중재
조정자/중재자	학생과 가족에게 필요한 자원의 발굴, 연계
옹호자	학생과 가족의 인권을 보장하기 위한 옹호활동
자원개발자	학생과 가족, 학교에 필요한 지역사회자원의 발굴 및 개발촉진
공조자/협력자	교사를 비롯하여 다양한 전문가, 관련기관과의 협력, 공조
조사연구자	실태조사 및 효과성 연구를 통한 효과적 복지서비스 제공
정책제언가	학생복지 증진을 위해 다양한 수준에서의 정책감시, 제언에 참여

[출처: 한국학교사회복지사협회(2024b).] [*원문을 그대로 옮김]

1) 정책과 학교사회복지에 관해서는 학교사회복지의 거시적 측면을 다루는 장(제13장)에서 자세히 설명한다.

학교사회복지사의 슈퍼맨/슈퍼우먼 역할

학교사회복지사가 학교사회복지 영역에서 활동함에 따라, 취약한 아동과 가족을 위해 학교사회복지사는 '초인(슈퍼맨이나 슈퍼우먼)'의 역할을 할 수도 있다. 이 경우, 학교사회복지사는 조그만 좋은 일을 여러 가지 할 수 있다. 그리고 이런 조그만 일들이 합쳐져서, 학교 분위기가 더 좋아지고 학교생활이 더 좋아질 수 있다.

학교사회복지사가 이와 관련해 하는 역할을 몇 가지 제시하면 다음과 같다(Zastrow, 2010).

① 학생의 부모가 학교를 방문할 때 환영받는다는 느낌을 갖게 한다.
② 학생을 웃으며 대하고, 학생에게 학생 자신은 좋은 사람이라고 생각하게 한다.
③ 학생에게 자기 일이 잘 될 것이라는 희망을 갖게 한다.
④ 재정과 관련된 결정을 내릴 경우, 취약한 학생과 장애를 가진 학생의 입장을 반영하게 한다.
⑤ 문제를 다른 방식으로 보고 또한 문제를 좋게 봄으로써, 학교가 밝은 분위기를 유지하게 한다. 이렇게 되면, 학생과 가족이 자신의 문제는 큰 문제가 아니기 때문에 좋게 해결할 수 있다고 생각하는 방향으로 더 나아가게 된다.
⑥ 지역사회의 자원을 이용할 수 있게 한다.

Points

- 학교사회복지사가 하는 거시적 역할의 예로 옹호자 역할, 변화주도자 역할, 정책제언가 역할이 있다.
- 옹호자 역할을 하는 학교사회복지사는 취약한 학생을 옹호하고, 학생과 가족과 학교를 대표해 옹호한다. 변화주도자 역할을 하는 학교사회복지사는 변화를 가져오는 데 관여한다. 정책제언가 역할을 하는 학교사회복지사는 정책을 제안하고 영향을 미치는 데 관여한다.

4. 학교사회복지사의 역할과 관련해 고려할 점

1) 일반적으로 고려할 점

학교사회복지사가 할 수 있는 역할은 폭넓고 융통성이 있다. 따라서 학교사회복지사는 학생이 학교에서 학습을 잘하는 데 걸림돌이 되는 어떤 문제도 다룰 수 있다.

그러나 이 경우, 학교사회복지사는 여러 체계를 고려하여야 한다. 그러므로 학생과 관련된 문제를 해결하기 위해서, 학교사회복지사는 학교와 가족과 지역사회를 모두 고려하는 접근방식을 취할 필요가 있다(Huxtable, 2022).

그리고 학교사회복지사가 학생을 돕는 데 관여할 경우, 학교사회복지사는 기본적으로 다음과 같이 할 필요가 있다(Constable, 2009).

① 특정한 학교에서 학교사회복지사가 해야 하는 역할이 무엇인지를 따져본다.

② 특정한 상황에서 개입하는 데 가장 좋은 장소는 어디인지를 따져본다.

또한 학생이 학교사회복지사와 자주 편하게 교류하면, 학생의 문제를 일찍 찾아 해결할 수 있다. 이런 탓에, 학생이 겪는 문제를 일찍 해결하기 위해서는, 학생이 학교사회복지사와 자주 편하게 접촉하는 것이 중요하다. 그러므로 학교사회복지사는 학생이 학교사회복지사를 쉽게 만나거나 연락할 수 있게 할 필요가 있다.

한편, 학생은 학교사회복지사나 기타 전문가에게 도움을 청하는 것을 꺼릴 수 있다. 이때 중요한 요인은 신뢰가 될 수 있다. 이런 탓에, 학교사회복지사가 계획을 잘 짜고 좋은 의도를 가지고 프로그램을 실시하더라도, 학생과 신뢰하는 관계를 형성하지 않으면 학생은 해당 프로그램에 잘 참여하지 않을 가능성이 크다. 그러므로 학교사회복지사가 제 역할을 효과적으로 하기 위해서, 학교사회복지사는 학생과 신뢰를 잘 쌓을 필요가 있다(Denton, 2020; Pfiffner, Windlinger & Hostettler, 2023).

2) 구체적으로 고려할 점

(1) 역할의 결정 관련

학교사회복지사의 역할이 무엇인지에 관해서는 분명하지 않은 면이 있다(Forenza & Eckhardt, 2020). 그러나 학교사회복지사는 다른 사람에 대해 자신이 해야 하는 역할을 정할 수 있다. 이 경우, 학교사회복지사는 다음과 같이 할 필요가 있다(Constable, 2009).

① 학교의 욕구와 학교에서 우선적으로 할 일을 파악한다.

② 학교사회복지가 무엇을 제공할 수 있는지를 파악한다.

▲ 학교를 표현한 유리화 작품: 학교사회복지사는 학교에서 우선 할 일을 파악할 필요가 있다.

[출처: 노대겸(작가) 님 제공]

(2) 역할의 구분 관련

학교사회복지사의 역할은 학교와 관련된 다른 전문가의 역할과 차이가 나고 있다. 그러나 때에 따라서는 학교사회복지사의 역할과 다른 전문가의 역할을 분명하게 구분하는 것이 어려울 수 있다. 학교사회복지사와 학교와 관련된 기타 전문가들은 공통적으로 관심을 가지는 영역이 많다. 따라서 때에 따라서는 학교사회복지사가 사용하는 기법과 기타 전문가가 사용하는 기법이 중복될 수 있다(Huxtable, 2022). 그 결과,

학교사회복지사의 역할과 기타 전문가의 역할은 중복될 수도 있다. 예를 들어, 때에 따라서는 학교상담사가 학생의 가정을 방문할 수 있다. 이것은 학교에 학교사회복지사가 없을 때 특히 그렇다.

(3) 역할의 확대 관련

학생의 내부와 외부에 있는 요인은 학생의 교육 과정에 영향을 미치고 있다. 그러나 학생의 내부와 외부에 있는 요인은 계속해서 변하고 있고, 이에 따라 학생의 욕구도 변하고 있다. 그 결과, 학교사회복지사의 역할은 확대되고 있다. 그러므로 학교사회복지사는 새로운 역할을 할 수 있는 자세와 지식을 갖출 필요가 있다.

(4) 역할의 개발 관련

학교사회복지사는 전문적 교육을 받은 사람이기 때문에, 여러 가지 역할을 할 수 있는 능력을 가지고 있다. 하지만 학교사회복지를 처음으로 시작하는 학교사회복지사가 자신의 역할을 처음에 개발하는 것은 쉽지 않다. 그러나 시간이 지나면서, 학교사회복지사는 학생과 학교의 욕구에 더 다양한 방식으로 반응하는 방법을 배우게 된다(Lee, 2007; Constable, 2009). 이런 상황에서, 학교사회복지사는 자신의 역할을 개발할 필요가 있다.

Points

- 학교사회복지사의 역할과 관련해 일반적으로 고려할 점으로 학교와 가족과 지역사회를 모두 고려하는 접근방식을 취하는 것, 학생이 학교사회복지사를 쉽게 만나거나 연락할 수 있게 하는 것, 학생과 신뢰를 잘 쌓는 것이 있다
- 학교사회복지사의 역할과 관련해 구체적으로 고려할 점으로 역할의 결정과 관련된 측면, 역할의 구분과 관련된 측면, 역할의 확대와 관련된 측면, 역할의 개발과 관련된 측면이 있다.

PART

3

가족과 특정 집단에 대한 학교사회복지

Chapter 6

가족과 학교사회복지

1. 가족의 교육 관여에 대한 필요성
2. 가족의 교육 관여
3. 학교사회복지사의 역할
4. 가족의 교육 관여와 관련해 고려할 점

1. 가족의 교육 관여에 대한 필요성

말할 것도 없이, 가족은 학생과 가장 가까운 집단에 속하고 있다. 따라서 가족은 학생이 현재 살아가는 과정에 매우 크게 영향을 미치고 있다. 그 결과, 가족은 학생이 미래에 살아갈 삶에도 크게 영향을 미치고 있다. 이런 탓에, 가족은 학생의 모든 삶에 있어 매우 중요하다.

무엇보다도 가족은 아동기나 청소년기에 있는 학생을 보살피고 보호하고 지지하는 사회제도이다. 따라서 가족은 그 자체가 아동기나 청소년기에 있는 학생에게 매우 주요한 자원이 되고 있다. 또한 당연히 가족은 아동기나 청소년기에 있는 학생의 교육에서 중요한 역할을 하고 있다. 그리고 학생에게뿐 아니라 가족에게도 서비스를 제공할 경우, 개입한 효과가 더 크게 나타나고 또한 더 오래 나타날 가능성이 크다. 그러므로 학교는 학생 개인에게도 주목하고 학생의 가족에게도 주목하는 접근방식을 취하여야 한다(노병일·노대겸, 2017; Thompson & Frey, 2020; Daftary et al., 2021). 특히, 학생을 교육하는 데 있어, 학교는 학생의 가족과도 꾸준히 교류하여야 한다.

이런 탓에, 선진국의 학교사회복지에서는 학교와 가족 사이에 좋은 관계를 유지하는 데 관심을 가져 왔다. 사실, 학교사회복지가 처음으로 등장한 이후부터 학교사회복지사는 학교와 가족을 연결하는 역할을 해왔다. 예를 들어, 미국에서 학교사회복지의 역사를 살펴볼 때, 학교사회복지사는 학생의 가족과 학교가 서로 협력하며 잘 지내는 관계를 형성하는 데 크게 힘써 왔다(Constable, 2009; Bye, 2007, Huxtable, 2022).

그리고 이와 관련해, 여러 학자는 가족구성원 중에서도 부모가 학생의 교육에 관여하는 데 주목해왔다. 왜냐하면 부모가 학생의 교육에 관여하는 것은 여러 가지 측면에서 유리할 가능성이 크기 때문이다.

그러므로 학교사회복지에서는 학생의 가족(특히 부모)이 학생의 교육에 관여하는 데 관심을 가질 필요가 있다.

Points

- 가족은 학생의 교육에서 중요한 역할을 한다. 따라서 학교사회복지에서는 가족이 학생의 교육에 관여하는 데 관심을 가질 필요가 있다.

2. 가족의 교육 관여

1) 가족의 교육 관여의 중요성

자녀의 경우, 자신이 학교에 다니기 이전에는 성인 가족구성원을 통해서 교육에 대한 태도를 형성하고 있다. 따라서 가족구성원은 자녀가 학교에 다니기 이전부터 자녀의 교육에 크게 영향을 미치고 있다. 그리고 자녀가 학교에 다닌 이후에도, 가족의 각 구성원은 자녀의 교육에 크게 영향을 미치고 있다.

특히, 부모가 자녀의 교육에 관여하는 것은 여러 가지 방식으로 자녀에게 긍정적인 영향을 미치고 있다. 부모가 자녀의 교육에 관여하는 것이 자녀에게 미치는 영향을 몇 가지 제시하면 다음과 같다(Daftary et al., 2021).

① 학습과 관련해 긍정적인 영향을 미친다. 이와 관련된 예로 학교에 제대로 출석하는 것, 시험성적이 더 좋은 것이 있다.

② 사회생활과 관련해 긍정적인 영향을 미친다. 이와 관련된 예로 사회에서 잘 지내는 방법을 더 아는 것, 행동을 더 잘하는 것이 있다.

실제로, 여러 연구에서 가족이 교육에 관여하는 것은 학생이 학교에서 잘하는 데 영향을 미치는 것으로 나타나고 있다. 이런 예를 몇 가지 제시하면 다음과 같다(Kuperminc, Darnell & Alvarez-Jimenez, 2008; Bye, 2007; Nguyen et al., 2022).

① 부모가 관여하면 학생이 학교에 대해 소속감을 더 가지게 된다. 그 결과, 부모

의 관여는 학생이 학습하는 데 긍정적인 영향을 미치는 경우가 많다.

② 부모가 교육에 관여하는 자녀는 다음과 같은 경우가 많은데, 이런 상황은 학생이 학습을 잘하는 것과 관련된다.

㉠ 산수와 독서를 더 잘한다.

㉡ 행동문제가 줄어든다.

㉢ 약물문제 때문에 치료받은 후에 다시 또 치료를 받을 가능성이 줄어든다.

▲ 미국의 부모·교사협의회 회원증: 부모가 교육에 관여하는 학생은 학습을 잘할 가능성이 크다.

[출처: 전영신 님 제공]

2) 가족 관여의 모델

가족의 관여와 관련된 모델에는 여러 가지가 있다. 일부 학자는 가족이 관여하는 것과 관련된 모델을 결핍 모델deficit model과 가족 지도자 모델families as leaders model로 분류하고 있다. 이 두 가지 모델은 학교사회복지와도 관련되고 있다(Bye, 2007).

(1) 결핍 모델

결핍 모델에서는 가족을 변화시키는 데 주목하고 있다. 결핍 모델의 경우, 가족에 부족한 것이 있기 때문에 가족을 변화시킬 필요가 있다고 보고 있다. 따라서 결핍 모델에서는 가족이 변해야 한다고 주장하고 있다.

결핍 모델의 경우, 학교의 기본적인 교육적 목적이나 교육 과정이나 교육과 관련된 규정을 인정하면서, 학교의 문화는 좋은 것이라고 보고 있다. 따라서 결핍 모델에 근거한 학교는 중산층의 가치를 따르고 있다. 그 결과, 결핍 모델에 근거한 학교에서는 빈곤층 학생을 배제하는 경우가 많다. 이런 탓에, 결핍 모델은 학교사회복지사가 따라야 할 모델이라고 보기 어렵다.

(2) 가족 지도자 모델

가족 지도자 모델에서는 가족은 중요한 요소라고 보고 있다. 따라서 가족 지도자 모델에서는 학교는 가족을 위해서 가족의 상황에 맞추어야 한다고 보고 있다.

가족 지도자 모델의 경우, 학교의 목표와 정책을 계획하고 프로그램을 개발하는 과정에 학생의 가족이 관여하는 것을 장려하고 있다. 그리고 학생의 가족과 교류하는 것은 가족을 존중하는 방식으로 진행하여야 한다고 주장하고 있다.

3) 가족의 교육 관여의 지침과 방법

가족이 학생의 교육에 관여하게 하는 데에는 여러 가지 지침이 있을 수 있다. 가족이 학생의 교육에 관여하게 하는 데 있어, 다음과 같은 점은 기본적인 지침이 될 수 있다(Bye, 2007).

① 학생의 가족과 학교가 서로 크게 신뢰하는 관계를 형성한다.

② 학생의 가족구성원이 가족의 장점을 알도록 도와준다.

그리고 가족이 학생의 교육에 관여하게 하기 위한 방법에는 여러 가지가 있을 수 있다. 가족이 학생의 교육에 관여하게 하기 위한 방법을 몇 가지 제시하면 다음과 같다(Bye, 2007).

① 학생의 가정과 학교를 서로 연결한다. 이를 위해 자주 사용할 수 있는 방법을 구체적으로 제시하면 다음과 같다.

㉠ 학생의 가정을 방문한다.

㉡ 학생의 가족구성원과 전화나 기타 방법으로 연락을 주고받는다.

㉢ 학생과 관련된 주제로 강좌를 연다.

㉣ 가족과 함께 하는 숙제를 내준다.

② 기타 방법을 사용한다. 이런 방법을 구체적으로 제시하면 다음과 같다.

㉠ 소식지를 보낸다.

㉡ 가정통신문을 보낸다.

㉢ 모임을 한다.

㉣ 행사를 한다. 이런 행사의 예로 학교의 시설을 하루 동안 개방하는 것이 있다.

Points

- 가족구성원은 자녀의 교육에 크게 영향을 미친다.
- 가족 관여의 모델로 결핍 모델과 가족지도자 모델이 있다. 결핍 모델에서는 가족에 부족한 것이 있기 때문에 가족을 변화시킬 필요가 있다고 보는데, 결핍 모델에서는 빈곤층 학생을 배제하는 경우가 많다. 가족 지도자 모델에서는 학교는 가족을 위해 가족 상황에 맞추어야 한다고 본다.
- 가족이 학생의 교육에 관여하게 하는 것과 관련된 지침으로 가족과 학교가 서로 크게 신뢰하는 관계를 형성하는 것, 학생의 가족구성원이 가족의 장점을 알도록 도와주는 것이 있다.
- 가족이 학생의 교육에 관여하게 하기 위한 방법으로 학생의 가정과 학교를 서로 연결하는 것이 있다.

3. 학교사회복지사의 역할

1) 일반적 역할

(1) 가족 관여 관련

학교사회복지사는 가족의 교육 관여와 관련해 여러 가지 역할을 할 수 있다. 그러나 이때 가장 중요한 가족구성원은 부모이다. 그러므로 학교사회복지사는 부모를 포함한 가족구성원이 학생의 교육에 관여하는 데 있어 나름의 역할을 할 수 있다.

때에 따라서는 학교사회복지사가 학생의 부모와 구체적으로 의견을 나누는 것이 필요할 수 있다. 특히 부모는 학교에서 자신이 어떤 역할을 하여야 하는지에 대해 불안해할 수 있다. 또한 부모는 이런 역할을 확실하게 알지 못할 수 있다(Constable, 2009). 그러므로 학교사회복지사는 이와 관련해 부모에게 도움을 줄 수 있다.

부모가 학생의 교육에 관여하는 것과 관련해, 학교사회복지사가 할 수 있는 구체적인 역할을 몇 가지 제시하면 다음과 같다(Atkins-Burnett, 2007).

① 학생의 가정을 방문해, 부모가 학생의 교육에 관여할 경우의 내용과 좋은 점을 부모에게 자세히 설명한다.

② 교사 및 직원과 부모가 계속 협력하는 방향으로 나아가도록 도와준다.

③ 부모가 가지는 걱정거리가 더 큰 문제로 커지기 전에, 부모의 이런 걱정거리를 교사와 직원에게 미리 알려달라고 한다.

▲ 거리를 함께 걷는 가족구성원: 때에 따라서는 학교사회복지사가 학생의 부모와 구체적으로 의견을 나누는 것이 필요할 수 있다.

[출처: 스페인에서 저자 촬영]

(2) 서비스 관련

학교사회복지사는 제공하는 서비스와 관련해 다양한 역할을 할 수 있다. 학교사회복지사가 학생의 가족에게 제공하는 서비스와 관련해 할 수 있는 역할을 몇 가지 제시하면 다음과 같다(Bye, 2007).

① 학생의 가족과 만나서 다음과 같은 것을 파악한다.
  ㉠ 학생의 교육에 걸림돌이 되는 문제에 대해 가족이 생각하는 바를 파악한다.
  ㉡ 이런 문제를 해결하는 방법에 대해 가족이 생각하는 바를 파악한다.

② 학생 가족의 장점을 파악한다.

③ 학교에서 학습 및 행동과 관련해 학생에게 기대하는 바를 학생의 가족이 이해하도록 도와준다. 또한 이와 관련해, 학생의 가족이 학교에서 이용할 수 있는 서비스를 알도록 도와준다.

④ 학생의 가족에게 지역사회에 있는 자원에 관한 정보를 제공한다. 그리고 이런 자원이 필요할 경우, 학생의 가족이 이런 자원을 이용할 수 있도록 도와준다.

⑤ 여러 문제에 대해서 학생을 돌보는 부모나 기타 가족구성원이 집단을 형성하도록 도와준다.

⑥ 학생의 가족이 학교에서 벌어지고 있는 것을 알도록 도와주고 또한 학교에 대해 편하게 느끼도록 도와주기 위해서, 특별한 행사를 하고 학생의 가족을 직접 찾아간다.

⑦ 학생의 교육과 관련해 결정을 내릴 경우, 학생의 가족이 가진 의견을 반영한다.

2) 구체적 역할

(1) 가족 상황의 파악 관련

(가) 가족 사정

학교사회복지사는 학생의 가족이 그동안 지내온 상황이나 과정을 파악하거나 기타 형태의 평가를 할 수 있다. 이때, 학교사회복지사는 가족의 상황을 파악하는 도구

(가족 사정 도구)를 이용할 수 있다(Bye, 2007).

(나) 불안 감소

학생을 도와주고 개입하기 위해서는 학생의 가족에 관한 정보가 필요하다. 가족 사정은 이런 정보를 얻기 위해 실시하는 방법이다. 그런데 학생을 처음에 사정할 경우, 학생의 가족은 불안해할 수 있다. 왜냐하면 사정을 하면, 가족은 학교에서 자신의 학생에 대해 부정적으로 인식하거나 또는 자신의 학생이 학교에서 잘하지 못할 것이라는 두려움을 가질 수 있기 때문이다(Bye, 2007).

그러므로 학교사회복지사는 학생을 사정할 때 가족이 가지는 불안을 줄여줄 수 있다. 학교사회복지사의 경우, 학생의 가족을 만나서 다음과 같이 함으로써 이런 불안을 줄여줄 수 있다(Bye, 2007).

① 가족 사정을 하게 된 배경을 설명한다.

② 사정하는 과정을 설명한다.

③ 각 가족구성원이 상황을 어떻게 보고 있는지를 파악해 알려준다.

(2) 가족의 욕구 충족 관련

가족은 자신에게 무엇이 필요한지를 아는 경우가 많다. 그러므로 학교사회복지사는 학생의 가족이 욕구를 충족하는 것을 도와줄 수 있다.

이때, 학생의 가족이 가진 욕구를 충족하기 위해서 어떤 기관도 이용할 수 없을 경우, 학교사회복지사는 필요한 자원을 얻기 위해서 지역사회에 있는 다른 사람이나 기관과 접촉해 방법을 찾아볼 수 있다.

▲ 가족에 관한 벽화: 학교사회복지사는 학생의 가족이 욕구를 충족하는 것을 도와줄 수 있다.

[출처: 저자 촬영]

(3) 외부와의 교류 관련

(가) 가족과 학교의 교류

가족이 학생의 교육에 더 잘 관여하게 해주기 위해서, 학생의 가족과 학교가 서로 협력하는 것이 필요하다. 따라서 학교사회복지사는 학생의 가족과 학교가 서로 더 편하게 교류하도록 도와줄 수 있다.

학생의 가족과 학교가 편하게 교류하는 것과 관련해, 학교사회복지사가 할 수 있는 역할을 몇 가지 제시하면 다음과 같다(Bye, 2007).

① 가족에게 자주 최근 소식을 알려줌으로써, 가족과 학교 사이를 직접 연결한다.

② 학생의 가정을 방문할 때 교사와 함께 간다.

③ 학생의 가족구성원이 학교에 오고자 할 때 교통편을 마련해준다.

④ 학생의 가족이 가진 장점, 학생의 가족이 희망하는 것, 학생의 가족이 가진 문화, 학생의 가족이 가진 관심거리에 관한 정보를 수집한다.

학교사회복지사가 학생의 가족에게 필요한 자원을 제공하면, 학생의 가족과 학교는 서로 더 교류할 가능성이 크다(Daftary et al., 2021). 그러므로 학생의 가족과 학교가 서로 더 교류하게 하기 위해서, 학교사회복지사는 학생의 가족이 필요로 하는 자원을 제공할 수 있다.

(나) 다른 가족과의 교류

학생의 가족이 다른 학생의 가족과 교류하면, 가족들끼리 서로 지지할 수도 있고 정보를 얻을 수도 있다. 이런 지지와 정보는 학생이 학습하는 데 귀중한 자원이 될 수 있다. 그리고 이런 자원은 학생의 가족이 교육에 관여하는 데 쓸모 있게 사용할 수 있다. 그러므로 학교사회복지사는 학생의 가족이 다른 가족들과 교류하도록 도와줄 수 있다. 이것은 학교사회복지사가 학생의 가족에게 제공하는 서비스 중에서 매우 중요한 서비스에 속한다고 볼 수 있다(Bye, 2007).

그리고 학생의 가족들이 집단을 구성해 서로 교류하고 지지하는 것은, 가족이 학생의 교육에 관여하는 데 유리하게 작용할 수 있다. 그러므로 학교사회복지사는 학생의 가족들이 서로 교류하고 지지하는 집단을 형성하도록 도와줄 수 있다.

(다) 가족에 대한 환영

학생의 가족이 학교에 관여하도록 장려하는 데 있어 중요한 것은, 학교가 학생의 가족을 환영하는 것이다. 그러므로 학교사회복지사는 학교가 학생의 가족을 환영하는 분위기를 만들도록 도와줄 수 있다.

새로운 학생의 가족을 환영하는 것과 관련해, 학교사회복지사가 할 수 있는 역할을 몇 가지 제시하면 다음과 같다(Bye, 2007).

① 학교가 학생의 가족을 환영하는 분위기를 갖추는 것이 중요하다는 점을 교사와 직원에게 알린다.

② 학생의 가족구성원이 학교를 방문할 때 긴장을 풀 수 있게 한다. 학생의 가족구성원이 학교를 방문할 때 긴장을 푸는 데 도움을 주는 방법의 예로, 학교 건물의 입구나 교무실의 문에 학생의 가족구성원을 환영한다는 안내문을 붙이는 것이 있다.

③ 새로운 학생의 가족을 환영하는 특별한 행사를 열도록 도와준다. 이런 환영 행사에서 할 수 있는 것을 구체적으로 제시하면 다음과 같다.

㉠ 새로운 학생의 가족에게 학교 전체를 안내한다.

㉡ 교사를 만나게 해준다.

㉢ 학교에서 제공하는 서비스에 관한 정보를 알려준다. 이런 서비스의 예로 방과 후 프로그램이 있다.

(4) 교사 관련

가족이 학생의 교육에 관여하기 위해서는 교사와 잘 교류하는 것이 중요하다. 실제로 다음과 같은 경우, 학생의 부모는 학교에 대해 더 좋은 태도를 가지고 또한 교사에게 더 편하게 이야기하는 경향이 있다(Bye, 2007).

① 교사가 학생의 가족이 겪는 어려움을 이해한다.

② 교사가 학생의 가족과 편하게 이야기를 나눈다.

그러므로 학교사회복지사는 교사가 학생의 가족과 자주 교류하여 학생과 가족구성원을 잘 이해하도록 도와줄 수 있다.

▲ 교사와 학생: 학교사회복지사는 교사가 학생의 가족과 잘 교류하도록 도와줄 수 있다.

[출처: 교사의 허락을 맡고, 미국에서 저자 촬영]

Points

- 학교사회복지사의 일반적 역할로 가족이 학생의 교육에 관여하는 것과 관련된 역할, 제공하는 서비스와 관련된 역할이 있다.
- 학교사회복지사의 구체적 역할로 가족의 상황을 파악하는 것과 관련된 역할, 가족이 욕구를 충족하는 것과 관련된 역할, 가족이 다른 가족들과 교류하도록 도와주는 것과 관련된 역할, 학생의 가족을 환영하는 분위기를 만드는 것과 관련된 역할이 있다.

4. 가족의 교육 관여와 관련해 고려할 점

1) 부모 특성의 파악

학생의 교육에서 가족은 중요한데, 이때 부모는 특히 중요하다. 왜냐하면 부모는 학생에게 첫 번째 선생님이자 가장 영향을 미치는 선생님이기 때문이다(Kemthorne, 2005).

부모가 학생의 교육에 관여하는 방법에는 여러 가지가 있다. 그리고 부모는 자신이 이용할 수 있는 자원에 따라서, 학생의 교육에 서로 다르게 관여할 수 있다(Kim, 2002).

그러므로 학교사회복지사는 학생의 부모가 가진 특성을 잘 파악해서, 부모가 학생의 교육에 더 효과적으로 관여하도록 도와줄 필요가 있다.

▲ 한국 교사를 만나자 사진을 찍자고 한 가족: 학생을 교육하는 데 있어 부모는 특히 중요하다.

[출처: 튀르키예에서 전영신 님 제공]

2) 취약한 가족의 교육 관여

부모가 학생에게 관여할 경우, 학생은 더 잘 학습하고 더 바람직하게 행동할 가능성이 크다(Daftary et al., 2021). 그러나 취약한 가족의 부모는 학생에게 관여하기가 어려울 수 있다. 그러므로 학교사회복지사는 취약한 가족의 부모가 학생에게 더 관여하도록 도와줄 필요가 있다.

그리고 일부 가족은 교사 및 직원과 관계를 맺는 것이 어려울 수 있다. 이런 상황에 있는 가족을 몇 가지 제시하면 다음과 같다(노병일, 2022a; Atkins-Burnett, 2007).

① 일반 문화와는 다른 문화를 가진 가족이 있다. 이런 가족의 예로 다문화가족이 있다.

② 사회에서 취약한 상태에 있는 가족이 있다. 이런 가족의 예로 빈곤가족이 있다.

그러므로 학교사회복지사는 취약한 가족과 교사나 직원을 연결함으로써, 취약한 가족이 학생의 교육에 더 잘 관여하도록 도와줄 필요가 있다.

3) 가정방문

가족이 학생의 교육에 잘 관여하게 하기 위해서, 학교사회복지사는 학생의 가족과 만나서 가족의 상황을 파악하는 것이 좋다. 이때 가장 좋은 방법은, 학생의 가정을 방문해서 가족구성원을 직접 만나는 것이다. 특히, 소득이 적은 가족이 학생의 교육에 관여하게 하는 데 있어, 학생의 가정을 방문하는 것은 가족이 학교를 방문하게 하는 것보다 더 효과적일 수도 있다.

가정방문은 여러 가지 장점을 지니고 있다. 가정방문이 지닌 장점을 몇 가지 제시하면 다음과 같다(Bye, 2007).

① 학생의 가족에게 편리하다. 왜냐하면 학생의 가족이 학교에 오기 위해 교통편을 마련하거나 어린 가족구성원을 다른 곳에 맡길 필요가 없기 때문이다.

② 편안한 환경에서 학생의 가족은 학교사회복지사를 만날 수 있다.

그러므로 학교사회복지사는 다음과 같은 목적을 위해서 가정을 직접 방문해 가족구성원을 만날 필요가 있다(Garrett, 2007).

① 가족구성원이 생각하는 바를 알아본다.

② 학생과 가족구성원 사이에 교류하는 정도를 파악한다. 예를 들어, 가족구성원이 학생의 학습과 관련해 어떻게 지원하는지를 파악하고, 또한 학생은 가족구성원에게 어떻게 영향을 미치는지를 파악한다.

Points

- 가족의 교육 관여와 관련해 고려할 점으로 부모 특성의 파악과 관련된 측면, 취약한 가족의 교육 관여와 관련된 측면, 가정방문과 관련된 측면이 있다.

Chapter 7

빈곤학생과 학교사회복지

1. 빈곤학생에 대한 관심의 필요성
2. 빈곤과 학생발달 및 학습 능력 차이의 원인
3. 빈곤학생을 위한 방안
4. 학교사회복지사의 역할
5. 빈곤학생과 관련해 고려할 점

1. 빈곤학생에 대한 관심의 필요성

빈곤은 오늘날의 사회에서 자주 보이는 현상이다. 앞으로 소득 격차가 더 커질 것으로 예상됨에 따라서, 빈곤 상태에서 사는 가족의 수는 증가할 것으로 보인다. 그리고 이에 따라 빈곤한 가족에서 자라는 학생의 수도 증가할 것으로 보인다. 실제로, '빈곤의 아동화juvenilization of poverty'라는 용어가 있을 정도로, 선진국에서는 빈곤 상태에서 사는 아동과 청소년의 수가 증가하고 있다(노병일, 2022c). 이것은 우리나라에도 해당하고 있다.

빈곤은 단순히 소득이 적다는 것만을 의미하지 않는다. 왜냐하면 빈곤은 다양한 차원과 관련되므로, 개인이 살아가는 삶의 여러 영역에 부정적인 영향을 미치기 때문이다(노병일, 2022a). 따라서 빈곤한 가족에서 사는 학생은 가족의 빈곤 때문에 나타나는 여러 가지 어려움을 고스란히 경험하게 된다. 그 결과, 빈곤학생은 학교에서 생활하고 교류하는 데 있어 일반 학생보다 더 어려움을 겪을 가능성이 크다.

무엇보다도 빈곤은 학생의 학습에 부정적인 영향을 미치고 있다. 특히, 빈곤은 학생이 학습을 잘하는 방향으로 나아가는 데 부정적인 영향을 미치고 있다. 실제로 학생의 사회경제적 지위가 낮은 것과 학생이 학습을 잘하지 못하는 것은 서로 관련되는 것으로 나타나고 있다(노병일, 2022a; Lacour & Tissington, 2011; National Association of Secondary School Principals, 2020). 이런 상황은 빈곤학생이 미래에 겪을 삶에도 크게 불리하게 작용하고 있다.

그리고 더 나아가, 빈곤은 학생 개인에게뿐만 아니라 학생의 가족, 학생이 거주하는 지역사회, 국가에도 여러 측면에서 부정적인 영향을 미치고 있다. 그리고 시간이 지나서, 이런 부정적 영향은 빈곤학생에게 다시 부정적인 영향을 미칠 가능성이 크다.

그러므로 학교사회복지에서는 빈곤학생에 대해 크게 관심을 가질 필요가 있다.

▲ 빈곤한 아동: 빈곤은 빈곤학생이 미래에 겪을 삶에도 불리하게 작용한다.

[출처: 언스플래시]

Points

- 빈곤은 학생 개인과 가족, 지역사회, 국가에 여러 측면에서 부정적 영향을 미친다. 따라서 학교사회복지에서는 빈곤학생에 대해 크게 관심을 가질 필요가 있다.

2. 빈곤과 학생발달 및 학습 능력 차이의 원인

1) 빈곤과 아동 · 청소년 학생의 발달

빈곤은 아동과 청소년 학생의 발달에 부정적인 영향을 미치고 있다. 빈곤이 아동과 청소년 학생의 발달에 부정적으로 미치는 영향은, 인간의 발달과 관련된 모든 영역에서 나타나고 있다.

그러나 아동과 청소년 학생의 경우, 빈곤이 미치는 영향이 크게 문제가 되는 영역은 정서적 영역, 사회적 영역, 학습 영역이다. 왜냐하면 정서적 영역, 사회적 영역, 학습 영역에서 불리한 것은, 아동과 청소년이 학교에서 생활하는 것과 학습하는 능력에 부정적인 영향을 미칠 가능성이 크기 때문이다.

한편, 빈곤이 아동과 청소년 학생의 발달에 부정적으로 미치는 영향은 오랫동안 계속될 가능성이 크다.

(1) 빈곤이 정서적 영역에 미치는 영향

빈곤은 아동과 청소년 학생의 정서적 발달에 부정적인 영향을 미치고 있다. 빈곤이 아동과 청소년 학생의 정서적 영역에 부정적으로 미치는 영향을 몇 가지 제시하면 다음과 같다(노병일, 2020b; National Association of Secondary School Principals, 2020).

① 빈곤 상태에 있으면 자원이 부족하기 때문에, 가족구성원들 사이의 관계가 더 나빠질 수 있다. 이에 따라 부모와 아동 · 청소년 학생 사이에 정서적 교류가 줄어들고, 부모가 엄하게 대할 수 있다. 그 결과, 빈곤한 아동 · 청소년 학생은 정서적으로 안정된 상태를 유지하기 어려울 수 있다.

② 일반 학생에 비해서, 빈곤한 아동 · 청소년 학생은 자신이 가치 있는 존재라고 생각할 가능성이 더 적을 수 있다.

③ 빈곤 탓에 겪는 여러 가지 실제적인 어려움은 학생에게 스트레스를 크게 유발하는 경우가 많다.

앞에서와 같은 상황과 기타 상황 때문에, 일반 학생에 비해서 빈곤한 아동 · 청소년 학생은 정신건강문제를 겪을 가능성이 더 크다. 특히 학생의 가족이 경제적으로 어려운 상태에 있을 경우, 학생은 계속해서 경제적 욕구를 충족할 수 있는지에 대해 불안해할 가능성이 크다(노병일·노대겸, 2024; Moore, 2017). 그 결과, 빈곤한 아동 · 청소년 학생은 학교에서 정서적으로 안정된 생활을 하기 어려울 수 있다.

(2) 빈곤이 사회적 영역에 미치는 영향

빈곤은 아동과 청소년 학생의 사회적 발달에 부정적인 영향을 미치고 있다. 무엇보다도 학생이 빈곤 상태에 놓이면 현금과 같은 재정적 자원이 부족할 수밖에 없다. 이런 탓에, 빈곤한 아동·청소년 학생은 다음과 같은 상황에 놓일 수 있다(노병일·노대겸, 2024; Chzhen et al., 2018).

① 친구들과 편하게 어울리지 못한다.

② 사회의 활동이나 행사에 참여하지 못한다.

그 결과, 일반 학생에 비해서, 빈곤한 아동·청소년 학생은 사회적으로 교류하는 기회를 덜 가질 수 있다. 이렇게 될 경우, 빈곤한 아동·청소년 학생은 사회적 영역에서 어려움을 더 겪을 가능성이 크다(노병일·노대겸, 2024).

(3) 빈곤이 학습 영역에 미치는 영향

빈곤은 아동과 청소년 학생의 학습에 부정적인 영향을 미치고 있다. 우선, 일반 학생에 비해서, 빈곤한 아동·청소년 학생이 학습하는 데 보내는 시간은 더 적을 수 있다. 이런 상황은 빈곤한 아동·청소년 학생의 학습에 부정적인 영향을 미칠 가능성이 크다(노병일·노대겸, 2024).

또한 빈곤한 아동·청소년 학생은 이용할 수 있는 경제적 자원이 부족할 수밖에 없다. 예를 들어, 일반 학생에 비해서 빈곤학생은 다음과 같은 것을 하는 데 필요한 자원이 가정에 더 적은 경우가 많다(National Association of Secondary School Principals, 2020).

① 숙제를 하거나 과제를 한다.

② 학교생활을 잘하는 데 도움을 주는 활동에 참여한다.

그리고 일반 학생에 비해서, 빈곤한 아동·청소년 학생은 자신의 능력을 키울 기회가 더 적을 수 있다. 예를 들어 일반 학생에 비해서, 빈곤한 아동·청소년 학생은 새롭게 학습할 기회를 더 적게 가질 수 있다. 그 결과, 일반 학생에 비해서, 빈곤한 아동·청소년 학생은 학습 영역에서 더 불리할 가능성이 크다(노병일·노대겸, 2024).

또한 빈곤학생의 부모는 유급 일자리에서 더 오랜 시간을 일하거나 또는 여러 가지 일자리를 가지고 있는 경우가 많다. 부모가 이런 상황에 있을 경우, 부모가 학생의 숙제나 과제를 도와줄 기회가 없거나 줄어들게 된다. 따라서 이런 상황은 학생의 학습에 부정적인 영향을 미칠 수 있다.

실제로 미국에서 경제적으로 취약한 학생집단과 취약하지 않은 학생집단을 비교한 결과, 두 집단 사이에 학습 영역에서 차이가 크게 나는 것으로 나타난 바 있다. 따라서 미국에서 빈곤층 학생과 부유층 학생은 학습을 잘하는 정도에서 서로 크게 차이가 나고 있다. 이런 탓에, 미국 교육부는 학생의 빈곤은 학생이 학습을 잘하는 정도에 부정적인 영향을 미친다는 점을 분명하게 제시한 바 있다(노병일, 2020b; Lacour & Tissington, 2011; Frey & Walker, 2007; National Association of Secondary School Principals, 2020).

▲빈곤층이 사는 주택: 빈곤은 학생의 학습에 부정적인 영향을 미칠 가능성이 크다.

[출처: 언스플래시]

2) 학습 능력 차이의 원인에 관한 관점

학생이 학습을 잘하는 정도에서 크게 차이가 나는 원인이, 학생의 경제적 배경에 있는 것인지 또는 학생이 다니는 학교의 교육적 능력에 있는 것인지는 논쟁이 되고 있다(Lee, 2008). 일반적으로 이와 관련된 관점을 개인 중심 관점과 학교 중심 관점으로 분류할 수 있다.[1]

(1) 각 관점의 내용

(가) 개인 중심 관점

개인 중심 관점은 학생이 학습을 잘하는 정도에서 차이가 나는 원인이 학생의 사회경제적 배경에 있다고 보는 견해를 말한다. 개인 중심 관점에서 주장하는 것을 몇 가지 제시하면 다음과 같다.

① 학생이 학습을 잘하는 정도를 결정하는 데 가장 크게 영향을 미치는 요인은 학생의 가족 배경이다.

② 학교와 관련된 요인은 학생이 학습을 잘하는 데 크게 영향을 미치지 않는다.

(나) 학교 중심 관점

학교 중심 관점은 학생이 학습을 잘하는 정도에서 차이가 나는 원인이 학교에 있다고 보는 견해를 말한다. 학교 중심 관점의 경우, 학교의 교육 과정은 중산층과 부유층의 문화를 반영하기 때문에, 소득이 적은 층의 학생은 취약한 상태에 놓일 가능성이 크다고 주장하고 있다. 따라서 학교 중심 관점에서는, 소득이 적은 층의 학생은 학교에서의 경쟁에서 뒤처진다고 주장하고 있다.

결국, 학교 중심 관점의 경우, 학생이 학습을 잘하는 정도에서 차이가 나는 데 결

1) 각 관점은 학교사회복지에서 강조할 점에 관한 지침을 많이 제공하고 있다.

정적으로 영향을 미치는 요인이 개인 학생의 사회경제적 배경이라고 보고 있지 않다. 그 대신, 학교 중심 관점에서는 현재의 교육이 공평하지 못한 주요한 원인은 학교와 관련된 요인에 있다고 주장하고 있다.

이와 관련해 가장 잘 연구된 주제는, 교사의 기대가 학생이 학습을 잘하는 정도에 미치는 영향에 관한 것이다. 이런 연구에 따르면, 교사는 소득이 적은 층의 학생에 대해서 낮게 기대하는 경향이 있다. 그리고 교사가 학생에 대해 낮게 기대하는 것은 학생이 학습을 잘하는 정도에 부정적인 영향을 미치기 때문에, 소득이 적은 층의 학생은 학습을 잘할 가능성이 더 적다.

(2) 평가와 고려할 점

개인 중심 관점에서는 미시적 요인이 더 중요하다고 보고 있다. 이에 비해서, 학교 중심 관점에서는 거시적 요인이 더 중요하다고 보고 있다.

그러나 학생이 학습을 잘하는 정도에서 차이가 나는 것을, 개인적 요인이나 학교와 관련된 요인 하나만으로 설명하기는 어렵다. 따라서 학생이 학습을 잘하는 정도에서 차이가 나는 것은, 개인적 요인과 학교와 관련된 요인이 서로 복잡하게 함께 작용하기 때문이라고 볼 수 있다.

Points

- 학생에게 빈곤이 미치는 영향이 크게 문제가 되는 영역은 정서적 영역, 사회적 영역, 학습 영역이다.
- 학생이 학습을 잘하는 정도에서 크게 차이가 나는 원인과 관련된 관점으로 개인 중심 관점과 학교 중심 관점이 있다. 개인 중심 관점은 학습을 잘하는 정도에서 차이가 나는 원인이 학생의 사회경제적 배경에 있다고 보는 견해이다. 학교 중심 관점은 학생이 학습을 잘하는 정도에서 차이가 나는 원인이 학교에 있다고 보는 견해이다. 학생이 학습을 잘하는 정도에서 차이가 나는 것은, 개인적 요인과 학교와 관련된 요인이 서로 복잡하게 함께 작용하기 때문이다.

3. 빈곤학생을 위한 방안[2]

빈곤학생이 학습을 더 잘하게 해주는 방안에는 여러 가지가 있다. 이런 방안의 예로 방과 후 프로그램(방과 후 학교), 총체적 교육복지 서비스, 교육급여가 있다.

1) 방과 후 프로그램

일반적으로 방과 후 프로그램은 학교의 정규 수업 이외에 운영하는 프로그램을 말한다. 방과 후 프로그램은 학교의 정규 수업이 끝난 후에 실시하는 경우가 많다. 우리나라에서 방과 후 프로그램을 실시하는 목적의 하나는, 계층과 지역 사이에 소득 차이와 교육 차이가 심해지는 것을 줄이는 데 있다(김홍원, 2012).

방과 후 프로그램은 여러 가지 영역에서 효과가 있는 것으로 나타나고 있다. 예를 들어, 미술치료나 사진치료를 사용해 방과 후 프로그램을 실시한 결과, 소득 수준이 낮은 가족의 학생은 자신이 대해 더 긍정적으로 인식하는 것으로 나타난 바 있다(노병일, 2020b; 전영신·노대겸, 2018; 노대겸·노병일, 2015).

2) 빈곤아동을 위한 대표적인 프로그램으로 '조기 개입 프로그램'이 있다. 조기 개입 프로그램에서는 학습 측면에 특히 관심을 가지고 있다. 그러나 조기 개입 프로그램은 일반적으로 초등학교에 다니기 전의 아동을 대상으로 하는 경우가 많다(노병일, 2020b). 따라서 여기에서는 조기 개입 프로그램에 관해 설명하지 않는다.

▲ 초등학교의 방과 후 프로그램: 방과 후 프로그램을 실시하는 목적의 하나는 계층 사이에 교육 차이가 커지는 것을 줄이는 데 있다.

[출처: 전영신 님 제공]

2) 총체적 교육복지 서비스

우리나라의 교육복지(학교사회복지)에서는 빈곤학생이 생활하고 공부하는 데 필요한 금전과 물품을 제공하는 데 주로 관심을 가지는 경우가 많았다. 그러나 이런 복지는 한계를 지니는 경우가 많다. 이에 따라 등장한 것이 복지와 교육과 문화를 통합하는 총체적 교육복지 서비스이다. 총체적 교육복지 서비스의 목적은, 학교가 지역사회에 있는 문화기관 및 복지기관과 협력해서 지역사회에서 교육 공동체를 형성하는 데 있다(Lee, 2008).

우리나라의 경우, 2003년에 '교육복지투자우선지역 지원사업'이라는 이름으로 총

체적 교육복지 서비스를 실시한 바 있다.[3)]

3) 교육급여

일반적으로 교육급여는 공공부조에서[4)] 빈곤층의 교육을 위해 제공하는 것을 말한다(노병일, 2020a). 그러나 단순하게 볼 때, 교육급여는 교육과 관련된 복지자원을 가리킨다.

우리나라에서 빈곤층과 직접 관련이 있는 법은 「국민기초생활 보장법」이다. 「국민기초생활 보장법」은 생활이 어려운 사람의 최저 생활을 보장하고자 하는 법이다. 「국민기초생활 보장법」에 따르면, 교육급여는 빈곤층에게 입학금, 수업료, 학용품비, 기타 물품을 지급하는 것을 말한다(국가법령정보센터, 2024).

교육급여는 빈곤학생이 학습을 이어나가는 데 도움을 주고 있다.

Points

- 빈곤학생이 학습을 더 잘하게 해주는 방안으로 방과 후 프로그램, 총체적 교육복지 서비스, 교육급여가 있다.
- 방과 후 프로그램은 학교의 정규 수업 이외에 운영하는 프로그램이다. 총체적 교육복지 서비스는 복지와 교육과 문화를 통합하는 서비스이다. 교육급여는 생활이 어려운 사람에게 입학금, 수업료, 학용품비, 기타 물품을 지급하는 것이다.

3) 이것에 관해서는 학교사회복지의 역사를 다루는 장(제1장)에서 이미 설명한 바 있다.

4) 우리나라의 「사회보장기본법」에 따르면, 공공부조는 "국가와 지방자치단체의 책임 하에 생활 유지 능력이 없거나 생활이 어려운 국민의 최저생활을 보장하고 자립을 지원하는 제도"를 말한다(국가법령정보센터, 2024).

4. 학교사회복지사의 역할

1) 교사와 직원에 대한 교육 관련

빈곤은 학생에게 여러 가지 영역에서 부정적인 영향을 미치므로, 학교사회복지사는 교사와 직원이 이런 점을 알게 해줄 필요가 있다. 따라서 학교사회복지사는 교사와 직원에게 빈곤의 영향과 빈곤학생에 관해 교육할 수 있다.

특히, 학교사회복지사는 교사와 직원에게 다음과 같은 것과 관련해 전문적으로 교육할 수 있다(National Association of Secondary School Principals, 2020).

① 빈곤학생을 효과적으로 도와준다.

② 빈곤학생의 겪을 수 있는 심리적 어려움이 미치는 영향을 없애거나 줄여준다.

2) 프로그램 관련

빈곤학생은 정서적으로 어려움을 겪을 가능성이 크다. 이런 상황은 빈곤학생의 학습 능력에 부정적인 영향을 미칠 가능성이 크다. 따라서 빈곤학생에게는 정서적으로 안정된 생활을 하는 데 도움을 주는 프로그램이 필요하다.

또한 빈곤학생은 자원이 부족하기 때문에 가정에서 과외활동을 지원하기가 어려울 수 있다. 따라서 방과 후 프로그램이나 기타 프로그램에서 빈곤학생에게 질 좋은 과외활동을 제공하는 것이 필요하다.

그러므로 학교사회복지사의 경우, 빈곤학생의 정서적 영역과 학습 영역에서 도움을 주는 프로그램을 개발하고 실시하고 평가하는 데 관여할 수 있다.

3) 정책 관련

빈곤학생이 겪는 문제를 해결하는 가장 좋은 방법은 빈곤을 없애는 것이다. 따라서 결과적으로 볼 때, 빈곤학생의 문제를 근본적으로 해결하기 위해서는 정책적으로 개입하는 것이 필요하다. 이것은 사회 정의를 위해서도 필요하다(노병일, 2021a; 노병일, 2022a).

그러므로 학교사회복지사의 경우, 빈곤을 줄이고 계층 사이의 불평등을 줄이는 정책을 설계하고 실시하는 데 적극적으로 관여할 수 있다.

Points

- 학교사회복지사의 역할로 교사직원에게 빈곤의 영향과 빈곤학생에 관해 교육하는 것과 관련된 역할, 빈곤학생의 정서적 영역과 학습 영역에서 도움을 주는 프로그램을 개발·실시·평가하는 데 관여하는 것과 관련된 역할, 빈곤과 불평등을 줄이는 정책을 설계·실시하는 데 관여하는 것과 관련된 역할이 있다.

5. 빈곤학생과 관련해 고려할 점

1) 빈곤학생이 많은 학교에 대한 장기적 투자

빈곤과 관련된 문제는 단기간에 해결하기가 쉽지 않다(노병일, 2022b). 따라서 빈곤학생이 많은 학교에 대해서는 단기적인 접근방식뿐만 아니라 장기적인 접근방식도 필요하다.

실제로, 장기적으로 투자하는 것은 빈곤층이 많이 사는 지역에 있는 학교를 더 낫게 하는 데 긍정적인 영향을 미치는 것으로 밝혀진 바 있다. 그러므로 빈곤학생이 많은 학교에서는 장기적으로도 크게 투자할 필요가 있다(National Association of Secondary School Principals, 2020).

2) 교사의 계층에 대한 기대

일반적으로 교사는 중산층 출신인 경우가 많다. 이런 교사는 자신과 공통점이 더 많은 중산층 학생이나 부유층 학생과 관계를 더 잘 맺을 수 있다. 그리고 교사는 중산층·부유층 학생에 비해 빈곤층 학생에 대해서는 학습 영역과 행동 영역에서 덜 기대할 수 있다. 이렇게 될 경우, 교사의 이런 기대에 대해서 빈곤층 학생은 학교에서 학습을 잘하지 못하고 행동을 잘하지 못하는 식으로 반응할 수도 있다(Zastrow, 2010). 이렇게 되면, 교사의 기대가 현실에서 실현되는 셈이 된다.

그러므로 학생의 사회 계층에 따라 교사가 다르게 기대하지 않도록 할 필요가 있다. 이를 위하여, 학교사회복지사는 교사와 자주 교류하여 학생 모두에게 공평하게 대하고 공평하게 기대하도록 권장할 필요가 있다.

▲ 야외에서 학생에게 열심히 설명하는 교사: 교사는 중산층·부유층 학생에 비해 빈곤층 학생에 대해서는 학습 영역과 행동 영역에서 덜 기대할 수 있다.

[출처: 인도에서 저자 촬영]

3) 가족과 지역사회의 가치 변화

가족과 지역사회의 가치와 믿음은 학생이 학습을 잘하는 정도에 영향을 미치고 있다. 이것은 빈곤한 학생이 사는 가족과 지역사회의 경우에 특히 그렇다. 일부 가족과 지역사회의 경우, 교육은 가치가 있다고 생각하지 않거나 교육을 잘 이해하지 못할 수 있다. 이것은 빈곤층이 많은 지역사회에서 특히 그럴 수 있다. 이렇게 될 경우, 이런 가족이나 지역사회에서 사는 학생은 학교 환경에 적응할 준비를 제대로 하지 못할 가능성이 크다(Lacour & Tissington, 2011).

그러므로 학교사회복지사는 취약한 가족과 지역사회의 가치와 믿음체계를 변화시키는 데도 주목할 필요가 있다. 이 경우, 학교사회복지사는 지역사회의 기관과 함께 협력하면서 이런 작업을 할 수 있다.

4) 교육 수준이 낮은 엄마에 대한 개입

엄마의 교육 수준은 학생이 학습을 잘하는 정도에 영향을 미치는 것으로 나타나고 있다. 실제로 여러 연구에서, 엄마의 교육 수준이 학생의 성적에 영향을 미치는 정도는, 소득이 학생의 성적에 영향을 미치는 정도보다 더 큰 것으로 나타나고 있다. 이것은 엄마의 교육 수준은 어린 아동과 이야기하고 놀고 교류하고 읽는 방식에 영향을 미치기 때문인 것으로 보인다(Lacour & Tissington, 2011).

일반적으로 빈곤학생의 엄마는 교육 수준이 낮을 가능성이 크다. 빈곤학생의 엄마가 교육 수준이 낮을 경우, 학생이 빈곤 상태에 있다는 점과 엄마의 교육 수준이 낮다는 점이 합쳐져서, 빈곤이 학생의 학습에 더 부정적인 영향을 미칠 가능성이 크다. 그러므로 학교사회복지사는 교육 수준이 낮은 엄마에 대해서는 특히 더 관심을 가지고 도와줄 필요가 있다.

▲ 빈곤한 엄마와 자녀: 빈곤학생의 엄마가 교육 수준이 낮을 경우, 학생이 빈곤 상태에 있다는 점과 엄마의 교육 수준이 낮다는 점이 합쳐져서, 빈곤이 학생의 학습에 더 부정적인 영향을 미칠 가능성이 크다.

[출처: 언스플래시]

Points

- 빈곤학생과 관련해 고려할 점으로 빈곤학생이 많은 학교에 대한 장기적 투자와 관련된 측면, 교사의 계층에 대한 기대와 관련된 측면, 가족과 지역사회의 가치 변화와 관련된 측면, 교육 수준이 낮은 엄마에 대한 개입과 관련된 측면이 있다.

Chapter 8

장애학생과 학교사회복지*

1. 장애학생에 대한 관심의 필요성
2. 장애학생과 가족의 어려움
3. 장애학생의 권리와 장애학생에 대한 포용
4. 장애학생의 교육과 장애학생을 위한 서비스
5. 학교사회복지사의 역할
6. 장애학생과 관련해 고려할 점

1. 장애학생에 대한 관심의 필요성

오늘날에는 신체적 건강과 정신건강 영역에서 어려움을 겪는 장애학생의 수가 증가하고 있다. 특히 오늘날에는 발달장애(지적장애, 자폐 등)를 겪는 학생의 수가 증가하고 있다. 이런 상황은 우리나라에서도 두드러지고 있다(오주연, 2023). 그 결과, 이런 장애학생이 특수교육이나 일반 교육 과정에서 전문적인 서비스를 받는 것이 필요한 경우가 많아지고 있다. 따라서 장애학생이 사회에 더 잘 참여하도록 해 주기 위해, 교육 영역에서 전문가가 장애학생을 지원해주는 것이 필요하다(Atkins-Burnett, 2007).

그리고 장애학생은 교육 영역에서뿐만 아니라, 다른 여러 가지 영역에서도 다양하게 어려움을 겪고 있다. 이런 어려움은 장애학생의 교육과 발달에 매우 부정적인 영향을 미치고 있다. 또한 장애학생이 겪는 어려움은 가족에게도 어려움을 유발하고 있다. 가족이 겪는 이런 어려움은 다시 장애학생의 교육과 발달에 부정적인 영향을 미치는 경우가 많다.

그러므로 학교사회복지에서는 장애학생이 교육 영역과 기타 영역에서 겪는 다양한 어려움을 줄여주는 데 관심을 가질 필요가 있다. 그리고 이와 더불어, 학교사회복지에서는 장애학생의 가족이 겪는 어려움을 줄여주는 데에도 관심을 가질 필요가 있다.

* 대개의 경우, 장애학생은 아동과 청소년으로 구성되어 있다. 그리고 우리나라에서 대부분의 아동과 청소년은 학교에 다니고 있다. 따라서 이 장에서는 '장애학생', '장애아동·청소년', '장애아동'이라는 표현을 그때그때의 상황에 맞게 섞어서 사용한다.

▲ 일반 고등학교에서 교육을 받는 장애학생들: 학교사회복지에서는 장애학생이 겪는 어려움을 줄여주는 데 관심을 가질 필요가 있다.

[출처: 담당자의 허락을 맡고, 저자 촬영]

Points

- 학교사회복지에서는 장애학생과 가족이 교육 영역과 기타 영역에서 겪는 다양한 어려움을 줄여주는 데 관심을 가질 필요가 있다.

2. 장애학생과 가족의 어려움

1) 장애학생의 일반적 어려움

말할 것도 없이, 장애학생 본인은 장애 때문에 여러 가지 형태의 불편함과 어려움을 겪고 있다. 또한 장애학생은 일반 학생이 누리는 권리를 똑같이 누리지 못하는 경우가 많다. 그 결과, 장애학생은 일반 학생보다 사회적 · 경제적 · 문화적으로 크게 불리한 상황에 있는 경우가 더 많다(노병일·노대겸, 2024).

일부 장애학생은 가족 상황이 좋지 않기 때문에 어려움을 추가로 겪을 수 있다. 이런 상황을 몇 가지 제시하면 다음과 같다(Atkins-Burnett, 2007).

① 부모의 정신건강이 좋지 않다.
② 부모가 장애아동을 돌보는 것에 관해 잘 알지 못한다.
③ 부모 사이의 관계가 좋지 않다.
④ 가족구성원이 서로 돕지 않는다.

2) 장애학생의 정신건강과 관련된 어려움

일반적으로 장애학생은 정신건강에서 취약한 경우가 많다. 특히, 청소년기를 맞이하는 장애학생의 경우, 외롭고 고립되어 있다고 느낄 수 있다. 그 결과, 장애학생은 정신건강문제를 자주 경험할 수 있다.

또한 장애학생은 미래에 대해 불안해하기 때문에 정신건강에서 취약할 수 있다. 이것은 청소년기에 있는 장애학생의 경우에 특히 그렇다. 실제로, 장애학생이 아동기에서 성인기로 성장함에 따라서, 장애학생은 미래가 불확실한 것과 관련해 어려움을 겪는 경우가 많은 것으로 알려져 있다. 그 결과, 장애학생은 정신건강문제를 자주 경험할 수 있다(노병일·노대겸, 2024).

3) 장애학생(아동·청소년) 가족의 어려움

가족 중에 장애를 겪는 아동이나 청소년이 있을 경우, 모든 가족구성원은 어려움을 겪을 가능성이 크다. 무엇보다도, 장애아동·청소년의 가족은 여러 영역에서 스트레스를 겪을 가능성이 크다. 이때, 장애아동·청소년의 가족에게 스트레스를 유발하는 요인을 몇 가지 제시하면 다음과 같다(Atkins-Burnett, 2007).

① 가족생활과 관련된 요인이 있다. 이런 요인의 예로 가족의 자원을 사용할 곳을 다시 바꾸거나 조정하는 것이 있다.

② 정보가 더 필요한 것과 관련된 요인이 있다. 이런 요인의 예로 장애아동·청소년에 대해 개입하는 방법에 관한 정보를 얻는 것이 있다.

③ 추가적인 자원과 관련된 요인이 있다. 이런 요인의 예로 부모나 기타 보호자가 일시적으로 쉴 수 있도록, 장애아동·청소년을 다른 사람이 돌봐주는 서비스를 찾는 것이 있다.

④ 부모가 주요 보호자로서의 역할을 할 수 있는 능력에 대해 관심을 가지는 것과 관련된 요인이 있다.

Points

- 장애학생 본인은 장애 때문에 여러 형태의 불편함과 어려움을 겪는다. 일부 장애학생은 가족 상황이 좋지 않으므로 어려움을 추가로 겪을 수 있다.
- 장애학생은 정신건강문제를 자주 경험할 수 있다.
- 가족 중에 장애아동·청소년이 있을 때, 모든 가족구성원은 어려움을 겪을 가능성이 크다.

3. 장애학생의 권리와 장애학생에 대한 포용

1) 장애학생의 권리

장애아동은 일반 아동이 누리는 권리를 똑같이 가지고 있다(Kennedy, 1995). 이와 마찬가지로, 장애학생은 일반 학생이 누리는 권리를 똑같이 가지고 있다.

무엇보다도, 장애학생은 교육을 받을 권리를 가지고 있다. 유엔 장애인권리 협약 UN Convention on the Rights of Persons with Disabilities에 따르면, 국가는 장애인이 모든 수준의 교육제도를 이용할 수 있도록 해주게 되어 있다(Huxtable, 2022).

그리고 장애학생은 일반적인 권리에 추가해서, 특별한 권리particular right를 가지고 있다(Morris, 2002). 이런 권리는 장애학생이 놓인 특별한 상황이나 욕구와 관련되고 있다.

2) 장애학생에 대한 포용

장애학생에 대한 권리에서 중요한 것은 장애학생을 포용하는 것이다. 따라서 장애학생과 관련된 법에서는 장애학생을 더 포용하는 측면에 주목하고 있다.

미국 학교의 장애청소년에 대한 포용

미국의 경우, 장애청소년에게 교육 기회를 제공하고자 할 때 강조하는 것은 장애청소년을 통합하고 포용하는 것이다. 미국에서는 2001년에 「아동낙오 방지법(No Child Left Behind Act)」을 만들고 나서, 2004년에 「장애인 교육법(Individuals with Disabilities Education Act)」을 개정하였다. 「장애인 교육법」의 목적은 모든 학생이 지적·신체적·정서적 상태에 상관없이 제약을 가장 덜 받는 환경에서 적절한 교육을 받도록 하는 데 있다.

미국의 경우, 장애학생의 개인적 욕구와 장애학생이 학교의 자원을 이용할 수 있는 정도에 근거해서, 여러 수준과 여러 환경에서 장애학생을 포용하고 있다(Maxey & Beckert, 2017).

▲ 장애학생의 공연 모습: 장애학생에 대한 권리에서 중요한 것은 장애학생을 포용하는 것이다.

[출처: 저자 촬영]

장애학생에 대한 포용은 장애학생에 대한 차별을 금지하는 것과 크게 관련되고 있다. 따라서 경제가 발전한 국가에서는 장애아동이나 장애청소년에 대한 차별을 법으로 금지하고 있다. 예를 들어, 미국의 「장애법Americans with Disabilities Act」에서는 장애 때문에 개인을 차별하는 것을 금지하고 있다. 따라서 미국의 「장애법」에서는 특별한 이유가 없는 한, 장애아동이나 장애청소년은 교육시설을 이용할 수 있도록 하고 있다(Atkins-Burnett, 2007). 이것은 우리나라에서도 마찬가지이다.

그러나 실제로는 장애학생은 알게 모르게 차별을 경험할 수 있다. 이런 차별은 장애학생에게 정서적으로 큰 어려움을 주게 된다.

Points

- 장애학생은 일반 학생이 누리는 권리를 똑같이 가진다. 그리고 장애학생은 일반적 권리에 추가해 특별한 권리를 가진다.
- 장애학생에 대한 권리에서 중요한 것은 장애학생을 포용하는 것이다. 장애학생에 대한 포용은 장애학생에 대한 차별을 금지하는 것과 크게 관련된다.

4. 장애학생의 교육과 장애학생을 위한 서비스

1) 장애학생의 교육

(1) 장애학생의 교육과 관련된 상황

모든 장애학생은 제약이 가장 적은 환경에서 적절한 교육을 받을 권리를 가지고 있다. 그러나 장애학생은 교육을 계속 받는 과정에서 어려움을 겪을 가능성이 크다. 따라서 일반 학생에 비해서, 장애학생은 학교를 중간에 그만둘 가능성이 더 크다. 예를 들어, 미국에서 심각한 정서적 문제와 행동적 문제를 겪는 학생이 학교를 중간에 그만두는 비율은, 그렇지 않은 학생의 비율보다 더 높은 것으로 나타난 바 있다(American Council for School Social Work, 2013).

(2) 장애학생의 교육과 관련된 지침과 방안

장애학생의 교육과 관련해서는 일반적인 지침이 필요하다. 이때, 미국의 「장애인 교육법」은 장애학생의 교육과 관련해 좋은 지침이 될 수 있다. 미국의 「장애인 교육법」에 따르면, 장애아동·청소년의 교육과 관련해서 다음과 같은 측면에 주목할 필요가 있다(Atkins-Burnett, 2007).

① 모든 장애아동·청소년은 제약이 가장 적은 환경에서 무료의 적절한 공공 교육

을 받도록 한다. 이런 공공 교육에는 장애아동·청소년이 가진 독특한 욕구를 충족하는 특수교육 서비스와 관련 서비스가 포함된다.

② 장애아동·청소년과 부모의 권리를 보호하도록 한다.
③ 지방정부가 모든 장애아동·청소년에게 교육을 제공하는 데 도움을 준다.
④ 장애아동·청소년을 효과적으로 교육하도록 한다.

그리고 장애학생이 학교를 계속해서 다니게 하는 방안도 필요하다. 이에 따라서 많은 학교에서는 장애학생이 학교를 중간에 그만두지 않도록 하는 데 관심을 가지고 있고, 이와 관련된 프로그램을 운영하고 있다. 장애학생이 학교를 중간에 그만두지 않도록 하기 위한 프로그램의 예로 상담 서비스를 제공하는 프로그램, 개별적으로 가르쳐주는 서비스를 제공하는 프로그램, 방과 후 프로그램이 있다(Gianesin, 2007).

2) 장애학생을 위한 서비스

장애학생을 위한 일반적 서비스에는 여러 가지가 있을 수 있다. 장애학생과 관련된 일반적 서비스를 몇 가지 제시하면 다음과 같다(Atkins-Burnett, 2007).

① 이동과 관련된 서비스가 있다.
② 발달과 관련된 서비스가 있다.
③ 치료와 관련된 서비스가 있다.
④ 기타 서비스가 있다.

▲ 특수체육 프로그램에 참여하고 있는 장애학생들: 장애학생과 관련된 일반적 서비스에는 여러 가지가 있다.

[출처: 유재진 님 제공]

Points

- 장애학생은 교육을 계속 받는 과정에서 어려움을 겪을 가능성이 크다.
- 장애학생을 위한 일반적 서비스에는 여러 가지가 있다.

5. 학교사회복지사의 역할

1) 일반적 역할

학교사회복지사는 장애학생을 위해 여러 가지 일반적인 역할을 할 수 있다. 무엇보다도, 학교사회복지사는 장애학생을 지원하는 프로그램을 제공하고 있다. 이때, 장애학생에게는 자신의 욕구에 맞는 프로그램이 중요하다. 따라서 학교사회복지사는 교육의 목표, 학습 과정, 교육적 자원을 장애학생의 상황에 맞춘 프로그램을 장애학생에게 제공할 수 있다(Knox, Gherardi & Stoner, 2020; Constable, 2009).

2) 구체적 역할

(1) 교육 관련

(가) 자연스러운 환경에서의 교육

가능하다면, 장애학생에 대해서는 자연스러운 환경에서 정규 교육 프로그램을 통해서 교육하는 것이 바람직하다. 자연스러운 환경에서 교육하는 것은 어린 장애학생에게 특히 필요하다. 이와 관련해, 학교사회복지사는 다음과 같은 역할을 할 수 있다(Atkins-Burnett, 2007).

① 환경을 바꾸는 것이 잘되도록 도와준다.
② 일반 교사가 교실에서 장애학생이 적절하게 행동하는 것과 관련해 개입하는 것을 도와준다.
③ 교장과 교감, 교사, 전문가, 부모 사이에 서로 계속 협력하도록 도와준다.

(나) 생활과 관련된 방법 교육

일반 교육의 교과 과정은 학습 측면을 크게 강조하는 경향이 있다. 이에 따라 일부 장애학생은 일반적으로 생활하는 데 필요한 행동과 방법을 배우지 못할 수 있다

(Atkins-Burnett, 2007).

그러므로 학교사회복지사는 장애학생을 교육할 때 생활과 관련된 방법을 알려줄 수 있다.

(2) 행동 관련

장애학생은 행동하는 데 어려움을 겪는 경우가 많다. 그러므로 학교사회복지사는 장애학생의 행동과 관련해 다음과 같은 역할을 할 수 있다(Atkins-Burnett, 2007).

① 행동을 평가하고 이와 관련된 계획을 짠다.

② 문제가 되는 행동을 예방하고 관리하는 데 도움이 되는 방법을 파악한다.

(3) 교사 관련

교사는 장애학생과 교류하는 방법과 관련해 도움이 필요할 수 있다. 이것은 학습장애를 가진 아동과 정서장애를 가진 학생의 경우에 특히 그렇다.

그러므로 학교사회복지사는 교사에게 도움을 줄 수 있다. 예를 들어, 학교에 정서장애나 학습장애를 가진 학생이 있을 경우, 학교사회복지사는 교사가 이런 학생과 잘 교류하는 방법에 관해 알려줄 수 있다. 또는 이와 관련해, 학교사회복지사는 좋은 프로그램을 제공하거나 추천할 수 있다(Lee, 2007; Atkins-Burnett, 2007).

(4) 가족 관련

장애학생에게는 치료하고 재활해주는 전문가가 중요하다. 그러나 현실적으로 장애학생에게는 가장 가까운 곳에 있는 가족이 아무래도 가장 중요한 역할을 할 수밖에 없다. 또한 장애아동의 교육에 가족이 관여하는 것은 특히 더 중요한 것으로 알려져 있다(Nguyen et al., 2022). 따라서 장애아동을 위한 서비스와 교육에서는 가족이 관여하는 것을 점점 강조하는 방향으로 나아가고 있다.

▲ 장애아동을 데리고 가는 부모: 장애학생에게는 가족이 가장 중요한 역할을 할 가능성이 크다.

[출처: 스페인에서 저자 촬영]

그러므로 학교사회복지사는 장애학생의 가족이 다음과 같은 것을 하도록 도와줄 수 있다(Bye, 2007; Nguyen et al., 2022).

① 감정을 조절한다.

② 장애학생의 권리에 관해 배운다.

③ 장애학생과 관련된 교육 프로그램을 적극적으로 계획하고 지원한다.

(5) 권리 관련

장애학생과 가족은 자신의 권리를 제대로 누리기 어려운 경우가 많다(노병일, 2020b). 그리고 어느 경우에는 자신의 권리를 완전히 알지 못할 수 있다.

그러므로 학교사회복지사는 여러 가지 방법을 사용해서 장애학생과 가족이 자신의 권리를 제대로 누리도록 도와줄 수 있다(Atkins-Burnett, 2007).

(6) 협력자 관련

장애 상태를 치료하고 재활하기 위해서는 여러 전문가가 개입하는 것이 바람직하다. 따라서 장애학생과 가족에게 서비스를 더 제공하기 위해서는 다음과 같은 것이 필요하다(Atkins-Burnett, 2007).

① 관련자들이 서로 적극적으로 협력한다.

② 여러 전문가가 팀을 이루어 프로그램을 준비한다.

여러 전문가가 개입할 경우, 각 전문가는 자신의 전문 분야에서 지니는 입장만을 매우 강하게 주장할 가능성이 크다. 그러나 이때에는 장애학생이 가진 문제를 해결하고 욕구를 충족하는 측면을 가장 중요하게 고려하여야 한다.

그러므로 여러 분야의 전문가로 구성된 팀이 장애학생에 대해 개입할 경우, 학교사회복지사는 이런 팀이 장애학생의 문제를 해결하고 욕구를 충족하는 데 더 주목하는 접근방식을 취하도록 도와줄 수 있다. 이를 위해서, 학교사회복지사는 학생 개인이 가진 장점과 주위의 자원을 쓸모 있게 사용하는 프로그램을 설계하는 데 교사와 부모와 장애학생이 관여하게 할 수 있다(Atkins-Burnett, 2007).

또한 학교사회복지사는 여러 분야의 전문가로 구성된 회의에 참석해서 다음과 같이 할 수 있다(Atkins-Burnett, 2007).

① 장애학생이 학교에서 잘 하도록 해주기 위한 방안을 구체적으로 제시한다.

② 장애학생을 교육하는 전체적인 목표를 정하는 데 도움을 준다.

그리고 학교사회복지사는 여러 전문가로 구성된 팀에게 장애학생을 관찰한 자료, 장애학생이 사회적으로 지내온 것과 관련된 자료, 잘 적응하며 행동하는지를 살펴본 자료를 제공할 수 있다.

Points

- 학교사회복지사의 일반적 역할로 장애학생을 지원하는 프로그램을 제공하는 것과 관련된 역할이 있다.
- 학교사회복지사의 구체적 역할로 교육과 관련된 역할, 행동과 관련된 역할, 교사와 관련된 역할, 가족과 관련된 역할, 권리와 관련된 역할, 협력자와 관련된 역할이 있다.

6. 장애학생과 관련해 고려할 점

1) 개입

(1) 조기 개입

장애학생에게는 예방하기 위해 개입하는 것이 무엇보다도 중요하다. 이때 예방적 개입과 관련되는 것이 조기 개입이다. 그러므로 학교사회복지사는 장애학생에 대해 조기 개입하는 것에 주목할 필요가 있다.

장애학생에 대해 일찍 개입할 경우, 장애학생 개인에게 주목하고 장애학생의 부족한 점에 주목하는 접근방식에서 벗어나서, 다음과 같은 특징을 지니는 접근방식을 취하는 방향으로 나아갈 필요가 있다(Atkins-Burnett, 2007).

① 가족이 추구하는 목적과 가족이 가진 욕구를 포용한다.

② 장애학생의 장점과 가족의 장점을 인정한다.

③ 부모를 계획을 짜고 재활에 참여하는 인물로 인식한다.

(2) 효과적인 개입방법의 선택

그동안의 연구에서는, 정서문제와 행동문제를 겪는 학생이 더 나은 방향으로 행동하고 학습하게 하는 데 있어, 어떤 개입방법은 효과가 있고 어떤 개입방법은 효과가 없는 것으로 밝혀지고 있다.

그러므로 학교사회복지사는 장애학생의 상황과 여러 개입방법의 효과를 잘 검토해서, 해당 장애학생에게 가장 효과적인 개입방법을 적용할 필요가 있다.

2) 가족과의 좋은 관계 형성

학교사회복지사가 학생의 가족과 좋은 관계를 형성하는 것은 모든 학생에게 중요하다. 그러나 학교사회복지사가 장애학생의 가족과 좋은 관계를 형성하는 것은 특히 더 중요하다.

일부 학자는 전문가가 가족과 좋은 관계를 형성하기 위한 구체적인 원칙을 제시하고 있다. 장애학생을 대상으로 활동하는 학교사회복지사는 이런 원칙에 주목할 필요가 있다.

학교사회복지사가 장애학생의 가족과 좋은 관계를 형성하는 데 도움이 되는 원칙을 몇 가지 제시하면 다음과 같다(Atkins-Burnett, 2007).

① 장애학생의 가족이 놓인 독특한 상황을 잘 이해한다.

② 장애학생의 부모와 장애학생의 행동을 좋은 방향으로 이해한다.

③ 장애학생이 생활하는 가족의 욕구를 잘 파악하고, 이런 욕구를 충족해준다.
④ 장애학생의 부모가 현재 적응하는 방식을 받아들이고 존중한다.
⑤ 장애학생의 가족이 느끼는 민감한 감정을 계속 살펴본다. 이런 감정의 예로 짜증을 부리는 것, 미워하는 것이 있다.

3) 또래와 친구

장애학생의 또래는 장애학생과 나이가 같거나 비슷한 집단이다. 따라서 장애학생의 또래는 가족구성원 다음으로 장애학생과 어울리고 교류할 가능성이 큰 집단이라고 볼 수 있다.

장애학생의 친구는 장애학생과 친한 관계를 형성하는 집단이다. 일반 학생과 마찬가지로, 장애학생도 친구관계가 중요하다고 보고 있다(노병일·노대겸, 2024).

모든 학생에게는 또래끼리 교류하고 친구관계를 형성하는 것이 중요하다. 그러나 또래끼리 교류하고 친구관계를 형성하는 것은 장애학생에게 특히 더 중요하다. 왜냐하면 또래끼리 교류하고 친구관계를 형성하는 것은 장애학생에게 다음과 같은 역할을 하기 때문이다(노병일·노대겸, 2024).

① 학교에서 잘 어울리게 한다.
② 성인기로 나아가는 데 도움을 준다.

4) 서비스의 제공

(1) 효과적인 서비스의 제공

장애학생에게는 나름의 효과적인 서비스를 제공할 필요가 있다. 이때, 장애아동의 교육과 관련해 그동안 실시한 연구는 좋은 지침이 될 수 있다. 예를 들어, 미국에서 「장애인 교육법」을 오랜 기간 실시한 결과, 장애아동에게 효과적인 서비스는 다음과 같은 특징을 지니는 것으로 나타난 바 있다(Atkins-Burnett, 2007).

① 부모가 적극적으로 교육에 관여하고, 부모와 학교가 서로 협력한다.

② 아동에 대해 크게 기대하고, 일반 아동의 교과 과정을 가능하면 많이 이용한다.

③ 서류 작업은 줄여주고, 장애아동을 교육하고 학습하기 위한 자원을 제공하는 데 주목한다.

④ 장애아동을 대상으로 활동하는 모든 사람이 질이 좋고 체계적인 서비스를 제공하고 전문적으로 발달할 수 있도록 지원한다.

⑤ 장애인을 도와주는 기구와 서비스를 개발하고 제공하는 것을 지원함으로써, 장애아동이 관련 자원을 많이 이용하게 한다.

그러므로 학교사회복지사는 장애학생에게 서비스를 제공할 때는 앞에서 제시한 측면에 주목할 필요가 있다.

▲ 학교 입구에 있는 장애인 도우미 이용 안내문: 장애학생에게 효과적인 서비스에서는, 장애인을 도와주는 기구와 서비스를 지원해서 장애학생이 관련 자원을 많이 이용하게 한다.

[출처: 저자 촬영]

(2) 장애 형태와 욕구에 따른 서비스 제공

그동안 장애의 형태가 다른 학생에 대해 교육적으로 개입할 때는, 서로 다르게 개입하기보다는 비슷하게 개입하는 경우가 많았다(Atkins-Burnett, 2007). 하지만 이것은 바람직하지 않다.

그러므로 학교사회복지사는 장애학생의 장애 형태와 욕구에 맞는 서비스를 제공하는 데 주목할 필요가 있다.

Points

- 장애학생과 관련해 고려할 점으로 개입과 관련된 측면, 좋은 가족관계의 형성과 관련된 측면, 또래 및 친구와 관련된 측면, 서비스의 제공과 관련된 측면이 있다.

Chapter 9

다문화학생과 학교사회복지

1. 다문화학생에 대한 관심의 필요성
2. 다문화학생의 정의와 관련 용어 및 형태
3. 다문화학생의 어려움과 학교
4. 학교사회복지사의 역할
5. 다문화학생과 관련해 고려할 점

1. 다문화학생에 대한 관심의 필요성

오늘날에는 인간이 국경을 넘어서 다른 국가로 이동하는 사례가 매우 많아지고 있다. 이에 따라서 세계적으로 문화가 더 다양해지고 있고, 새로운 이주자가 많아지고 있다(노병일, 2022b). 그 결과, 세계적으로 오늘날의 학교는 문화적으로 매우 다양해지고 있다.

이런 상황은 우리나라에도 그대로 해당하고 있다. 우리나라에서는 결혼이민여성과 이주(외국인) 근로자가 많아짐에 따라, 다문화가족의 수가 증가하고 있다. 특히 우리나라의 경우, 결혼이민여성의 수가 크게 증가하고 있다. 우리나라에 들어오는 결혼이민여성은 거의 대부분이 우리나라에 살면서 다문화가족을 구성하고 있다. 따라서 우리나라에서 다문화가족의 수가 증가하고 있고, 다문화가족에서 생활하는 아동과 청소년의 수가 더불어 증가하고 있다(노병일, 2022b). 그리고 이런 아동과 청소년이 성장함에 따라, 학교에 다니는 다문화학생의 수가 증가하고 있다. 우리나라의 일부 학교에서는 다문화학생이 차지하는 비율이 70%를 넘는 것으로 나타난 바 있다(Jung, 2024). 그 결과, 우리나라에서 학생의 언어와 문화가 다양해지고 있다.

그러나 다문화학생은 여러 가지 측면에서 어려움을 겪을 수 있다. 따라서 다문화학생은 여러 영역에서 일반 학생보다 더 불리할 가능성이 크다. 특히 다문화학생은 학교에서 여러 형태의 차별을 겪는 탓에, 정신건강과 관련해 어려움을 크게 겪을 수 있다(노병일, 2020b; 노병일·노대겸, 2024; Sosa, 2022). 그러므로 학교사회복지에서는 학교생활에서 어려움을 겪는 다문화학생에 대해 관심을 가질 필요가 있다.

▲ 결혼이민여성과 자녀들: 우리나라에서는 다문화가족의 수가 증가함에 따라 다문화학생의 수도 빠르게 증가한다.

[출처: 저자 촬영]

Points

- 다문화학생은 여러 측면에서 어려움을 겪을 수 있다. 따라서 학교사회복지에서는 다문화학생에 대해 관심을 가질 필요가 있다.

2. 다문화학생의 정의와 관련 용어 및 형태

1) 다문화학생의 정의와 관련 용어

다문화학생은 다문화가족multicultural family에서 사는 학생을 말한다. 일반적으로 다문화가족은 가족구성원이 여러 문화를 가지는 가족을 말한다(노병일, 2022b). 따라서 다문화학생은 여러 문화를 가지는 가족에서 사는 학생을 말한다.

한편, 우리나라는 오랫동안 단일 민족 상태에서 살아왔다. 따라서 우리나라에서는 다문화가족이나 다문화학생에 대해 편견을 가질 수 있다. 이런 상황은 다문화학생의 삶에 부정적인 영향을 미칠 수 있다. 이런 탓에, 우리나라에서는 '다문화학생'이라는 용어 대신 '이주배경학생'이라는 용어를 사용하려 하고 있다(노병일, 2022b; 장재훈, 2023).

2) 다문화학생의 형태

다문화학생의 형태에는 여러 가지가 있을 수 있다. 중앙다문화교육센터의 경우, 다문화학생의 형태를 다음과 같이 분류하고 있다(중앙다문화교육센터, 2024).

① 국제결혼가정에서 사는 학생이 있다. 국제결혼가정에서 사는 학생은 다음과 같이 더 분류할 수 있다.

㉠ 국내출생 학생이 있다. 이런 예로 우리나라 사람과 결혼이민자 사이에서 태어나 우리나라에서 성장한 학생이 있다.

㉡ 중도입국 학생이 있다. 이런 예로 우리나라 사람과 결혼이민자 사이에서 태어났으나 결혼이민자 본국에서 성장하다가 우리나라에 들어온 학생이 있다.

② 외국인가정에서 사는 학생이 있다. 이런 예로 외국인 사이에서 태어난 학생이 있다. 여기에는 한국계 중국인, 중앙아시아 고려인 등이 포함된다.

Points

- 다문화학생은 여러 문화를 가지는 가족에서 사는 학생이다.
- 다문화학생은 국제결혼가정에서 사는 학생(국내출생 학생과 중도입국 학생)과 외국인가정에서 사는 학생으로 분류할 수 있다.

3. 다문화학생의 어려움과 학교

1) 다문화학생의 어려움

일부 학생은 자신의 인종이 다문화학생의 인종보다 더 우수하다고 인식할 수도 있다. 따라서 일부 학생은 다문화학생을 차별할 수 있다. 이와 관련해, 다문화학생은 또래로부터 괴롭힘을 당하는 경우가 일반 학생보다 더 많을 수 있다(Gregory, 2020; Verkuyten & Thijs, 2002).

다문화학생이 겪는 차별이나 괴롭힘은 다문화학생에게 정서적 어려움을 유발할 가능성이 크다. 다문화학생이 정서적 영역에서 어려움을 겪는 상황을 몇 가지 제시하면 다음과 같다(노병일, 2022b).

① 인종차별을 겪는 다문화학생은 어린 나이부터 자신을 가치 있는 존재로 인식하지 않을 수 있다.

② 다문화학생은 심리적으로 적응하지 못하고 사회적으로 적응하지 못하는 경우가 많다. 실제로 우리나라의 경우, 일부 다문화학생은 집단 따돌림을 경험하고, 외모 때문에 놀림을 받고, 대인관계가 소극적이고, 자신의 존재에 대해 혼란을 겪는 것으로 나타난 바 있다.

③ 다문화학생은 심리적으로 적극적이지 않을 수 있다. 예를 들어, 서울에서 다문화가족이 많이 사는 지역을 대상으로 조사한 결과, 일반 학생에 비해서 다문화학생은 심리적으로 더 소극적인 것으로 나타난 바 있다.

다문화학생은 앞에서와 같은 여러 가지 어려움을 겪으므로, 일반 학생에 비해서 학교 성적이 더 낮을 가능성이 있다. 그 결과, 다문화학생은 학교를 중간에 그만둘 가능성이 일반 학생보다 더 클 수 있다. 실제로 우리나라와 외국에서 다문화학생이 학교를 중간에 그만두는 비율은, 일반 학생이 학교를 중간에 그만두는 비율보다 더 높은 것으로 나타난 바 있다(심예은, 2024; Abacioglu, Epskamp, Fischer & Volman, 2023).

다문화학생이 학교를 중간에 그만둘 경우, 사회의 가치에 어긋나는 행동을 할 가능성이 커지게 된다. 예를 들어, 학교를 중간에 그만둔 다문화학생은 약물을 사용할 수 있다. 그리고 심각한 경우에는 자살을 시도하거나 자살할 수도 있다.

2) 다문화학생과 학교

학교는 다문화학생이 겪는 어려움을 줄이거나 없앨 수 있는 중요한 공간에 속하고 있다. 학교는 다양한 또래들과 교사들이 함께 모여 활동하는 기본적인 공간이다. 따라서 다문화학생은 학교생활을 통해 사회에 적응하는 방법을 배우게 된다. 특히 결혼이민여성은 우리나라의 문화에 익숙하지 못해서, 가정에서 자녀를 지도하고 교육하는 데 어려움을 겪을 가능성이 크다. 그러므로 다문화학생에게는 학교생활을 통해서 사회에 적응하는 방법을 배우는 것이, 가족을 통해서 사회에 적응하는 방법을 배우는 것 못지않게 중요할 수 있다(황선영·노병일, 2015).

그리고 학교는 사회에서 필요한 지식을 체계적으로 학습하는 공식적인 조직이다. 오늘날과 같이 높은 수준의 지식이 필요한 사회에서는, 미래에 좋은 경력을 개발하기 위해서 아동기부터 기초 지식을 갖추는 것이 중요하다. 하지만 결혼이민여성은 우리 사회에 적응하느라 바쁘기 때문에, 다문화학생은 가정에서 지식을 많이 배울 기회가 적을 수 있다. 이에 따라서 학교는 다문화학생이 미래에 나아갈 길을 결정하는 데 중요한 역할을 할 수 있다(황선영·노병일, 2015). 그러므로 학교는 다문화학생의 심리적 어려움을 줄여주면서 다문화학생의 학습을 도와줄 수 있다.

또한 학교는 학생에게 능력을 키워주는 장소이다(Sosa, 2022). 다문화학생은 두 가지 문화를 가지기 때문에, 일반 학생이 가지지 않은 장점을 지닐 수 있다. 그러므로 학교는 다문화학생이 자신의 능력과 재능을 펼치는 데 도움을 줄 수 있다.

▲ 다문화 사회인 미국의 초기 학교: 학교는 다문화학생이 자신의 능력과 재능을 펼치는 데 도움을 줄 수 있다.

[출처: 미국에서 저자 촬영]

결국, 전체적으로 볼 때 학교는 다문화학생이 겪는 어려움을 줄여주는 데 크게 도움을 줄 수 있고, 또한 다문화학생이 가진 장점을 살려주는 데 크게 도움을 줄 수 있다.

Points

- 일부 학생은 다문화학생을 차별할 수 있는데, 이런 차별은 다문화학생에게 정서적 어려움을 유발할 수 있다
- 학교는 다문화학생의 어려움을 줄이고 다문화학생의 장점을 살려주는 데 크게 도움을 줄 수 있다.

4. 학교사회복지사의 역할

1) 일반적 역할

(1) 기본적 역할

다문화학생에게는 사회적 지지가 무엇보다도 필요하다. 따라서 학교사회복지사는 다문화학생에게 여러 형태의 사회적 지지를 제공할 수 있다(노병일·노대겸, 2024).

더불어, 학교사회복지사는 학교에서 다문화와 관련해 차별이 발생할 때 직접 관여하여야 한다(Gregory, 2020). 따라서 학교사회복지사는 다문화학생이 차별을 겪는 상황이 발생할 때 다양한 방식으로 도와줄 수 있다.

그리고 다문화학생을 대상으로 활동할 때는 문화적으로 적절한 활동culturally-appropriate activity을 적용할 필요가 있다. 따라서 학교사회복지사는 학교의 모든 구성원이 문화적으로 적절한 활동을 하도록 도와줄 수 있다. 이때, 문화적으로 적절한 활동에는 여러 가지가 있을 수 있다. 문화적으로 적절한 활동을 몇 가지 제시하면 다음과 같다(Adolescent and School Health, 2015).

① 문화적으로 다양한 집단이 이바지하는 부분과 이런 집단이 가진 장점이 드러나도록 한다.

② 학생이 다양한 것을 인정하고 존중하도록 한다.

③ 학생이 자신을 존중하도록 하고, 자신의 문화와 출신 국가에 대해 긍정적으로

인식하도록 한다.

④ 문화가 다른 학생들 사이에 교류하는 데 도움이 되는 기술을 더 많이 갖추도록 한다.

⑤ 문화가 다른 개인이나 집단을 이상하게 보지 않도록 하고, 문화가 다른 개인이나 집단에 대해 편견을 가지지 않도록 한다.

⑥ 가족이 가진 문화적 자원을 잘 이용하도록 한다.

⑦ 수업에서 사용하는 자료에 문화적으로 다양한 집단을 소개하도록 한다.

▲ 다양한 학생들: 학교사회복지사는 학생이 다양한 것을 인정하고 존중하도록 도와줄 수 있다.
[출처: 언스플래시]

또한 학교사회복지사는 학교에서 다문화와 관련된 프로그램을 실시할 수 있다. 예를 들어, 학교사회복지사는 학생이 다문화 사회에서 생활을 잘하도록 준비해주기 위해서, 다음과 같은 내용을 담은 프로그램을 실시할 수 있다(Huxtable, 2022).

① 여러 문화를 잘 이해한다.

② 다른 문화와 교류하는 방법을 배운다.
③ 다른 문화와 갈등하는 것을 관리한다.

앞에서 제시한 여러 프로그램은 다문화학생이 겪을 수 있는 문제를 예방하는 데 크게 도움을 줄 수 있다.

(2) 문화적 능력을 갖춘 사회복지사의 역할

학교사회복지사는 다문화학생의 관습과 가치를 적극적으로 배움으로써, 문화적 능력을 키울 수 있다. 학교사회복지사가 문화적 능력을 가질 경우, 학교사회복지사는 다음과 같은 역할을 할 수 있다(Gianesin, 2007).

① 다문화학생들 사이에 서로 교류하도록 도와준다.
② 다문화학생의 가족과 학교 사이에 더 쉽게 교류하도록 도와준다.

2) 구체적 역할

(1) 학교 관련

(가) 가족과 학교 사이의 신뢰 관계 형성

다문화학생이 학교에서 잘 생활하기 위해서는, 다문화학생의 가족과 학교가 서로 신뢰하는 관계를 형성할 필요가 있다. 이것은 차별을 경험한 다문화가족에게 특히 그렇다.

그러므로 다문화학생의 가족과 학교 사이에 신뢰하는 관계를 형성하기 위해서, 학교사회복지사는 다문화학생의 가족에게 다음과 같이 할 수 있다(Bye, 2007).

① 다문화학생이 학교에서 무엇을 배우고 있는지를 알려준다.
② 다문화학생이 학교에서 어떻게 하고 있는지를 알려준다.

(나) 교사의 다문화 이해 향상[1)]

일부 다문화학생은 우리나라 말(한국어)이 서투르거나 우리나라의 일반 문화에 어울리지 않는 행동을 할 수 있다. 이때, 교사는 이런 다문화학생을 오해하거나 무시할 수도 있다. 그리고 심할 경우, 교사는 이런 다문화학생에게 특수교육을 받도록 할 수도 있다. 그러나 이것은 적절하지 못한 것이라고 볼 수 있다(Atkins-Burnett, 2007). 예를 들어, 학생 엄마의 출신국에서는 성인이나 중요한 인물과는 눈을 마주치지 않는 문화를 가질 수 있다. 교사가 이런 문화를 이해하지 못할 경우, 교사는 학교에서 이런 행동을 하는 다문화학생을 이상하게 생각해서 특수교육에 의뢰할 수도 있다. 이것은 다문화학생의 현재와 미래의 삶에 매우 부정적인 영향을 미칠 수 있다.

그러므로 이런 상황을 예방하기 위해서, 학교사회복지사는 교사가 다문화에 관해 잘 이해하도록 도와줄 수 있다.

▲ 학교의 다문화학습관: 학교사회복지사는 교사가 다문화를 더 이해하는 데 도움을 줄 수 있다.
[출처: 저자 촬영]

1) 이것은 교사 이외의 전문가에게도 그대로 적용할 수 있다.

(다) 교장의 인식 개선

학교의 교장은 교사가 다문화 교육을 하는 것과 관련해 중요한 역할을 하고 있다. 예를 들어, 교사가 교장이 다문화 교육을 중요하게 본다고 인식하는 정도는, 교사가 다문화를 이해하려고 노력하는 정도에 영향을 미칠 수 있다(최성보·김영학, 2014).

그러므로 교사가 효과적으로 다문화 교육을 할 수 있게 해주기 위해서, 학교사회복지사는 교장이 다문화 교육의 중요성을 인식하게 할 수 있고 또한 교장에게 관련 정보나 자료를 제공할 수 있다.

(2) 부모의 교육 관여 관련

부모와 학생의 인종이 다르면 서로 교류하는 것이 어려울 가능성이 크다. 따라서 이런 상황에 있는 부모는 다문화학생의 교육에 관여하는 것이 어려울 수 있다(황선영·노병일, 2015). 이 경우, 해당 부모는 다른 방식으로 다문화학생의 교육에 관여할 필요가 있다(Kim, 2002).

그러므로 학교사회복지사는 다문화학생의 부모에게 학생의 교육에 관여하는 방법을 알려줄 수 있다.

(3) 문화 관련

(가) 문화 적응[2)]

학생의 문화가 학교의 문화와 매우 다른 경우, 학생과 학교는 어려움을 더 크게 겪을 가능성이 크다. 그리고 학생의 문화와 학교의 문화 사이에 차이가 더 클수록, 학생과 학교가 문화에 적응하는 과정이 더 복잡해지게 된다(Garrett, 2007).

그러므로 학교사회복지사는 이런 상황에서 다문화학생이 학교의 문화에 잘 적응

2) 문화 적응의 측면은 아래에서 설명한 것(자신의 문화에 대해 긍정적으로 인식하는 것)과는 반대되는 것처럼 보일 수도 있다. 그러나 다문화학생에게는 자기 가족의 문화에 대해 긍정적으로 인식하는 것도 필요하지만, 사회의 구성원으로 살기 위해서는 일반적 문화에 적응할 필요가 있다.

하도록 도와줄 수 있다.

(나) 문화에 대한 긍정적 인식

다문화학생이 자신의 엄마나 아버지가 태어난 국가의 문화에 대해 긍정적으로 인식할 경우, 문화와 관련된 어려움이 줄어들 수 있다. 그리고 이렇게 되면, 다문화학생과 가족 사이의 갈등이 줄어들 수 있다(Bye, 2007).

그러므로 학교사회복지사는 다문화학생이 자기 부모의 문화에 대해 더 긍정적으로 인식하도록 할 수 있다. 그리고 이를 위해, 학교사회복지사는 다문화학생에게 이와 관련된 프로그램을 실시할 수 있다.

(4) 권리 관련

(가) 거시적 실천

다문화학생과 부모(특히 엄마)에게 중요한 것은 다문화가족 구성원을 사회적으로 포용하는 것이다. 이러기 위해서는, 다른 사회구성원이 누리는 권리를 다문화가족 구성원도 똑같이 누리게 해주어야 한다. 이때 쓸모 있는 것이 거시적 실천[3]이다. 그러므로 거시적 실천에 관심을 가지는 학교사회복지사의 경우, 다문화가족이 가진 장점을 보존하는 데 관여하고 또한 다문화가족의 모든 구성원이 정당한 권리를 누리게 하는 데 관여할 수 있다. 거시적 실천에 관심을 가지는 학교사회복지사가 다문화가족 구성원을 위해 할 수 있는 역할을 몇 가지 제시하면 다음과 같다(Wilson, 2007).

① 다문화가족의 문화와 다문화가족이 역사적으로 물려받은 것을 보존한다.

② 다문화가족 구성원이 억압과 차별을 경험한 것을 파악한다.

③ 다문화가족 구성원의 목소리를 전달한다.

④ 다문화가족 구성원의 능력과 장점을 존중하게 한다.

---

3) 거시적 실천에 관해서는 학교사회복지의 폭넓은 측면을 다루는 장(제13장)에서 자세히 설명한다.

(나) 옹호

학교가 시험 점수나 성적과 같은 것에 주로 관심을 가질 경우, 학교는 성적이 매우 좋지 않은 일부 학생을 무시할 수도 있다. 이런 상황은 다문화학생에게도 해당할 수 있다.

이런 상황이 발생할 경우, 학교사회복지사는 학교의 양심으로 행동할 수 있다(Gianesin, 2007). 즉, 학교사회복지사는 이런 상황에 놓인 다문화학생을 옹호하는 데 앞장설 수 있다.

Points

- 학교사회복지사의 일반적 역할로 다문화학생이 차별을 겪을 때 돕는 것과 관련된 역할, 학교구성원이 문화적으로 적절한 활동을 하도록 하는 것과 관련된 역할, 다문화와 관련된 프로그램을 실시하는 것과 관련된 역할이 있다.
- 학교사회복지사의 구체적 역할로 학교와 관련된 역할, 부모의 교육 관여와 관련된 역할, 문화와 관련된 역할, 권리와 관련된 역할이 있다.

5. 다문화학생과 관련해 고려할 점

1) 일반적 지침

문화의 측면을 잘 고려하는 사회복지 서비스를 제공하는 것과 관련해, 미국 전국사회복지사협회는 기준을 제시한 바 있다. 이런 기준은 학교사회복지사가 다문화학생을 대상으로 활동하는 데 있어 좋은 지침이 될 수 있다. 이런 기준을 몇 가지 제시하면 다음과 같다(Wilson, 2007).

① 자신의 문화적 가치를 스스로 알도록 한다.

② 특정한 집단에 관한 문화적 지식을 배우도록 한다. 이런 문화적 지식의 예로 역사, 전통, 가치, 다른 사람과 관계를 맺는 방식, 언어와 기타 방법으로 서로

교류하는 방식, 가족 구조, 성별과 관련된 역할, 종교적 믿음, 대처 방식, 일반 문화에 적응하는 방법이 있다.

▲ 방과 후 프로그램에 참여하고 있는 다문화학생: 학교사회복지사는 다문화학생이 자신의 문화적 가치를 알도록 해줄 필요가 있다.

[출처: 정윤옥 님 제공]

2) 문화적 특성의 이해

말할 것도 없이, 다문화학생에게 서비스를 제공할 때는 다문화에 관해 잘 알고 있어야 한다. 그러므로 학교사회복지사는 다문화를 잘 이해하는 상태에서, 다문화학생과 가족에게 서비스를 제공할 필요가 있다.

그리고 학교에 다양한 배경을 가진 다문화학생이 있을 수 있고, 이에 따라서 학교에 여러 문화가 존재할 수 있다. 이런 상황에서는, 학교사회복지사가 각 문화의 특성을 객관적으로 잘 이해할 필요가 있다.

특히, 문화가 다양한 집단을 대상으로 활동할 경우, 학교사회복지사는 다음과 같이 할 필요가 있다(Wilson, 2007).

① 집단이 가진 독특한 특징을 파악하는 데 있어, 집단 내에 존재하는 차이점을 인정한다.

② 편견을 가지지 않는다.

③ 문화적 상황을 고려하면서 행동을 해석한다.

3) 생태학적 관점의 적용4)

생태학적 관점은 문화적 문제와 관련해 특히 쓸모가 있다. 일부 학자의 경우, 생태학적 관점은 문화적 요인이 학생에게 중요하다는 점을 고려할 때 특히 쓸모가 있다고 보고 있다.

생태학적 관점에 근거해 학생을 살펴볼 경우, 학교사회복지사는 학생이 다른 사람과 교류하는 데 영향을 미칠 수 있는 문화적 요인과 가치를 잘 알고 있을 필요가 있다(Garrett, 2007).

4) 전체적 변화

다문화에 어울리는 학교가 되기 위해서는, 학교가 여러 영역에서 변할 필요가 있다. 예를 들어, 학교에서 전체적으로 다문화 교육을 하기 위해서는 교육 과정, 교육 매체, 학습방법, 교사와 교장·교감과 직원의 인식과 태도 및 행동, 학교의 목표와 규정, 문화와 같은 다양한 영역에서 변할 필요가 있다(권효숙, 2011).

그러므로 학교사회복지사는 다문화와 관련해 학교가 여러 영역에서 변하는 데 주목할 필요가 있다.

---

4) 생태학적 관점에 관해서는 거시적 측면을 다루는 장(제13장)에서 자세히 설명한다.

5) 다문화 교육에서의 다문화 특성 강조

다문화학생은 문화적으로 독특한 특성을 지닌다는 점을 빼고는 일반 학생과 똑같다. 그러나 학교에서 다문화 교육을 할 때 다문화 학생의 특성을 크게 강조할 수도 있다. 이렇게 되면, 일부 학생은 다문화학생을 자신과는 완전히 다른 존재로 인식할 수도 있다. 그리고 그 결과, 일부 학생은 다문화학생에 대해 편견을 가지거나 다문화생을 따돌리거나 괴롭힐 수도 있다.

그러므로 다문화 교육을 하는 학교사회복지사의 경우, 다문화학생은 문화적 측면에서 일반 학생과 차이가 있지만, 기타 측면에서는 일반 학생과 똑같다는 점을 모든 학교구성원에게 인식시킬 필요가 있다.

Points

- 다문화학생과 관련해 고려할 점으로 일반적 지침과 관련된 측면, 문화적 특성을 이해하는 것과 관련된 측면, 생태학적 관점을 적용하는 것과 관련된 측면, 전체적 변화와 관련된 측면, 다문화 교육에서 다문화 특성을 너무 강조하는 것과 관련된 측면이 있다.

PART

4

문제 영역에 따른 학교사회복지

Chapter 10

학교출석

1. 학교출석에 대한 관심의 필요성
2. 학교출석과 관련된 용어
3. 무단결석과 자퇴를 유발하는 요인
4. 무단결석과 자퇴가 미치는 영향
5. 학교사회복지사의 역할
6. 학교출석과 관련해 고려할 점

1. 학교출석에 대한 관심의 필요성

학교가 추구하는 주요한 목적은 교육이다. 그러나 학생이 학교에 제대로 나오지 않거나 학교를 중간에 그만두면, 학생을 제대로 교육하기가 어렵게 된다. 따라서 학생이 특별한 이유 없이 학교에 나오지 않는 것(무단결석)이나 학생이 학교를 중간에 그만두는 것(자퇴)은, 교육의 목적을 달성하는 데 걸림돌이 되고 있다.

그리고 학생이 무단결석이나 자퇴를 하는 것은 학생과 학교와 사회에 매우 부정적인 영향을 미칠 수 있다. 예를 들어, 학생이 무단결석이나 자퇴를 할 경우, 성인기에 안정된 일자리를 구하고 적절한 소득을 얻는 데 불리할 가능성이 커지게 된다. 또한 학생이 무단결석이나 자퇴를 할 경우, 사회의 가치에 어긋나는 행동을 청소년기에 할 가능성이 커지게 된다(노병일, 2022c; Dupere et al., 2018).

이런 탓에, 학생의 무단결석과 자퇴는 교육 영역에서 심각한 문제가 되고 있다(노병일, 2022c). 따라서 국가의 제도나 법에서는 학생의 학교출석에 관심을 더 많이 가지는 방향으로 나아가고 있다. 예를 들어, 미국에서는 「아동낙오방지법No Left Behind Act」을 만들었는데, 이 법의 목적은 학생이 자퇴하는 비율을 낮추는 데 학교가 관심을 가지게 하는 데 있다(Thornburgh, 2006).

당연하게도, 학생이 학교에 제대로 출석하지 않는 것과 관련된 문제를 다루는 데 있어, 학교사회복지는 중요한 역할을 할 수 있다. 역사적으로 볼 때도, 학교사회복지는 학교출석과 크게 관련이 있다. 이 당시에 '방문교사'라고 불렸던 학교사회복지사는 학생의 가정을 방문하고 기타 여러 가지로 개입함으로써, 학교출석문제를 해결하고자 하였다(Johnson & Nealis, 2014; Huxtable, 2022).[1]

1) 방문교사에 관해서는 학교사회복지의 역사를 다루는 장(제1장)에서 이미 설명한 바 있다.

▲ 학교 수업이 끝난 후에 집에 가는 기차를 기다리는 학생들: 일부 학생은 무단결석을 한다.

[출처: 대만에서 저자 촬영]

오늘날에는 학생과 학교의 상황이 과거와 크게 다르기 때문에, 학교사회복지에서는 학교출석에 대해 더 주목할 필요가 있다. 그러므로 학교사회복지에서는 학생의 무단결석과 자퇴 및 이와 관련된 학교공포증에 대해 관심을 가질 필요가 있다.

Points

- 무단결석과 자퇴는 교육의 목적을 달성하는 데 걸림돌이 되고, 학생과 학교와 사회에 부정적 영향을 미칠 수 있다. 따라서 학교사회복지에서는 학생의 무단결석과 자퇴 및 이와 관련된 측면에 대해 관심을 가질 필요가 있다.

2. 학교출석과 관련된 용어

1) 무단결석

무단결석에 관한 정의는 다양한 것으로 알려져 있다(Gentle-Genitty, Karikari, Chen, Wilka & Kim, 2015). 따라서 무단결석에 관해서는 통일된 정의가 없다고도 볼 수 있다.

그동안 무단결석에 관해 정의한 것을 몇 가지 제시하면 다음과 같다(National Center for Mental Health Promotion and Youth Violence Prevention, 2012; Truancy Prevention, 2015; Harris & White, 2013; Raising Children Network, 2021).

① 미국에서 많은 주의 경우, 무단결석은 학생이 부모나 보호자의 허락 없이 결석하는 상황이나, 학생이 교사나 담당 직원의 허락 없이 학교를 다니지 않거나 수업에 참석하지 않는 상황이라고 본다.

② 영국에서 발간한 사회사업 사전의 경우, 무단결석은 학생이 계속해서 학교에 출석하지 않는 것이라고 본다.

③ 무단결석예방조직Truancy Prevention의 경우, 무단결석은 적절하지 않은 핑계를 대면서 학교를 결석하는 것이라고 본다.

정리하건대, 무단결석은 학생이 부모나 보호자나 기타 관련자의 허락을 받지 않고 학교를 적절한 이유 없이 나가지 않는 것이라고 볼 수 있다.

2) 자퇴

일반적으로 볼 때, 자퇴dropout는 현실적인 이유가 있거나 또는 자신이 속한 제도에 만족하지 못해서 학교나 집단을 떠나는 것을 말한다. 그러나 자퇴라는 용어는, 학생이 졸업하기 전에 학교를 중간에 그만두는 것을 의미하는 식으로 사용하는 경우가 많다(Wikipedia, 2024a). 예를 들어, 외국의 유명한 영어사전의 경우, 자퇴는 정해진 과정을 마치기 전에 학교를 그만두는 것이라고 보고 있다(Cambridge Dictionary, 2024). 따라서 자퇴는 학생이 학교를 중간에 그만두는 것을 가리킨다고 볼 수 있다. 구체적으로 자퇴는 학생이 졸업장을 받지 못하고 교육 과정을 그만두는 것이라고 볼 수 있다(Fernandez-Suarez, Herrero, Perez, Juarros-Basterretxea & Rodriguez-Díaz, 2016).

그리고 자퇴는 고등학교에 다니는 학생에게 해당하는 경우가 많다. 따라서 자퇴라는 용어를 사용할 때는 고등학교와 관련시키는 경우가 많다(노병일, 2022c). 이와 관련된 예를 몇 가지 제시하면 다음과 같다(Barker, 2003; Dowrick, 2003).

① 미국 전국사회복지사협회에서 발간한 사전의 경우, 학교 중퇴자school leaver는 고등학교를 졸업하기 전에 정규 교육을 중단하는 사람이라고 본다.

② 일부 학자의 경우, 자퇴라는 용어는 고등학교를 마치지 않은 청소년을 대상으로 교육과 관련된 영역에서 널리 사용된다고 본다.

한편, 앞에서 이미 설명한 바와 같이, 자퇴는 '학업중단'과 관련이 있다. 다만, 자퇴한 후에 검정고시를 준비하거나 기타 공부를 하는 경우에는 학업이 계속 이어지고 있다. 따라서 자퇴가 학업을 중단하는 것을 항상 의미하는 것은 아니다.

학교 밖 청소년

우리나라에서 중학교나 고등학교를 다니다가 중간에 자퇴한 청소년은 '학교 밖 청소년'에 속하고 있다. 우리나라의 법에서는, 다음에 해당하는 청소년을 '학교 밖 청소년'이라고 부르고 있다(국가법령정보센터, 2024).

① "초등학교·중학교 또는 이와 동일한 과정을 교육하는 학교에 입학한 후 3개월 이상 결석하거나 [...] 취학의무를 유예한[2] 청소년"이 있다.

② "고등학교 또는 이와 동일한 과정을 교육하는 학교에서 [...] 제적·퇴학처분을 받거나 자퇴한 청소년"이 있다.

③ "고등학교 또는 이와 동일한 과정을 교육하는 학교에 진학하지 아니한 청소년"이 있다.

2) 유예는 일을 실시하는 데 날짜나 시간을 미루는 것을 말한다(국립국어원 표준국어대사전, 2024).

3) 학교공포증

학교공포증school phobia은 학교출석과 관련되는 경우가 많다. 이것은 어린 학생의 경우에 더욱 그렇다.

학교공포증에 관해 정의한 것을 몇 가지 제시하면 다음과 같다(Barker, 2003; Harris & White, 2013).

① 미국 전국사회복지사협회에서 발간한 사전에 따르면, 학교공포증은 어린 아동이 학교에 가는 것을 비합리적으로 두려워하는 것을 말한다.

② 영국에서 발간한 사회사업 사전에 따르면, 학교공포증은 학교에 가는 것에 대해 복잡하고 극단적으로 불안해하는 것을 말한다. 그러나 학교공포증은 어느 특정한 학교에 가기를 꺼려하는 것만을 의미하는 것은 아니다.

정리하건대, 학교공포증은 학생이 학교에 가는 것을 매우 두려워하는 것이라고 볼 수 있다.

Points

- 무단결석은 학생이 부모나 보호자나 기타 관련자의 허락을 받지 않고 학교를 적절한 이유 없이 나가지 않는 것이다.
- 자퇴는 학생이 학교를 중간에 그만두는 것이다. 우리나라에서 중학교나 고등학교를 다니다가 중간에 자퇴한 청소년은 '학교 밖 청소년'에 속한다.
- 학교공포증은 학생이 학교에 가는 것을 매우 두려워하는 것이다.

3. 무단결석과 자퇴를 유발하는 요인

1) 무단결석을 유발하는 요인

학생이 계속해서 무단결석을 하는 것은 여러 가지 요인과 관련되는 것으로 알려져 있다. 일반적으로 학생에게 무단결석을 유발하는 요인은 개인과 관련된 요인, 가족과 관련된 요인, 학교와 관련된 요인, 기타 요인으로 구분할 수 있다(노병일, 2022c; Huxtable, 2022; Baker, Sigmon & Nugent, 2001; Dahl, 2016; National Center for Mental Health Promotion and Youth Violence Prevention, 2012; Gentle-Genitty et al., 2015).

(1) 개인과 관련된 요인

학생의 개인적 상황은 무단결석을 유발하는 요인이 되고 있다. 예를 들어, 학생이 다음과 같은 상황에 있는 것은 무단결석을 유발하는 요인이 될 수 있다(Huxtable, 2022; Baker, Sigmon & Nugent, 2001).

① 알코올이나 기타 약물을 많이 사용한다.
② 정신건강과 관련해 어려움을 겪는다.
③ 신체적 건강이 좋지 않다.
④ 10대에 임신한다.

(2) 가족과 관련된 요인

학생의 가족과 관련된 상황은 무단결석을 유발하는 요인이 되고 있다. 예를 들어, 학생의 가족이 다음과 같은 상황에 있는 것은 무단결석을 유발하는 요인이 될 수 있다(Huxtable, 2022; Baker, Sigmon & Nugent, 2001; National Center for Mental Health Promotion and Youth Violence Prevention, 2012).

① 부모가 학생을 제대로 지도하지 않거나 감독하지 않는다.
② 학생이 가정에서 학대나 폭력을 겪는다.

③ 가족이 빈곤한 상태에서 산다.

④ 가족구성원이 알코올이나 기타 약물을 많이 사용한다.

⑤ 가족구성원이 학생이 학교에 출석하는 것과 관련된 규정을 자세하게 알지 못한다.

⑥ 가족구성원이 교육에 대해 크게 관심을 가지지 않는다.

▲학교에 가고 있는 학생들: 학생의 개인적 상황은 무단결석을 유발하는 요인이 된다.

[출처: 라오스에서 저자 촬영]

(3) 학교와 관련된 요인

학생의 학교와 관련된 상황은 무단결석을 유발하는 요인이 되고 있다. 예를 들어, 학생이 다니는 학교가 다음과 같은 상황에 있는 것은 무단결석을 유발하는 요인이 될 수 있다(Huxtable, 2022; Baker, Sigmon & Nugent, 2001; Dahl, 2016; National Center for Mental Health Promotion and Youth Violence Prevention, 2012; Gentle-Genitty et al., 2015).

① 학교가 학생의 다양한 학습 방식을 잘 받아들이지 못한다.
② 학생이 학교와 좋은 관계를 형성하지 못한다.
③ 교사가 제대로 가르치지 못한다.
④ 학교시설이 좋지 않다.
⑤ 학교폭력을 겪는다.

(4) 기타 요인

앞에서 제시한 것 이외의 여러 가지 상황도 무단결석을 유발하는 요인이 되고 있다. 예를 들어, 다음과 같은 상황에 있는 것은 무단결석을 유발하는 요인이 될 수 있다(Baker, Sigmon & Nugent, 2001; National Center for Mental Health Promotion and Youth Violence Prevention, 2012).

① 학생이 유급 일자리에서 일한다.
② 이사를 자주 한다.
③ 학교까지의 거리가 멀다.
④ 부모가 여러 일자리에서 일한다.
⑤ 학교까지의 교통이 좋지 못하다.

(5) 정리와 고려할 점

학생은 다양한 요인 때문에 무단결석을 할 수도 있다. 즉, 여러 가지 요인이 함께 나타나기 때문에, 학생이 무단결석을 할 수도 있다(Dahl, 2016).

그리고 무단결석을 유발하는 요인을 하나도 가지고 있지 않은 학생에 비해서, 무단결석을 유발하는 요인을 여러 가지 가지고 있는 학생은 무단결석을 자주 할 가능성이 더 크다(National Center for Mental Health Promotion and Youth Violence Prevention, 2012).

2) 자퇴를 유발하는 요인과 상황 및 과정

(1) 자퇴를 유발하는 요인

학생이 한 가지 요인 때문에 학교를 중간에 그만두는 경우는 드문 편이다. 따라서 학생에게 자퇴를 유발하는 요인에는 여러 가지가 있을 수 있다. 일반적으로 학생에게 자퇴를 유발하는 요인에는 학교와 관련된 요인도 있고, 학교와 관련되지 않은 요인도 있다.

우선, 학생은 학교와 관련된 요인 때문에 자퇴할 수 있다. 예를 들어, 학생이 다음과 같은 상황에 있는 것은, 학교와 관련되어서 자퇴를 유발하는 요인이 될 수 있다(노병일, 2022c; Dowrick, 2003).

① 학교의 교과 과정이 자신과 관련이 없다고 생각한다. 이런 예로 학교에서 배우는 내용이 자기가 바라는 직업과 관련이 없는 탓에, 수업이 지루하다고 느끼는 것이 있다.

② 학교나 공부에 대해 관심을 가지지 않는다. 이런 예로 공부하려는 동기가 부족한 것이 있다.

③ 교사에 대해 불만을 가진다.

④ 학교생활에 제대로 적응하지 못할 것을 두려워한다.

⑤ 학교가 안전하지 않다고 생각하며 두려워한다. 이런 예로 학교에서의 폭력이나 괴롭힘을 두려워하는 것이 있다.

⑥ 학교의 엄격한 분위기를 싫어한다.

⑦ 성적이 좋지 않다.

⑧ 과목에서 낙제하였다.

그리고 무단결석을 자주 하는 학생은 학교 자체에 대해 흥미를 잃어버릴 가능성이 크다. 그 결과, 무단결석을 자주 하는 학생은 나중에 학교를 자퇴할 가능성이 크다. 따라서 학생의 무단결석은 자퇴를 유발하는 요인이 될 수 있다.

또한 학생은 학교와 관련되지 않은 요인 때문에 자퇴할 수 있다. 예를 들어, 학생이 다음과 같은 상황에 있는 것은, 학교와는 관련이 없이 자퇴를 유발하는 요인이 될 수 있다(노병일, 2022c; Dowrick, 2003).

① 개인이나 가족이 재정적으로 어려운 상태에 있다.

② 약물을 많이 사용한다.

③ 정신건강과 관련해 어려움을 겪는다.

④ 행동에 문제가 있다.

⑤ 학습 장애를 겪는다.

⑥ 임신을 해서 결혼하여야 하는 상황에 있다.

⑦ 가족이 경제적 이유 이외의 다른 이유 때문에 매우 어려운 상황에 있다.

그리고 그동안의 연구에 따르면, 학생에게 최근에 심각하게 스트레스를 유발한 요인은 자퇴를 유발할 수 있다. 실제로 자퇴를 자세히 살펴본 연구에 따르면, 학생은 스트레스를 유발하는 여러 가지 상황 때문에 자퇴하는 경우가 많다. 이 경우, 학생에게 스트레스를 유발하는 상황을 몇 가지 제시하면 다음과 같다(Dupere et al., 2018).

① 오랫동안 병원에 입원하고 있다.

② 교통사고를 당하였다.

③ 임신하였다.

④ 교사와의 관계가 좋지 않다.

⑤ 또래와 어울리지 못하고 있다.

⑥ 또래로부터 괴롭힘을 당하고 있다.
⑦ 가족이 안정된 상태에 있지 않다.
⑧ 부모가 교도소와 같은 곳에 갇혀 있다.

한편, 학생에게 스트레스를 유발하는 요인이 계속 쌓일 경우, 학생이 겪는 어려움은 더 커지게 된다. 이렇게 될 경우, 학생은 학습하는 데 집중하기가 더 어렵게 될 가능성이 크다. 그 결과, 학생이 자퇴할 가능성은 더 커질 수 있다(Dupere et al., 2018).

(2) 자퇴할 가능성을 보여주는 상황

학생은 실제로 자퇴하기 전에 자퇴할 낌새를 보여줄 수 있다. 이런 것은 학생이 자퇴할 가능성을 보여주는 상황이 될 수 있다(노병일, 2022c). 학생이 자퇴할 가능성을 보여주는 상황을 아는 것은, 학생의 자퇴를 미리 예방하거나 이와 관련해 개입하는 데 도움을 줄 수 있다.

학생이 자퇴할 가능성을 보여주는 상황에는 여러 가지가 있을 수 있다. 일반적으로 학생이 학교에 출석하는 형태는, 학생이 자퇴할 가능성을 초기에 분명하게 보여주는 상황이라고 볼 수 있다(노병일, 2022c; Bridgeland, Dilulio & Morison, 2006). 따라서 학생이 학교에 다니는 정도는, 학생이 학교를 자퇴할 가능성과 밀접하게 관련되는 경우가 많다고 볼 수 있다.

▲ 등교하는 청소년 학생들: 학생이 학교에 다니는 정도는 학생이 학교를 자퇴할 가능성과 밀접하게 관련되는 경우가 많다.

[출처: 인도에서 저자 촬영]

(3) 자퇴하는 과정

학생이 자퇴하는 것은 단기적으로 이루어질 수 있다. 그러나 학생이 자퇴하는 것은 오랜 기간을 걸친 후에 이루어지는 경우가 많다. 즉, 학생은 이전의 취약한 상태가 계속 이어진 상황 때문에, 결국 자퇴하기로 결정하는 경우가 많다(노병일, 2022c). 예를 들어, 청소년은 아동기에 학교에 들어가자마자 교과목의 성적이 매우 좋지 않은 상황과 학교에서 적응하는 데 어려움을 겪는 상황을 경험하기 시작할 수 있다(Dupere et al., 2018). 아동이 청소년기에 이르러서도 이런 상황을 계속해서 오랫동안 겪을 경우, 청소년 학생은 자퇴하는 길을 선택할 수 있다.

이런 탓에, 학생이 자퇴할 경우, 학생은 자퇴하기로 갑자기 결정하는 것이 아닐 수 있다. 실제로, 학생이 자퇴하는 것은 서서히 진행되는 과정을 거치는 경우가 많다. 예를 들어, 미국에서 전국자퇴예방센터National Dropout Prevention Center가 실시한 조사에 따르면, 자퇴는 오랜 기간의 과정을 통해서 이루어지고 있다. 이런 탓에, 어느 보고서에서는 고등학생의 자퇴를 '조용한 전염병silent epidemic'이라고 부르고 있다(Hammond, Linton, Smink & Drew, 2007; Bridgeland, Dilulio & Morison, 2006).

학교에 다니는 청소년이 자퇴하는 것에 관한 그동안의 연구에서는, 아동기부터 겪어온 취약한 상황이 오랫동안 계속 쌓여온 것에 주목하는 경우가 많다(Dupere et al., 2018). 하지만 학생은 최근에 나타난 어떤 요인 때문에 갑자기 자퇴할 수도 있다. 즉, 학생은 최근에 겪은 매우 어려운 상황 때문에, 자퇴하기로 결정할 수 있다(노병일, 2022c).

그러므로 학생이 학교에서 생활하는 동안에 늦게 나타나는 상황도 자퇴와 관련될 수 있다. 결국, 최근에 학생에게 스트레스를 유발하는 요인도 자퇴를 유발하는 요인이 될 수 있다. 이 경우, 이런 요인은 학생이 자퇴하는 것과 관련해 다음과 같은 방식으로 영향을 미칠 수 있다(Dupere et al., 2018).

① 이전부터 존재한 불리한 상황과는 상관없이 영향을 미칠 수 있다.

② 이전부터 존재한 불리한 상황과 함께 영향을 미칠 수 있다.

한편, 학생 자신이 유발할 가능성이 적은 사건조차도 자퇴와 관련될 수 있다. 예를 들어, 일부 학생은 다음과 같은 상황을 겪은 후에 얼마 있다가 자퇴할 수 있다(Dupere et al., 2018).

① 친한 친구가 자살하였다.

② 정신건강문제를 겪고 있는 아버지가 정신건강문제 때문에 직장에서 해고되었다.

Points

- 일반적으로 학생에게 무단결석을 유발하는 요인은 개인과 관련된 요인, 가족과 관련된 요인, 학교와 관련된 요인, 기타 요인으로 구분할 수 있다.
- 학생에게 자퇴를 유발하는 요인에는 학교와 관련된 요인도 있고 학교와 관련되지 않은 요인도 있다.
- 학생은 자퇴하기 전에 자퇴할 낌새를 보여줄 수 있다. 자퇴는 서서히 진행되는 경우가 많다.

4. 무단결석과 자퇴가 미치는 영향

1) 무단결석이 미치는 영향

무단결석은 학생 개인, 학생의 가족, 학생이 다니는 학교, 사회, 국가에 부정적인 영향을 미치고 있다.

(1) 학생에게 미치는 영향

학생의 무단결석은 학생과 관련된 여러 영역에서 부정적인 영향을 미칠 가능성이 크다(노병일, 2022c; National Center for Mental Health Promotion and Youth Violence Prevention, 2012; Dahl, 2016; Baker, Sigmon & Nugent, 2001; Gentle-Genitty et al., 2015; U.S. Department of Education, 1996).

(가) 학습과 관련된 영역에서 미치는 영향

무단결석은 학습과 관련된 영역에서 학생에게 부정적인 영향을 미치고 있다. 예를 들어, 무단결석을 하지 않은 학생에 비해서, 무단결석을 하는 학생은 다음과 같은 상황에 놓일 가능성이 더 큰 것으로 알려져 있다.

① 성적이 좋지 않다.

② 다음 학년으로 제때 올라가지 못한다.

③ 퇴학을 당한다.

④ 학교를 졸업하지 못한다.

(나) 문제 행동과 관련된 영역에서 미치는 영향

무단결석은 행동과 관련된 영역에서 학생에게 부정적인 영향을 미치고 있다. 무엇보다도, 무단결석한 학생은 사회의 가치에 어긋나는 행동에 관여할 가능성이 크다. 따라서 무단결석은 다른 청소년문제를 유발하는 요인이 될 수 있다.

무단결석 때문에 학생이 겪을 수 있는 상황을 몇 가지 제시하면 다음과 같다.

① 약물을 사용한다.

② 집단으로 모여 폭력을 사용하는 활동에 관여한다.

③ 심각한 범죄 행위에 관여한다. 이런 행위의 예로 물건을 훔치는 것, 강도질을 하는 것이 있다.

④ 자살을 생각하거나, 자살을 시도한다.

⑤ 이른 나이에 성행위를 한다.

⑥ 학교를 자퇴한다.

특히 무단결석은 청소년이 범죄 행위에 가담하는 출발점이 될 수도 있다. 실제로 미국 교육부의 경우, 청소년의 무단결석은 범죄로 나가게 되는 문이라고 주장한 바 있다.

(다) 심리와 관련된 영역에서 미치는 영향

무단결석은 심리와 관련된 영역에서 학생에게 부정적인 영향을 미치고 있다. 예를 들어, 무단결석은 청소년이 다음과 같은 상황에 있는 것과 관련되고 있다.

① 자신을 가치 있는 존재로 크게 생각하지 않는다.

② 사회적으로 고립된다.

(라) 성인기와 관련된 영향

학생의 무단결석은 학생에게 장기적으로 부정적인 영향을 미치고 있다. 따라서 무단결석을 자주 하는 것은, 학생이 자라서 나중에 성인이 되었을 때도 부정적인 영향을 미치게 된다.

우선, 일반 학생에 비해서, 청소년기에 무단결석을 자주 한 학생은, 나중에 성인기에 행동하고 적응하는 데 어려움을 더 크게 겪는 경우가 많은 것으로 알려져 있다. 또한 청소년기에 무단결석을 자주 한 것은, 나중에 성인기에 다음과 같은 상황에 놓이는 것과 관련이 있는 것으로 알려져 있다.

① 폭력을 사용한다.

② 결혼한 경우, 부부 사이의 관계가 좋지 않다.

③ 질이 좋은 유급 일자리를 찾는 데 어려움을 겪는다.

④ 범죄 행위에 가담한다.

그리고 일반 성인에 비해서, 청소년기에 무단결석을 자주 한 성인은 다음과 같은 상황에 놓일 가능성이 훨씬 더 큰 것으로 알려져 있다.

① 일반적인 건강과 정신건강이 좋지 않다.

② 유급 일자리에서 얻는 소득이 적다.

③ 빈곤한 상태에서 산다.

④ 국가가 취약층에게 제공하는 복지 혜택에 크게 의존한다.

⑤ 자녀가 사회의 가치에 어긋나는 행동을 한다.

(2) 가족에게 미치는 영향

학생이 무단결석을 자주 할 경우, 이런 상황을 지켜보는 부모나 기타 가족구성원은 안타깝고 답답할 수밖에 없다. 이런 상황에서 부모나 기타 가족구성원은 학생에게 학교를 매일 꾸준히 다니라고 강력하게 요청할 가능성이 크다. 이런 상황이 반복되면, 학생과 가족구성원 사이에 갈등하는 관계가 형성될 수 있다. 따라서 학생이 무단결석을 자주 할 경우, 학생과 가족구성원 사이의 관계가 좋지 않은 방향으로 나아갈 가능성이 크다.

(3) 사회와 국가에 미치는 영향

무단결석을 자주 하는 것은 학생이 살고 있는 사회와 국가에도 부정적인 영향을 미치고 있다.

▲ 시골 마을의 학교버스 안내 표지: 무단결석을 자주 하는 것은 학생이 사는 사회와 국가에도 부정적 영향을 미친다.

[출처: 독일에서 저자 촬영]

2) 자퇴가 미치는 영향

학생이 자퇴하는 것은 학생 개인, 학생의 가족, 사회, 국가에 부정적인 영향을 미치고 있다(노병일, 2022c; Dupere et al., 2018; Dowrick, 2003).

(1) 학생에게 미치는 영향

학생이 학교를 자퇴하는 것은 학생에게 매우 부정적인 영향을 미치고 있다. 이것은 오늘날과 같이 과학기술과 기타 전문적 지식이 발달한 시대에 특히 그렇다. 왜냐하면 오늘날과 같이 복잡한 사회에서 질이 좋은 유급 일자리에서 일하기 위해서는 기본적인 지식이 필요하기 때문이다.

그리고 학생의 자퇴는 고용 영역 이외의 여러 가지 영역에서도 불리하게 작용할 가능성이 크다. 예를 들어, 학교를 제대로 졸업한 학생에 비해서, 자퇴한 학생은 나중에 다음과 같은 상황에 놓일 가능성이 더 큰 것으로 알려져 있다(National Center for Mental Health Promotion and Youth Violence Prevention, 2012; Bridgeland, Dilulio & Morison, 2006; Baker, Sigmon & Nugent, 2001; Dowrick, 2003).

① 일자리를 구하지 못한다.
② 일자리를 얻었을 때 임금이 적다. 그리고 자신의 능력보다 더 낮은 수준의 일자리에서 일한다.
③ 소득이 적거나 빈곤한 상태에서 산다.
④ 범죄 활동에 관여한다.
⑤ 교도소와 같은 시설에 들어가 있다.
⑥ 일찍 사망한다.
⑦ 건강이 좋지 않다.
⑧ 이혼한다.
⑨ 한부모가 된다. 이 경우, 자신의 자녀도 학교를 자퇴할 가능성이 크다.

앞에서 제시한 예에서 알 수 있듯이, 자퇴한 청소년은 다양한 영역에서 좋지 않은 상황을 계속해서 경험할 가능성이 크다. 따라서 자퇴한 청소년은 나중에 여러 가지 측면에서 불리할 가능성이 크다. 결국, 자퇴는 학생 개인의 삶의 질을 더 좋지 않게 하는 요인이 될 수 있다(Dupere et al., 2018; Dowrick, 2003). 이런 탓에, 자퇴한 학생은 성인이 되어서 삶의 질의 수준이 더 낮아질 가능성이 크다.

(2) 가족에게 미치는 영향

학생이 자퇴할 경우, 부모를 포함한 모든 가족구성원은 자퇴한 학생의 미래에 대해 걱정하게 된다. 자퇴한 학생이 검정고시를 준비하거나 또는 자신의 적성을 살리는 활동을 하기로 결정할 경우, 가족구성원은 걱정을 덜 할 수 있다. 그러나 그렇지 않을 경우, 가족구성원은 자퇴한 학생의 행동과 활동에 대해 더 관심을 가지게 된다.

무엇보다도 가족구성원은 자퇴한 학생이 가정 밖에서 사회의 가치에 어긋나는 행동에 관여할까 봐 걱정할 가능성이 크다. 그리고 이런 과정에서 가족구성원(특히 부모)은 자퇴한 학생의 일상생활에 대해서 관여하면서 잔소리를 할 가능성이 있다. 이렇게 될 경우, 자퇴한 학생과 가족구성원 사이의 관계가 좋지 않게 될 수 있고, 그 결과로 전체적인 가정 분위기가 좋지 않게 될 수 있다.

(3) 사회와 국가에 미치는 영향

자퇴한 학생의 비율이 높은 것은 사회와 국가에도 매우 부정적인 영향을 미치고 있다. 예를 들어, 학생이 자퇴한 후에 폭력적 행동이나 범죄 행위에 관여할 경우, 사회와 국가는 그에 대해 피해를 보거나 비용을 부담하여야 한다(노병일, 2022c).

학생의 자퇴가 사회와 국가에 부정적인 영향을 미치는 예를 구체적으로 제시하면 다음과 같다(Bridgeland, Dilulio & Morison, 2006; Dowrick, 2003).

① 미래에 일할 근로자의 교육 수준이 낮아지기 때문에, 근로자의 생산성이 낮아질 수 있다.

② 자퇴한 후에 문제를 겪는 성인에게는 의료 서비스와 사회 서비스가 더 많이 필요하기 때문에, 사회와 국가는 비용을 더 많이 부담할 수 있다.

결국, 학생의 전체 생애를 따져볼 경우, 학생의 자퇴는 사회와 국가에게 불리하게 작용할 가능성이 크다. 예를 들어, 학교에 다니다가 자퇴한 청소년은 자신이 살아가는 동안에 임금을 적게 받고, 국가에 세금을 적게 내고, 일자리에서 생산성이 낮아질 수 있다(National Center for Mental Health Promotion and Youth Violence Prevention, 2012). 따라서 장기적으로 볼 때, 학생의 자퇴는 사회와 국가 전체에 매우 부정적인 영향을 미칠 수 있다.

▲ 청소년이 다니는 학교의 모습 : 청소년 자퇴는 청소년 개인과 가족과 사회·국가에 부정적 영향을 미친다.

[출처: 싱가포르에서 저자 촬영]

Points

- 무단결석은 단기적·장기적으로 학생에게 부정적 영향을 미친다.
- 자퇴는 학생 개인, 사회, 국가에 부정적 영향을 미친다.

5. 학교사회복지사의 역할

1) 일반적 역할

(1) 꾸준한 파악 관련

학생의 무단결석이나 자퇴를 예방하기 위해서는, 학생의 상황을 꾸준히 파악하는 것이 중요하다. 그러므로 학교사회복지사는 학생의 상황을 꾸준히 파악해서 개입할 수 있다.

예를 들어, 학교사회복지사는 학교를 계속해서 결석하는 학생에 대해 다음과 같이 할 수 있다(Baker, Sigmon & Nugent, 2001).

① 무단결석을 하는 근본적인 원인을 파악한다.
② 개입할 방안을 짠다.
③ 무단결석이 더 심각하고 폭력적인 행동을 하는 방향으로 나아가는 것을 예방한다.

특히 자퇴는 갑자기 진행되는 것이 아니라 오랜 기간에 걸쳐서 서서히 진행되는 것으로 알려져 있다. 이런 탓에, 학교출석과 관련된 문제를 해결하기 위해서는 자퇴할 가능성을 보여주는 상황(신호)을 꾸준히 파악하는 것이 중요하다(노병일, 2022c).

그러므로 학교사회복지사의 경우, 무단결석을 하거나 자퇴할 가능성이 있는 학생을 일찍 파악해 장기적으로 개입할 수 있다(노병일, 2022c).

(2) 학교 환경의 개선 관련

학교의 일반적 환경을 더 좋게 하는 것은 학생의 무단결석이나 자퇴를 예방하는 데 크게 도움을 줄 수 있다. 왜냐하면 학생이 다음과 같이 인식할 경우, 학생이 학교에 가기를 꺼릴 가능성이 더 줄기 때문이다(National Center for Mental Health Promotion and Youth Violence Prevention, 2012).

① 학교가 안전하다.

② 학교가 편하다.

③ 학교는 학생들을 따뜻하게 보살핀다.

④ 학교는 학생에게 유익하고 의미가 있는 활동을 제공한다.

▲ 시골의 학교: 학교의 일반적 환경을 더 좋게 하는 것은 학생의 무단결석이나 자퇴를 예방하는 데 크게 도움을 준다.

[출처: 베트남에서 저자 촬영]

그러므로 학교사회복지사는 학교의 일반적 환경을 좋게 하는 데 적극적으로 관여할 수 있다.

(3) 포용적 접근방식의 적용 관련

무단결석이나 자퇴와 관련해서는 포용적인 접근방식을 취할 필요가 있다. 이것은 무단결석의 경우에 특히 그렇다.

대부분의 국가에서는 일정한 나이에 이른 청소년은 학교에 의무적으로 다니도록 되어 있다. 따라서 학교의 경우, 무단결석하는 학생에 대해서는 학교의 규정을 근거로 제시하면서 처벌하려고 할 수 있다. 그러나 그동안의 연구에서는, 학생의 무단결석에 대해 엄격하게 처벌하는 방식은 기대한 것만큼 효과가 있는 것으로 나타나고 있지 않다.

더구나 무단결석을 한 학생을 유급시키거나 퇴학시키는 방식을 취할 경우, 이런 학생이 학교를 더 꺼리게 하는 식으로 영향을 미칠 수 있다. 그리고 무단결석을 한 학생을 유급시키거나 퇴학시킬 경우, 이런 학생은 학교 공부를 제대로 하지 않게 될 가능성이 크다. 따라서 무단결석을 한 학생을 유급시키거나 퇴학시키는 방식은, 이런 학생이 학교에 다니게 하는 데 도움이 되지 않는 것으로 알려져 있다. 실제로, 무단결석을 한 학생을 엄격하게 다루는 방식 때문에, 학생이 사회의 가치에 어긋나는 행동을 더 하고 또한 자퇴를 더 한 것으로 나타난 경우도 있다(National Center for Mental Health Promotion and Youth Violence Prevention, 2012).

이런 탓에, 무단결석을 예방하는 데 있어 효과적인 접근방식은 무단결석을 한 학생을 포용하는 접근방식이다. 실제로 여러 연구에서는, 학생을 학교에 출석하게 하는 데 있어 가장 효과적인 방안은 무단결석에 대해 처벌하는 방안이 아니라, 학생이 학교에 출석을 더 하도록 포용하며 장려하는 방안인 것으로 나타나고 있다(National Center for Mental Health Promotion and Youth Violence Prevention, 2012).

그러므로 학교와 전문가의 경우, 무단결석을 한 학생을 처벌하기보다는 포용하는 접근방식을 취하면서, 학생이 출석을 더 잘 하도록 도와줄 수 있다.

2) 구체적 역할

(1) 가족구성원 관련

(가) 부모와 학교의 교류

많은 학생은 학교를 계속 다니게 하는 데 도움이 되는 중요한 요인으로, 부모와 학교가 더 나은 방식으로 서로 교류하는 것을 제시한 바 있다. 따라서 부모와 학교 사이에 서로 교류하는 것은 중요하다.

그러므로 학교사회복지사는 학교와 부모가 서로 자주 교류하는 데 도움을 줄 수 있다(노병일, 2022c). 특히 학교사회복지사의 경우, 학생의 부모가 학생의 무단결석에 관해 교사와 직원에게 편하게 이야기하는 것과 관련해 도움을 줄 수 있다(BBC, 2014).

(나) 가족구성원의 교육 관여

가족구성원이 학생의 교육에 관심을 가지고 관여할 경우, 학생이 자퇴할 가능성은 줄어들게 된다. 이것은 소득 수준이 낮은 가족이나 소득 수준이 낮은 지역사회에서 사는 가족의 경우에 특히 그렇다. 실제로, 소득 수준이 낮은 지역사회를 대상으로 연구한 결과, 가족구성원이 교육을 중요하게 인식하는 정도는 학생이 자퇴를 꺼리게 하는 요인인 것으로 나타난 바 있다(Dowrick, 2003).

이 경우, 가족구성원들 중에서 특히 중요한 인물은 학생의 부모이다. 부모가 학생의 교육에 더 많이 관여할수록, 학생이 학교에 출석하고 학교생활을 즐길 가능성은 더 커지게 된다(BBC, 2014). 실제로, 많은 학생은 학교를 계속 다니게 하는 데 도움이 되는 중요한 요인으로, 부모가 학생의 교육에 더 많이 관여하는 것을 제시한 바 있다.

그리고 그동안의 연구에 따르면, 부모가 학교나 교육에 관여하는 것은 학생이 학교에 계속 다니게 하는 데 긍정적인 영향을 미치고 있다. 이것은 학생의 성적이 좋지 않을 경우에도 그렇다(Dowrick, 2003). 따라서 부모가 교육에 더 관여할 경우, 학교 성적이 좋지 않은 학생이 자퇴할 가능성은 크게 낮아질 수 있다.

그러므로 학교사회복지사의 경우, 학생의 부모와 기타 가족구성원이 학생의 교육에 더 많이 관심을 가지고 더 많이 관여하는 데 도움을 줄 수 있다(노병일, 2022c). 이 경우, 학교사회복지사는 특히 부모가 학생의 교육에 더 많이 관여하는 데 도움을 줄 수 있다.

(2) 교사와 직원 관련

학교의 교사와 직원은 학생의 상황을 가까이에서 자주 볼 수 있는 주요한 인물에 속하고 있다. 따라서 학교의 교사와 직원의 역할은 매우 중요하다(노병일, 2022c).

학교사회복지사의 경우, 학생에게 스트레스를 유발하는 요인 때문에 자퇴가 더 발생할 수 있다는 점을 잘 알고 있다. 따라서 학교사회복지사는 다음과 같이 할 수 있다(Dupere et al., 2018).

① 크게 어려움을 겪는 취약한 학생에게는 추가로 더 도와준다.

② 문제를 겪은 적이 전혀 없는 것처럼 보이지만, 현재 일시적으로 위험한 상태에 있는 학생을 더 적극적으로 파악한다.

그리고 일부 학생은 스트레스를 크게 받고 있음에도 불구하고, 자퇴할 때까지 학교를 항상 출석할 수도 있다. 따라서 지각이나 출석에 관한 자료나 기타 행정적인 자료를 교사에게 제공하는 방법은, 취약한 모든 학생을 제때 파악하는 데 크게 도움을 주지 않을 수도 있다(Dupere et al., 2018). 이런 탓에, 학교는 학생의 지각이나 출석에 관한 최신 자료를 교사에게 제공하는 것 이외의 여러 조치도 취할 필요가 있다. 이 경우, 학교사회복지사는 학교에서 이와 관련해 나름의 역할을 할 수 있다.

Points

- 학교사회복지사의 일반적 역할로 학생 상황을 꾸준히 파악하는 것과 관련된 역할, 학교 환경을 개선하는 것과 관련된 역할, 포용적 접근방식을 적용하는 것과 관련된 역할이 있다.
- 학교사회복지사의 구체적 역할로 가족구성원과 관련된 역할, 교사 및 직원과 관련된 역할이 있다.

6. 학교출석과 관련해 고려할 점

1) 여러 요인의 고려

학생의 무단결석이나 자퇴는 여러 가지 요인이 합쳐져서 발생하는 경우가 많다. 초기의 연구에서는, 학생 개인과 관련된 요인이나 가족과 관련된 요인이나 학교와 관련된 요인 때문에 무단결석이 발생한다고 보는 경우가 많았다. 그러나 최근의 연구에서는, 이런 모든 요인이 합쳐져서 무단결석을 유발한다고 보는 경우가 많다 (Truancy Prevention, 2015).

이런 탓에, 학교출석에 관심을 가진 전문가와 학자의 경우, 특정한 한 가지 요인에만 주목하는 접근방식에 반대하고 있다. 그 대신에, 이런 전문가와 학자의 경우, 학습과 관련된 여러 가지 욕구와 기타 다양한 욕구를 충족하고자 하는 통합적 접근방식을 취하는 경향이 있다(Dupere et al., 2018). 그러므로 학교사회복지사는 학생의 학교출석과 관련된 문제에 집근하는 네 있어, 여러 가지 요인을 함께 고려할 필요가 있다.

2) 학생과 부모 사이의 대화

무단결석을 예방하는 가장 중요한 방법은, 부모가 학생의 학교생활에 관심을 가지는 것이다.[3] 따라서 학생의 무단결석을 가장 효과적으로 예방하는 방법은, 학생의 학교생활에 대해 부모와 학생이 이야기를 나누는 시간을 항상 갖는 것이다(BBC, 2014).

그러므로 학교사회복지사는 학생과 부모가 서로 꾸준히 대화하는 데 주목할 필요가 있다.

> Points
>
> • 학교출석과 관련해 고려할 점으로 여러 요인을 고려하는 것과 관련된 측면, 학생과 부모 사이의 대화와 관련된 측면이 있다.

3) 이에 관해서는 앞에서 이미 설명한 바 있다.

Chapter 11

학교폭력*

1. 학교폭력에 대한 관심의 필요성
2. 학교폭력의 정의와 형태
3. 학교폭력의 실태
4. 학교폭력의 특징과 관련자
5. 학교폭력을 유발하는 요인
6. 학교폭력을 하거나 겪었을 가능성을 보여주는 상황
7. 학교폭력이 미치는 영향
8. 학교폭력의 예방
9. 학교폭력에 대한 신고와 개입
10. 학교사회복지사의 역할
11. 학교폭력과 관련해 고려할 점

1. 학교폭력에 대한 관심의 필요성

폭력은 모든 사회에서 발생하고 있다. 사회를 구성하고 있는 제도의 하나인 학교도, 이 점에서 예외가 될 수 없다. 따라서 폭력은 학교에서도 발생하고 있다. 그러나 학교폭력은 청소년에게 휘두르는 폭력 형태들 중에서 가장 겉으로 드러나는 형태의 폭력에 속하고 있다(Council of Europe, 2021). 학교폭력은 학교가 위치한 지역에 상관없이 발생하고 있다. 예를 들어, 학교폭력은 부유한 학생들이 많은 학교, 중산층 학생들이 많은 학교, 빈곤한 학생들이 많은 학교 어디에서나 발생하고 있다(Tinerella, 2012).

그리고 학교폭력은 모든 국가에서 발생하고 있다. 따라서 학교폭력은 세계적으로 발생하는 현상이 되고 있다. 이런 탓에, 많은 국가에서 학교폭력은 사회문제가 되고 있다(노병일, 2022c). 예를 들어, 우리나라와 미국의 학교에서 학교폭력은 자주 발생하는 사회문제가 되고 있다.

학교폭력은 학교에 다니는 학생의 삶의 질과 학습에 부정적인 영향을 미치고 있다. 또한 심각한 학교폭력은 살인을 유발할 수도 있다(노병일, 2022c; Twemlow, Fonagy & Sacco, 2001; Zastrow, 2010). 이런 탓에, 학교폭력은 학생과 학교에 매우 부정적인 영향을 미치고 있다. 이와 더불어, 학교폭력은 사회 전체에도 부정적인 영향을 미치고 있다.

또한 학교폭력은 학교가 제 역할을 하는 데 걸림돌이 되고 있다. 왜냐하면 학교에 다니는 청소년이 학교에서 폭력을 경험하는 사례가 많을 경우, 학교는 배우고 교류하는 공간의 역할을 제대로 할 수 없기 때문이다(Ferrara, Franceschini, Villani & Corsello, 2019).

---

* 본 장에서는 '학교폭력'이라는 용어를 사용하나, '괴롭힘(bullying)'도 많이 다루고 있다. 따라서 본 장의 경우, 학교폭력에 관해 일반적인 내용을 다룰 때는 '학교폭력'이라고 표현하고, 괴롭힘을 많이 다룰 때는 '괴롭힘' 또는 '학교폭력(괴롭힘)'이라는 식으로 표현한다.

▲ 학교 입구에 걸린 학교폭력 관련 현수막: 많은 국가에서 학교폭력은 사회문제에 속한다.

[출처: 대만과 우리나라에서 저자 촬영]

이런 상황 때문에, 2019년에 유네스코UNESCO는 11월의 첫째 목요일을 '세계 학교폭력 · 괴롭힘 추방의 날International day against violence and bullying at school including cyberbullying'로 정한 바 있다. 그러므로 학교의 모든 구성원은 학교에서 발생하는 폭력적인 행위에 관심을 가질 필요가 있다. 그리고 당연하게 학교사회복지에서도 학교폭력을 없애는 데 관심을 가질 필요가 있다.

Points

- 학교폭력은 학생과 학교와 사회에 부정적 영향을 미친다. 따라서 학교사회복지에서는 학교폭력에 대해 관심을 가질 필요가 있다.

2. 학교폭력의 정의와 형태

1) 학교폭력 및 관련 용어의 정의

(1) 학교폭력의 정의

문자 그대로, 학교폭력은 학교에서 나타나는 폭력적 행위를 말한다. 그러나 학교폭력에 관해서는 더 구체적으로 정의할 수 있다. 그동안 학교폭력에 관해 정의한 것을 몇 가지 제시하면 다음과 같다(국가법령정보센터, 2024; Division of Violence Prevention, 2016; Centers for Disease Control and Prevention, 2021; Astor, Benbenishty & Estrada, 2011).

① 애스터Astor 등에 따르면, 학교폭력은 학교나 학교 주위에서 학생과 교사에게 신체적·정서적으로 해를 끼치고 학교 재산에 해를 끼치기 위한 여러 가지 의도적인 행동이라고 정의하는 경우가 많다.

② 미국의 폭력예방센터에 따르면, 학교폭력은 학교 건물이나 학교 내부의 기타 공간이나 학교가 후원하는 행사장에서 발생하는 청소년 폭력이나, 학교나 학교에서 후원하는 행사장을 오가는 도중에 발생하는 청소년 폭력을 말한다.

③ 미국의 질병통제·예방센터에 따르면, 학교폭력은 학습을 방해하는 폭력적 행동을 말한다.

④ 우리나라의 「학교폭력예방 및 대책에 관한 법률」[1]에 따르면, 학교폭력은 "학교 내외에서 학생을 대상으로 발생한 상해,[2] 폭행, 감금, 협박, 약취·유인,[3] 명예훼손·모욕, 공갈,[4] 강요·강제적인 심부름 및 성폭력, 따돌림, 사이버폭력 등에 의하여 신체·정신 또는 재산상의 피해를 수반하는[5] 행위"를 말한다.

---

1) 이 법은 줄여서 「학교폭력예방법」이라고 부르고 있다.
2) 상해는 "남의 몸에 상처를 내어 해를 끼[치는 것]"을 말한다(국립국어원 표준국어대사전, 2024).
3) 약취는 "폭행이나 협박 따위의 수단으로 타인을 자기의 실력적 지배 아래 [두는 것]"을 말하고, 유인은 "주의나 흥미를 일으켜 꾀어[내는 것]"을 말한다(국립국어원 표준국어대사전, 2024).
4) 공갈은 "공포를 느끼도록 윽박지르며 을러[대는 것]"을 말한다(국립국어원 표준국어대사전, 2024).
5) 수반은 따르게 하는 것을 말한다(국립국어원 표준국어대사전, 2024).

정리하건대, 학교폭력은 학교의 내부나 외부에서 학생이나 교사에게 신체적·정서적으로 해를 끼치거나 재산에 피해를 주는 행위라고 볼 수 있다.

(2) 괴롭힘의 정의

학교폭력과 관련해서는 여러 가지 측면에 주목하고 있다. 그러나 학교폭력과 관련해 가장 일반적으로 강조하는 측면의 하나는 괴롭힘bullying이다. 그동안 괴롭힘에 관해 정의한 것을 몇 가지 제시하면 다음과 같다(국가법령정보센터, 2024; American Psychological Association, 2015; Tokunaga, 2010).

① 미국 심리학회에 따르면, 괴롭힘은 어떤 사람이 다른 사람에게 의도적이고 계속해서 해를 끼치거나 불편하게 만드는 공격적 행동의 한 형태를 말한다.

② 올베우스Olweus에 따르면,[6] 괴롭힘은 한 사람이나 집단이 다른 사람을 해치거나 불편하게 하려는 의도를 가지고 '부정적 행동'을 하는 것을 말한다.

③ 우리나라의 「학교폭력예방 및 대책에 관한 법률」에 따르면, 따돌림은[7] "학교 내외에서 2명 이상의 학생들이 특정인이나 특정집단의 학생들을 대상으로 지속적이거나 반복적으로 신체적 또는 심리적 공격을 가하여 상대방이 고통을 느끼도록 하는 모든 행위"를 말한다.

정리하건대, 괴롭힘은 어떤 사람이나 집단이 특정한 사람에게 의도적이고 계속해서 해를 끼치거나 고통을 주는 행위라고 볼 수 있다.

그리고 최근 들어서 사이버괴롭힘cyberbullying도 자주 발생하고 있다. 그동안 사이버괴롭힘에 관해 정의한 것을 몇 가지 제시하면 다음과 같다(국가법령정보센터, 2024;

---

6) 올베우스는 괴롭힘을 처음으로 체계적으로 연구한 사람이다.

7) 우리나라의 학교폭력에 관한 법(영어판)에서는 '따돌림'을 bullying으로 번역하고 있다. 그러나 bully는 약한 자를 들볶는다는 의미를 지니고 있다. 이런 탓에, bullying을 '따돌림'보다는 '괴롭힘'으로 번역하는 것이 원래의 뜻에 더 맞는 것으로 보인다(노병일, 2022c). 그러므로 본 장에서는 가능하면 bullying을 '괴롭힘'으로 번역한다.

UNICEF, 2021a; Elledge, Williford, Boulton, Depaolis & Little, 2013).

① 유니세프UNICEF에 따르면, 사이버괴롭힘은 정보통신 기술을 사용하는 것으로서, 상대방을 겁내게 하거나 화나게 하거나 수치스럽게 하기 위한 반복적 행동을 말한다.

② 엘리쥐Elledge 등에 따르면, 사이버괴롭힘은 컴퓨터, 이동전화, 기타 전자통신 도구를 사용해서 피해자를 계속해서 괴롭히는 것을 말한다.

③ 우리나라의 「학교폭력예방 및 대책에 관한 법률」에서는 '사이버폭력'이라는 용어를 사용한다. 이 법에 따르면, 사이버폭력은 "정보통신망을 이용하여 학생을 대상으로 발생한 따돌림과 그 밖에 신체 · 정신 또는 재산상의 피해를 수반하는 행위"를 말한다.

정리하건대, 사이버괴롭힘(폭력)은 정보통신 기술이나 정보통신 기구를 사용해 상대방에게 계속해서 피해를 주는 행위라고 볼 수 있다.

2) 학교폭력의 형태

학교의 내부나 외부에서 발생하는 폭력의 형태에는 여러 가지가 있다. 이 경우, 학교폭력의 형태는 몇 가지 기준에 따라 분류할 수 있다. 학교폭력의 형태를 분류하는 기준으로 구체적 행위, 전자매체의 이용을 들 수 있다.

(1) 구체적 행위에 따른 분류

학교폭력의 형태는 구체적으로 하는 행위에 따라 분류할 수 있다(American Psychological Association, 2015). 구체적 행위에 따른 학교폭력(괴롭힘)의 형태로 신체적 접촉을 통해 괴롭히는 것, 언어를 통해 괴롭히는 것, 더 교묘한 행동으로 괴롭히는 것이 있다.

학교폭력을 보여주는 구체적 행위를 몇 가지 제시하면 다음과 같다(노병일, 2022c; Centers for Disease Control and Prevention, 2021; Pedro, 2012; Tinerella, 2012; Capp, Moore,

Pitner, Iachini, Berkowitz, Astor & Benbenishty, 2017; Council of Europe, 2021).

① 때린다. 이런 예로 주먹으로 치는 것, 찰싹 때리는 것, 발로 차는 것이 있다.

② 사회적으로 고립시킨다.

③ 환영 행사와 같은 것을 위협적인 분위기에서 실시하거나, 체벌을 하는 식으로 진행한다.

④ 돈을 빼앗기 위해 말로 협박한다.

⑤ 밀친다.

⑥ 학교에서 싸움을 건다.

⑦ 인간의 생명을 위협할 수 있는 도구를 소유하거나 사용한다.

⑧ 물건을 훔치거나 부순다.

⑨ 성희롱이나 성폭행을 한다.

⑩ 모욕을 준다.

⑪ 무서운 이야기를 한다.

⑫ 교사나 직원이 학대한다.

⑬ 집단으로 폭력을 휘두른다.

⑭ 인종차별을 하며 괴롭힌다.

(2) 전자매체의 이용에 따른 분류

학교폭력은 사람과의 관계에서 직접적으로 발생할 수도 있고, 기술을 통해 간접적으로 발생할 수도 있다(Adolescent and School Health, 2015). 오늘날과 같이 정보통신 기술이 발달한 사회에서는, 전자매체를 사용한 형태의 학교폭력(괴롭힘)도 자주 발생하고 있다.

그러므로 학교폭력(괴롭힘)의 형태는 전자매체를 이용하는지에 따라서 전통적 폭력(괴롭힘)과 사이버폭력(괴롭힘)으로 분류할 수 있다. 오늘날에는 사이버폭력(괴롭힘)도 중요한 형태의 학교폭력이 되고 있다.

Points

- 학교폭력은 학교의 내부·외부에서 학생이나 교사에게 신체적·정서적으로 해를 끼치거나 재산에 피해를 주는 행위이다. 괴롭힘은 어떤 사람이나 집단이 특정한 사람에게 의도적이고 계속해서 해를 끼치거나 고통을 주는 행위이다. 사이버괴롭힘(폭력)은 정보통신 기술이나 정보통신 기구를 사용해 상대방에게 계속해서 피해를 주는 행위이다.
- 학교폭력의 형태를 분류하는 기준으로 구체적 행위, 전자매체의 이용을 들 수 있다. 학교폭력(괴롭힘)의 형태는 전자매체를 이용하는지에 따라서 전통적 폭력(괴롭힘)과 사이버폭력(괴롭힘)으로 분류할 수 있다.

3. 학교폭력의 실태

많은 국가에서 학교폭력이 발생하고 있다. 그러나 학교폭력이 발생하는 비율은 국가마다 차이가 나고 있다. 그리고 학교폭력이 발생하는 정도는 폭력의 형태, 학교의 특성, 학생의 특성, 시기에 따라 차이가 나고 있다(Centers for Disease Control and Prevention, 2021; Astor, Benbenishty & Estrada, 2011).

한편, 학교폭력은 여러 장소에서 발생하고 있다. 예를 들어, 학교폭력은 학교 운동장이나 학교 밖에서 발생할 수도 있고, 학교에서 집으로 가는 도중에 발생할 수도 있다. 따라서 학교폭력을 실제로 겪은 학생이 교사에게 자신이 학교폭력을 겪은 상황을 정확하게 이야기하는 것은 어려울 수 있다. 또한 교사는 학생이 다른 학생을 괴롭힐 때 사용하는 방식이나 표현과 같은 것을 잘 모를 수 있다.

그리고 학생들 중에서, 학교폭력과 관련해 성인에게 도움을 적극적으로 요청하는 학생은 드문 편이다. 또한 학생들 중에서, 학교폭력의 사례를 학교의 교사나 직원에게 적극적으로 신고하는 학생은 드문 편이다(Centers for Disease Control and Prevention, 2021; Ferrara et al., 2019; World Health Organization, 2019a).

그러므로 앞에서 제시한 여러 가지 상황 때문에, 학교폭력의 실태를 정확하게 파악하는 것은 쉽지 않다.

Points

- 많은 국가의 여러 장소에서 학교폭력이 발생한다. 그러나 학교폭력의 실태를 파악하기는 어렵다.

4. 학교폭력의 특징과 관련자

1) 학교폭력의 특징

학교폭력(괴롭힘)은 계속해서 발생하는 학대나 희롱의 한 형태라고 볼 수 있다. 따라서 학교폭력은 다음과 같은 특징을 지니고 있다(Frey & Walker, 2007).

① 가해자와 피해자 사이에 힘이나 신체적 능력에서 차이가 난다.

② 괴롭히는 행위가 반복된다.

③ 가해자는 피해자에게 의도적으로 해를 끼치려 한다.

그리고 학교폭력의 가해자는 피해자를 사회적으로 고립시키기 위해 학교폭력을 하는 경우가 많다. 이때, 가해자가 피해자를 사회적으로 고립시키기 위해서 학교의 내부·외부에서 폭력을 사용하는 이유를 몇 가지 제시하면 다음과 같다(Pedro, 2012).

① 학교폭력은 피해자를 괴롭히는 과정에 누구도 관여하지 못하게 하는 방법이기 때문이다.

② 학교폭력은 피해자에게 엄청난 두려움을 주기 때문이다. 즉, 학교폭력을 겪고 있다는 사실을 다른 사람에게 말할 수 없을 정도로, 학교폭력은 피해자에게 커다란 두려움을 주기 때문이다.

한편, 학교폭력을 겪는 모든 학교에는 은밀한 '권력관계power dynamic'가 존재하고 있다(Twemlow, Fonagy & Sacco, 2001). 따라서 학교폭력은 더 강하고 더 지배적인 성격을 지닌 사람이 더 약하고 더 소극적인 성격을 지닌 사람에게 강요하는 상황을 포함하는 경우가 많다. 그러므로 학교폭력은 집단에서의 권력관계를 보여주고 있다. 이런 탓에, 학교폭력의 가해자와 피해자 사이에 본질적으로 힘(권력)에서 차이가 난다는 점은, 학교폭력을 유발하는 근본적인 요인이 되고 있다(Weisbrot, 2012; Elledge et al., 2013).[8]

▲ 학교폭력과 관련해 체험 중심의 교육 프로그램을 운영하는 청소년 경찰학교 : 학교폭력은 집단에서의 권력관계를 보여준다.

[출처: 저자 촬영]

8) 학교폭력을 유발하는 구체적 요인에 관해서는 뒤에서 설명한다.

2) 학교폭력의 관련자

학교폭력(괴롭힘)과 관련해 학생은 여러 가지 상황을 겪을 수 있다. 학교폭력(괴롭힘)과 관련해, 학생이 겪을 수 있는 상황을 몇 가지 제시하면 다음과 같다(노병일·노대겸, 2024).

① 학교폭력으로부터 피해를 본다. 즉, 학교폭력의 피해자(피해학생)이[9] 된다.

② 학교폭력을 한다. 즉, 학교폭력의 가해자(가해학생)이[10] 된다.

③ 학교폭력을 목격한다. 즉, 학교폭력의 목격자(목격학생)이 된다.

결국, 학교폭력과 관련해 학생은 피해자가 되거나 가해자가 되거나 목격자가 될 수 있다.

(1) 피해자

학교폭력의 피해자는 학교폭력을 당하는 학생을 말한다. 누구나 학교폭력의 피해자가 될 수 있다. 그러나 학교폭력의 피해자는 혼자 있을 때 자신을 보호하는 데 어려움을 크게 겪는 학생인 경우가 많다. 또한 일반 학생과는 다른 식으로 보이는 학생은 학교폭력을 더 자주 겪을 가능성이 있다. 학교폭력의 가해자가 자신과는 다르다고 인식하는 기준의 예로 성별, 외모, 장애, 인종, 성적 취향이 있다(Adolescent and School Health, 2015; Pedro, 2012).

(2) 가해자

학교폭력의 가해자는 피해자를 괴롭히는 사람을 말한다. 구체적으로 학교폭력의 가해자는 폭력적 행위를 통해, 다른 사람을 반복해서 학대하는 학생, 교사, 학교의

---

9) 우리나라의 「학교폭력예방 및 대책에 관한 법률」에 따르면, 피해학생은 "학교폭력으로 인하여 피해를 입은 학생"을 말한다(국가법령정보센터, 2024).

10) 우리나라의 「학교폭력예방 및 대책에 관한 법률」에 따르면, 가해학생은 "학교폭력을 행사하거나 그 행위에 가담한 학생"을 말한다(국가법령정보센터, 2024). 이때 행사는 어떤 일을 하는 것을 의미한다.

직원을 말한다(Twemlow, Fonagy & Sacco, 2001).

일반적으로 학교폭력의 가해자는 피해자와는 매우 반대되는 특성을 지니고 있다. 예를 들어, 학교폭력의 가해자는 다음과 같은 특성을 지니는 경우가 많다(Pedro, 2012).

① 자신감을 크게 가진다.

② 공격적이다. 학교폭력의 가해자가 공격적인 이유를 몇 가지 제시하면 다음과 같다.

　㉠ 가족관계가 갈등적이기 때문이다.

　㉡ 가족에서 공격적인 것을 허용하기 때문이다.

따라서 이런 가족에서 자란 학생은 자신이 하는 학교폭력을 후회할 가능성이 적다.

그리고 학교폭력의 가해자는 과거에 자신도 폭력을 경험한 적이 있는 경우가 많다(World Health Organization, 2019a).

(3) 목격자

학교폭력은 가해자와 피해자만 있는 상황에서 은밀하게 나타날 수도 있지만, 다른 사람이 있는 상황에서 나타날 수도 있다. 따라서 학교폭력을 목격하는 학생도 적지 않다(노병일, 2022c).

학교폭력이 발생하는 상황을 목격하는 학생은, 학교폭력의 가해자와 피해자 사이의 관계를 조정할 때 중요한 역할을 할 수 있다(Twemlow, Fonagy & Sacco, 2001).

Points

- 학교폭력(괴롭힘)은 계속해서 발생하는 학대나 희롱의 한 형태이다.
- 학교폭력을 유발하는 근본적 요인은 가해자와 피해자 사이에 본질적으로 힘(권력)에서 차이가 난다는 점이다.
- 학교폭력과 관련해, 학생은 피해자, 가해자, 목격자가 될 수 있다.

5. 학교폭력을 유발하는 요인

그동안 여러 학문 분야에서는 학교폭력을 유발하는 요인에 관해 연구해 왔다. 이런 연구에 따르면, 학교폭력을 유발하는 요인에는 여러 가지가 있다. 다만, 이런 요인이 존재한다고 해서, 학생이 항상 학교폭력에 가담하거나 학교폭력의 피해자가 되는 것은 아니다(Division of Violence Prevention, 2016; Centers for Disease Control and Prevention, 2021).

학교폭력을 유발하는 요인은 몇 가지 수준에서 살펴볼 수 있다. 이 경우, 학교폭력을 유발하는 요인은 개인과 관련된 요인, 가족과 관련된 요인, 학교와 관련된 요인, 사회와 관련된 요인으로 분류할 수 있다(노병일, 2022).

1) 개인과 관련된 요인

개인 수준의 요인은 학교폭력을 유발하는 요인이 되고 있다. 실제로 개인 수준의 요인은 일부 학생이 공격적 행동을 하는 데 영향을 미칠 수 있다. 예를 들어, 학생이 다음과 같은 상황에 있는 것은, 학생에게 학교폭력을 유발하는 요인이 될 수 있다(Pedro, 2012; Division of Violence Prevention, 2016).

① 집중하는 데 어려움을 겪는다.
② 자신을 가치 있는 존재로 생각하지 않는다.
③ 우울한 상태에 있다.
④ 이전에 폭력을 사용한 경험이 있다.
⑤ 알코올이나 담배나 기타 약물을 사용한다.

2) 가족과 관련된 요인

가족 수준의 요인은 학교폭력을 유발하는 요인이 되고 있다. 예를 들어, 다음과 같은 상황에 있는 학생은 학교폭력의 가해자가 될 가능성이 클 수 있다(Pedro, 2012).

① 부모나 기타 보호자가 가정에서 자녀를 제대로 돌보지 않는다.
② 부모나 기타 보호자가 가정에 대해 크게 관심을 가지지 않는다.

3) 학교와 관련된 요인

학교 수준의 요인은 학교폭력을 유발하는 요인이 되고 있다. 실제로, 학교폭력에 관한 이론에서는 학교폭력을 논의할 때 학교에도 주목하는 것이 실제적·이론적으로 중요하다는 점을 강조하고 있다(Astor, Benbenishty & Estrada, 2011).

학교 수준에서 학교폭력을 유발하는 요인을 몇 가지 제시하면 다음과 같다(Bickley-Green, 2007; Elledge et al., 2013; Astor, Benbenishty & Estrada, 2011).

① 학교의 규모와 학급의 규모가 있다. 학교의 규모와 학급의 규모는 학교에서 폭력이 발생하는 정도에 영향을 미칠 수 있다.
② 학급의 특성이 있다. 예를 들어, 학급의 분위기가 좋지 않은 것은 학교폭력이 더 발생하게 하는 식으로 영향을 미칠 수 있다.
③ 학교의 특성이 있다. 예를 들어, 학교의 분위기가 좋지 않은 것은 학교폭력이 더 발생하게 하는 식으로 영향을 미칠 수 있다.

그리고 학생이 학교에서 성적이 좋지 않은 것은 학교폭력을 유발할 수 있다(Division of Violence Prevention, 2016).

4) 사회와 관련된 요인

사회 수준의 요인은 학교폭력을 유발하는 요인이 되고 있다. 이런 요인과 관련된 좋은 예가 신문이나 방송과 같은 대중매체이다. 대중매체를 통해서, 학생은 폭력적 내용을 담은 이미지를 자주 볼 수 있다. 이 경우, 학생은 다음과 같이 인식할 가능성이 크다(Pedro, 2012).

① 자신이 겪는 갈등과 문제를 해결하기 위해 사람을 해치는 것은 정상적인 방법

이다.

② 힘이 센 사람은 옳은 사람이다.

학생이 이런 식으로 인식할 경우, 학생은 다른 사람의 고통에 대해 민감하지 않을 가능성이 커지게 된다. 그 결과, 이런 학생은 학교폭력에 관여할 가능성이 커지게 된다.

또한 지역사회 수준의 요인은 학교폭력을 유발하는 요인이 될 수 있다. 예를 들어, 폭력 사례가 많은 취약한 지역사회에 있는 학교에 다니는 학생은, 그렇지 않은 학생보다 학교폭력의 피해자가 되는 경우가 더 많은 것으로 알려져 있다(Astor, Benbenishty & Estrada, 2011; Division of Violence Prevention, 2016).

학교폭력을 겪을 가능성이 큰 학생

모든 학생은 학교폭력을 겪을 수 있다. 그러나 일부 학생은 학교폭력을 더 겪을 수 있다. 예를 들어, 다음과 같은 상황에 있는 학생은 학교폭력을 겪을 가능성이 더 클 수 있다(Ferrara et al., 2019).

① 빈곤 상태에서 산다.
② 다문화가족에서 산다.
③ 장애가 있다.
④ 아동시설에서 산다.

Points

- 학교폭력을 유발하는 주요한 요인으로 개인과 관련된 요인, 가족과 관련된 요인, 학교와 관련된 요인, 사회와 관련된 요인이 있다.

6. 학교폭력을 하거나 겪었을 가능성을 보여주는 상황

1) 학교폭력을 할 가능성을 보여주는 상황

(1) 학교폭력 위험 요인

어떤 상황은 학교에서 폭력적 행동이 발생할 것을 예고해주는 신호sign가 될 수 있다. 이와 관련되는 용어가 '학교폭력 위험 요인school violence risk factor'이다. 학교폭력 위험 요인은 학생이 폭력적 행동을 할 수 있음을 보여주는 상황을 말한다(Barker, 2003).

학교에서는 학생에게 학교폭력 위험 요인이 나타나는지에 주목하면서, 학생이 학교폭력에 관여할지를 판단하는 경우가 많다. 학교폭력 위험 요인이 두 가지 이상 나타날 경우, 학교에서는 해당 학생을 더 살펴보거나 다른 곳에 의뢰하는 방향으로 나아갈 수 있다.

(2) 학교폭력 위험 요인의 예

학교폭력 위험 요인에는 여러 가지가 있을 수 있다. 학교폭력 위험 요인에 속하는 상황을 몇 가지 제시하면 다음과 같다(Barker, 2003).

① 이전에 폭력적 행동이나 공격적 행동을 한 적이 있다.

② 학교에서 규정을 자주 지키지 않는다.

③ 위험한 도구(예컨대, 칼)를 학교에 가져온다.

④ 화가 났을 때, 폭력을 사용하겠다고 위협한다.

⑤ 다른 사람이나 자신을 해치겠다고 위협한다.

⑥ 이전에 가족에서 학대나 폭력을 경험한 적이 있다.

⑦ 사회적으로 교류하지 않거나, 홀로 지내거나, 친구와의 관계가 좋지 않다.

⑧ 이전에 우울이나 정신건강과 관련된 문제를 겪은 적이 있다.

⑨ 성적이 매우 좋지 않거나, 학교를 크게 좋아하지 않는다.

⑩ 이전에 알코올이나 기타 약물을 많이 사용한 적이 있다.

⑪ 이전에 동물을 잔인하게 다룬 적이 있다.

⑫ 학교 밖에 있는 폭력조직에 가담한다.

2) 학교폭력을 겪었거나 겪고 있을 가능성을 보여주는 상황

학교폭력을 겪을 경우, 학교폭력의 피해자에게 어떤 증상이 나타날 수 있다. 학교폭력의 피해자에게 나타나는 일반적 증상과 관련된 상황을 몇 가지 제시하면 다음과 같다(World Health Organization, 2019a).

① 신체적 표시가 보인다. 이런 예로 설명하기 어려운 타박상, 긁힌 상처, 부러진 뼈, 상처 딱지가 있다.
② 학교에 가기를 두려워하거나, 학교 행사에 참여하기를 두려워한다.
③ 불안해하거나, 긴장한다.
④ 학교 안이나 밖에서 친구가 거의 없다.
⑤ 부모나 가족구성원에게 돈을 달라고 하는 경우가 많아진다.
⑥ 학교 성적이 떨어진다.
⑦ 결석을 자주 한다.
⑧ 성인 곁에 있으려고 한다.
⑨ 잠을 잘 자지 못한다.
⑩ 정신적 문제 때문에 몸이 아프다고 불평한다. 이런 예로 머리가 아프거나 배가 아프거나 기타 신체적으로 아프다고 불평하는 것이 있다.
⑪ 사이버 공간에서 시간을 보내거나 전화하면서 시간을 보낸 후에, 특별한 이유 없이 스트레스를 받는 경우가 많아진다.
⑫ 공격적이거나, 분노를 겉으로 드러내고 있거나, 주위를 매우 경계한다.

Points

- 학교폭력 위험 요인은 학생이 폭력적 행동을 할 수 있음을 보여주는 상황이다. 학교에서는 학생에게 학교폭력 위험 요인이 나타나는지에 주목하면서, 학생이 학교폭력에 관여할지를 판단하는 경우가 많다.
- 학교폭력을 겪으면 피해자에게 어떤 증상이 나타날 수 있다.

7. 학교폭력이 미치는 영향

학교폭력은 학교와 관련된 모든 사람과 학교와 사회에게 크게 영향을 미치고 있다. 특히 학교폭력은 학생과 학교 모두에게 매우 부정적인 영향을 미치고 있다.

일반적으로 학교폭력이 미치는 영향은 학생에게 미치는 영향, 교사와 학급에 미치는 영향, 학교에 미치는 영향, 사회에 미치는 영향으로 분류할 수 있다.

▲ 학교폭력의 피해를 보여주는 전시회: 학교폭력은 학교와 관련된 모든 사람과 학교와 사회에 크게 영향을 미친다.

[출처: 저자 촬영]

1) 학생에게 미치는 영향

(1) 피해자에게 미치는 영향

말할 것도 없이, 학교폭력에 따른 고통을 가장 많이 겪는 사람은 피해자이다. 학교폭력의 피해자는 두드러지게 즉시 고통을 느끼게 된다. 실제로, 학교폭력의 피해자는 여러 영역에서 크게 어려움을 겪는 것으로 알려져 있다. 무엇보다도 학교폭력은 피해자의 정신건강에 부정적인 영향을 미치고 있다. 이런 부정적 영향은 오랫동안 계속되는 경우가 많다. 그리고 학교폭력의 피해자는 학교폭력으로부터 자신을 보호하는 데 어려움을 겪는 경우가 많다(노병일, 2022; American Psychological Association, 2015; Kelly, Raines, Stone & Frey, 2010; Weisbrot, 2012; Capp et al., 2017; UNICEF, 2021).

학교폭력이 피해자에게 미치는 일반적 영향을 몇 가지 제시하면 다음과 같다(노병일, 2022; Astor, Benbenishty & Estrada, 2011; Division of Violence Prevention, 2016; Pedro, 2012; Capp et al., 2017; Ferrara et al., 2019; World Health Organization, 2019a).

① 신체적으로 피해를 준다. 학교폭력을 겪은 학생들 중에는 신체적으로 피해를 보는 학생이 많다. 이 경우, 일부 신체적 피해는 심각하지 않을 수도 있으나, 일부 신체적 피해는 매우 심각할 수 있다. 이런 피해의 예로 몽둥이나 칼과 같은 것을 사용한 상처가 있다. 어느 경우에는 이런 피해 때문에, 영구한 장애 상태에 놓일 수도 있다. 그리고 이런 신체적 피해가 매우 심각한 경우, 학교폭력 때문에 죽을 수도 있다.

② 정서적으로 피해를 준다. 학교폭력은 우울과 불안을 포함한 여러 가지 심리적 문제를 유발할 수 있다. 또한 학교폭력을 겪을 경우, 자신을 가치 있는 존재로 생각하지 않을 수 있다. 따라서 학교폭력에 따른 심각한 정서적 문제는 자살을 유발할 수도 있다. 그리고 일부 형태의 학교폭력은 신체적 피해보다는 정서적 피해를 더 유발할 수 있다. 이런 형태의 예로 심리적으로 괴롭히는 것이 있다.

③ 학습과 관련해 피해를 준다. 예를 들어, 학교폭력을 겪은 학생은 다음과 같은 상황에 놓일 수 있다.

㉠ 학교 성적이 좋지 않다.

㉡ 학교에 나가지 않는다.

㉢ 숙제나 공부에 집중하는 데 어려움을 겪는다.

㉣ 학교 활동에 제대로 참여하지 못한다.

㉤ 대학교에 진학하지 않는다.

그리고 학교폭력 때문에 생긴 일부 피해는 겉으로 드러나지 않을 수도 있다(Division of Violence Prevention, 2016).

한편, 학교폭력은 피해자의 미래생활에도 영향을 미칠 수 있다. 예를 들어, 학교폭력 때문에 피해자가 수업에 참석하지 않거나 학교를 특별한 이유 없이 결석하거나 자퇴하는 것은, 피해자가 미래에 교육을 받고 또한 성인기에 좋은 유급 일자리에서 일하는 데 부정적인 영향을 미치게 된다. 또한 학교폭력을 겪은 학생은 나중에 직장생활을 하는 데 어려움을 더 겪을 수 있다. 예를 들어 일반 학생과 비교할 경우, 학교에서 괴롭힘을 당한 학생은 나중에 성인이 되어서도 직장에서 괴롭힘을 당할 가능성이 더 클 수 있다(서유정·신재한, 2013; Ferrara et al., 2019).

(2) 가해자와 목격자 및 기타 학생에게 미치는 영향

학교폭력은 가해자와 목격자에게도 단기적 · 장기적으로 부정적인 영향을 미치고 있다(Frey & Walker, 2007). 우선, 학교폭력은 가해자의 미래생활에도 영향을 미칠 수 있다. 예를 들어 일반 학생과 비교할 경우, 학교에서 괴롭힘 행위를 한 학생은 나중에 성인이 되어서도 직장에서 괴롭힘 행위를 할 가능성이 더 클 수 있다(서유정·신재한, 2013).

그리고 학교폭력은 직접적인 피해자가 아닌 학생에게도 부정적인 영향을 미치고 있다. 예를 들어, 학교폭격을 목격한 학생이나 학교폭력 이야기를 들은 일부 학생은 학교폭력이 두려워 학교를 결석할 수 있다.

2) 교사와 학급에 미치는 영향

학교폭력은 교사에게 부정적인 영향을 미치고 있다. 예를 들어, 학교폭력을 경험한 교사는 학교를 그만둘 수 있다(Tinerella, 2012; Division of Violence Prevention, 2016).

또한 학교폭력은 학급 전체에 부정적인 영향을 미치고 있다. 예를 들어, 학급에서 학교폭력이 발생할 경우, 학급 분위기가 매우 좋지 않게 될 가능성이 크다.

그리고 학교폭력이 두려운 탓에, 학생은 학교에 가지 않을 수도 있다.[11] 학생이 학교폭력에 대해 불안해하기 때문에 학교를 자주 결석할 경우, 좋은 학급 분위기를 유지하기가 더 어려워진다.

3) 학교에 미치는 영향

학교폭력은 학교 전체에 부정적인 영향을 미치고 있다. 이런 예를 몇 가지 제시하면 다음과 같다(Tinerella, 2012; Frey & Walker, 2007).

① 학교폭력이 또 발생할 것을 두려워한 나머지, 학교는 활동을 줄이거나 없앨 수 있다.

② 학교폭력이 발생할 경우, 학생은 두려움을 느끼고 학교에 덜 만족할 가능성이 크다.

③ 학교의 평판이 좋지 않게 된다. 예를 들어, 학교에서 학교폭력이 발생할 경우, 일반인은 해당 학교를 좋지 않게 볼 가능성이 크다.

결국, 장기적으로 볼 때, 학교폭력은 학교에 다음과 같이 부정적인 영향을 미치고 있다(Council of Europe, 2021).

① 일반적인 학교 분위기를 좋지 않게 한다.

② 학생이 안전한 환경에서 배울 권리를 누리지 못하게 된다.

---

11) 여기에 관해서는 앞에서도 이미 설명한 바 있다.

4) 사회에 미치는 영향

학교폭력은 사회에 부정적인 영향을 미치고 있다. 예를 들어, 학교에서 학교폭력이 발생할 경우, 지역사회의 주민은 폭력 사태가 자신이 사는 지역사회에서도 발생할지 모른다고 걱정하면서 불안해할 수 있다.

Points

- 학교폭력은 학교와 관련된 모든 사람과 학교와 사회에 크게 영향을 미친다. 일반적으로 학교폭력이 미치는 영향은 학생에게 미치는 영향, 교사와 학급에 미치는 영향, 학교에 미치는 영향, 사회에 미치는 영향으로 분류할 수 있다.

8. 학교폭력의 예방

1) 예방의 중요성

학교폭력은 많은 학생과 여러 영역에서 크게 영향을 미치고 있다. 이런 탓에, 학교폭력이 발생하지 않도록 예방하는 것이 무엇보다도 중요하다. 그리고 이에 따라서 학교폭력과 관련해서는 예방하는 프로그램이 무엇보다도 중요하다.

한편, 학교폭력을 예방하는 데 주목하는 것은 다음과 같은 이유 때문에도 중요하다(World Health Organization, 2019a).

① 윤리적 측면에서 당연한 것을 하는 것이기 때문이다.

② 학교폭력이 발생한 후에 대처하는 것보다 비용 측면에서 유리하기 때문이다.

▲ 경찰서의 옥상에 있는 전시 작품: 학교폭력을 예방하기 위해 가장 중요한 것은 학교폭력이 발생하지 않게 하는 것이다.

[출처: 저자 촬영]

2) 학교폭력 예방 프로그램

(1) 미국 폭력예방센터에서 제시하는 프로그램

미국 폭력예방센터Division of Violence Prevention의 경우, 학교폭력을 예방하는 프로그램으로 다음과 같은 것을 제시하고 있다(Division of Violence Prevention, 2016).

① 학교 중심의 보편적 학교폭력 예방 프로그램이 있다. 이런 프로그램은 공격적 행동과 폭력적 행동을 하는 사례를 크게 줄일 수 있는 것으로 알려져 있다. 이런 프로그램은 학교를 다니는 모든 학생에게 실시할 수도 있고, 특정 학년의 모든 학생에게 실시할 수도 있다. 이런 프로그램에서 교사는 다양한 주제를 가

르치고, 여러 가지 방법을 교육한다. 이런 방법의 예로 감정을 스스로 파악하고 통제하는 방법, 사회관계를 잘 형성하는 방법, 문제를 해결하는 방법, 갈등을 해결하는 방법, 여러 사람이 함께 활동하는 방법이 있다.

② 부모 중심 프로그램과 가족 중심 프로그램이 있다. 이런 프로그램은 가족구성원들 사이의 관계를 더 좋게 할 수 있는 것으로 알려져 있다. 따라서 이런 프로그램은 아동이나 청소년이 폭력을 사용할 가능성을 줄일 수 있는 것으로 알려져 있다. 이것은 이런 프로그램을 일찍 실시할 경우에 특히 그렇다. 그리고 이런 프로그램에서는 다음과 같은 것을 한다.

㉠ 부모에게 아동과 청소년의 발달에 관해 교육한다.

㉡ 의견을 나누는 방법과 폭력적이지 않은 방법으로 문제를 해결하는 방법을 부모나 가족구성원에게 가르친다.

③ 거리 홍보 프로그램이 있다. 이런 프로그램의 경우, 취약한 학생을 전문가와 연결해서 다음과 같은 것을 한다.

㉠ 갈등을 줄여준다.

㉡ 필요한 서비스를 의뢰한다.

㉢ 폭력을 사용하는 것이 괜찮다는 생각을 가지지 않도록 한다.

④ 멘토링mentoring 프로그램이 있다. 이런 프로그램의 경우, 학생에게 긍정적인 역할 모델이 될 수 있고 또한 학생의 행동을 지도하는 데 도움을 줄 수 있는 성인을 학생과 연결해준다.

(2) 올베우스 괴롭힘 예방 프로그램

노르웨이의 올베우스Olweus는 세계적으로 유명한 '올베우스 괴롭힘 예방 프로그램Olweus Bullying Prevention Program'을 개발한 바 있다. 올베우스 괴롭힘 예방 프로그램에서는 괴롭힘을 예방하고, 교실 전체의 분위기를 더 좋게 하고, 사회의 가치에 어긋나는 행동을 줄이는 방법을 제시하고 있다(Capp et al., 2017).

올베우스 괴롭힘 예방 프로그램의 경우, 다음과 같은 측면에 주목하고 있다

(Bickley-Green, 2007).

① 괴롭힘에 관해 더 알고 또한 괴롭힘을 겪는 학생을 더 이해하기 위해, 교실에서 학생들과 정기적으로 모임을 갖는다.

② 부모들과 만나서 정보를 교환한다.

그리고 올베우스 괴롭힘 예방 프로그램의 경우, 학급에서 다음과 같이 할 것을 장려하고 있다(Bickley-Green, 2007).

① 괴롭힘 행위를 하는 학생에게 개입한다.

② 괴롭힘을 당하는 학생에게 개입한다.

③ 관련된 학생의 부모와 함께 이야기를 나눈다.

올베우스가 연구한 것은 학교폭력과 관련된 프로그램에 크게 영향을 미치고 있는 것으로 알려져 있다. 그리고 많은 국가에서 올베우스의 프로그램을 도입한 바 있다. 세계의 여러 학교와 기관에서 올베우스 괴롭힘 예방 프로그램을 실시한 결과, 효과가 있는 것으로 나타난 바 있다(Astor, Benbenishty & Estrada, 2011; Violence Prevention Works, 2015; Capp et al., 2017). 예를 들어, 여러 국가에서 올베우스 괴롭힘 예방 프로그램을 실시한 결과, 다음과 같은 상황이 나타난 것으로 알려져 있다(Capp et al., 2017).

① 괴롭힘이 크게 줄어든다.

② 특별한 이유 없이 수업에 참여하지 않는 사례가 크게 줄어든다.

③ 학교의 규정을 더 잘 지킨다.

④ 학교와 과제에 대해 더 긍정적으로 받아들인다.

⑤ 사회적으로 교류를 더 잘한다.

(3) 또래 중재 프로그램과 예술을 활용한 프로그램

(가) 또래 중재 프로그램

청소년은 성장함에 따라서 자신의 또래에 더 의지하지만, 부모와 기타 성인에게는 덜 의지하는 경향이 있다(노병일·노대겸, 2024; Pfiffner, Windlinger & Hostettler, 2023). 따라서 학생들 사이에 나타나는 학교폭력에 대해서는, 같은 또래들이 나서면 오히려 더 잘 해결될 수도 있다. 이런 배경에서 등장한 것이 또래 중재 프로그램(peer mediation program)이다.

또래 중재 프로그램은 협상에 근거하고 있다. 따라서 또래 중재 프로그램의 경우, 또래 중재자에게 또래들 사이의 갈등을 다루도록 도와주는 방법을 가르치고 있다. 이런 탓에, 또래 중재 프로그램을 실시할 경우, 학교폭력 때문에 어려움을 겪는 학생은 폭력을 사용하지 않고 갈등을 해결할 수 있는 방법을 배우게 된다.

또래 중재를 진행하는 방법을 몇 가지 제시하면 다음과 같다(Frey & Walker, 2007).

① 학교에 있는 모든 학생에게 협상 절차에 관해 교육한다.

② 또래 중재자에게 우선 교육한 다음에, 갈등이 발생할 때 또래 중재자가 다른 학생들에게 교육한다.

그리고 또래 중재자를 선정하는 과정은 다음과 같은 방식으로 진행되는 경우가 많다(Constable, 2009; Western Australian Centre for Health Promotion Research, 2010).

① 학생들이 리더십이 우수한 학생을 뽑게 한다.

② 이런 학생들에게 중재와 관련된 교육을 실시한다. 이때, 또래 중재자는 문제를 해결하는 방법, 갈등을 해결하는 방법, 서로 교류하는 방법, 남의 말을 적극적으로 듣는 방법을 배우게 된다.

③ 이렇게 교육을 받은 학생들이 개인 학생들 사이의 갈등을 중재한다.

또래 중재 프로그램은 학교에서의 갈등을 줄이는 데 효과가 있는 것으로 알려져 있다. 특히, 고등학교에서 실시하는 또래 중재 프로그램의 경우, 언어적 갈등과 신체적 갈등을 줄이고 또한 학교의 전체 분위기를 더 좋게 하는 데 매우 도움을 주는 것으로 알려져 있다(Frey & Walker, 2007; The Ceceilyn Miller Institute, 2021).

그러므로 또래 중재 프로그램은 학교폭력과 관련된 다양한 영역에서 긍정적인 영향을 미칠 가능성이 크다. 결국, 전체적으로 볼 때, 또래 중재 프로그램은 학교의 상황을 더 좋은 방향으로 바꾸는 데 크게 이바지할 가능성이 크다(노병일, 2022c).

▲ 유명한 관광지를 방문한 친구들: 또래 중재 프로그램은 효과가 있는 것으로 알려져 있다.

[출처: 스페인에서 저자 촬영]

(나) 예술을 이용한 프로그램

학교폭력에 따른 고통은 피해자가 아니면 실감하기 어려울 수 있다. 이 경우, 예술과 관련된 자료를 사용해 학교폭력에 관한 상황이나 피해자의 고통을 표현하게 하는 것은, 학교폭력의 심각성을 더 잘 알게 함으로써, 학교폭력을 예방하는 데 도움을 줄 수 있다. 이때, 시각적 이미지는 긍정적으로 의견을 교류하는 데 있어 훌륭한 도구가 될 수 있다(노대겸·전영신, 2017; Bickley-Green, 2007).

이와 관련해 좋은 프로그램이 미술 활동 프로그램이다. 예를 들어, 미술 활동 프로그램을 통해서, 학생과 교사는 학교의 문화, 어려움을 주는 행동, 학급을 변화시켰을 경우의 모습과 같은 측면을 비판적으로 따져볼 수 있다. 이때, 미술 활동 프로그램은 다음과 같은 것을 처음으로 시작하는 기회를 제공할 수 있다(노대겸·전영신, 2017; Bickley-Green, 2007).

① 사회의 가치에 어울리는 행동을 그림으로 표현해본다.
② 사회의 가치에 어긋나는 행동을 변화시키는 방법에 관해 서로 이야기를 나눈다.

3) 학교폭력 예방 프로그램의 일반적 효과

좋은 학교폭력 예방 프로그램은 학생과 학교에 긍정적인 영향을 미치고 있다. 좋은 학교폭력 예방 프로그램을 실시할 때 나타날 수 있는 긍정적 효과를 몇 가지 제시하면 다음과 같다(Violence Prevention Works, 2015).

① 학생들 사이에 학교폭력이 발생하는 사례가 줄어든다.
② 학교폭력과 관련해 새로운 문제가 발생하는 것을 예방한다.
③ 학교에서 친구들 사이의 관계가 더 좋아진다.
④ 학교가 더 안전하고 더 효과적인 배움터가 된다.

Points

- 학교폭력은 많은 학생과 여러 영역에서 크게 영향을 미치므로, 학교폭력이 발생하지 않도록 예방하는 것이 중요하다. 학교폭력을 예방하는 데 주목하는 것은 윤리적·경제적 이유 때문에도 중요하다.
- 학교폭력 예방 프로그램의 예로 미국 폭력예방센터에서 제시하는 프로그램, 올베우스 괴롭힘 예방 프로그램, 또래 중재 프로그램, 예술을 이용한 프로그램이 있다.
- 좋은 학교폭력 예방 프로그램은 학생과 학교에 긍정적 영향을 미친다.

9. 학교폭력에 대한 신고와 개입

1) 학교폭력에 대한 신고

학교폭력이 발생한 경우나 발생한 것으로 의심될 경우에는 신고하여야 한다. 학교폭력을 신고하는 방법에는 여러 가지가 있을 수 있다. 학교폭력을 신고하는 방법을 몇 가지 제시하면 다음과 같다(World Health Organization, 2019a).

① 긴급 신고 전화로 신고한다.

② 채팅방에서 신고한다.

③ 기타 온라인 공간에서 신고한다.

④ 학교에 있는 신고함에 신고한다.

그리고 학교폭력을 신고하는 방법과 관련해, 다음과 같은 점을 고려할 필요가 있다(World Health Organization, 2019a).

① 쉽게 이용할 수 있어야 한다.

② 안전하여야 한다. 즉, 학교폭력의 가해자는 신고한 내용을 볼 수 없도록 하여야 한다.

③ 비밀을 보장하여야 한다.

④ 빠르고 효과적이고 만족스럽게 조치를 취하여야 한다.

2) 학교폭력에 대한 개입

(1) 일반적 개입 단계

학교폭력이 발생한 경우나 발생한 것으로 의심될 경우에는 개입하여야 한다. 학교폭력에 대해 개입하는 것은 여러 단계와 관련되고 있다.

학교폭력에 대해 개입하는 것과 관련된 단계를 구체적으로 제시하면 다음과 같다(World Health Organization, 2019a).

① 첫째 단계는 학교폭력의 피해자를 파악하는 단계이다.
② 둘째 단계는 학교폭력을 신고하는 단계이다.
③ 셋째 단계는 피해자에게 도움을 주는 단계이다.
④ 넷째 단계는 의뢰하는 단계이다.
⑤ 다섯째 단계는 학교폭력의 가해자를 다루는 단계이다.
⑥ 여섯째 단계는 현장에서 구경하던 사람(목격자)을 대상으로 개입하는 단계이다.
⑦ 일곱째 단계는 부모의 역할과 관련된 단계이다.
⑧ 여덟째 단계는 교사에게 폭력에 적절하게 대처하는 방법을 알려주는 단계이다.

(2) 피해자에 대한 조치

학교폭력이 발생할 경우, 무엇보다도 피해자에 대해 조치를 취하여야 한다. 그러나 학교폭력의 피해자에게 도움을 줄 때는 여러 가지 측면을 고려하여야 한다. 학교폭력의 피해자를 도와줄 때 고려하여야 할 점을 몇 가지 제시하면 다음과 같다(World Health Organization, 2019a).

① 피해자의 이야기를 존중하고 공감하면서 들어준다.
② 피해자가 걱정하는 것이나 관심을 가지는 것이나 필요한 것에 관해 물어본다. 그리고 이런 것에 관해 모두 답해준다.
③ 피해자가 느끼는 감정을 인정하고, 피해자를 판단하는 식으로 대하지 않는다.
④ 피해자가 안전하게 지낼 수 있도록 한다.

⑤ 피해자와 이야기를 나눈 내용을 다른 사람은 알지 못하게 한다.

⑥ 피해자가 심리 서비스와 사회 서비스를 이용할 수 있도록 도와준다.

⑦ 피해자의 나이에 적절한 정보를 제공한다.

(3) 개입과 관련해 고려할 점

학교에서 폭력이 발생할 경우, 학교는 빠르게 개입할 필요가 있다. 또한 학교에서 폭력이 발생할 경우, 학교폭력이 다시 발생하지 않도록 하기 위해서 학교는 학교폭력의 피해자와 가해자 모두에게 적절한 서비스를 제공할 필요가 있다(World Health Organization, 2019a).

그리고 학교에서 폭력을 담당하는 사람은 학교폭력의 가해자와 피해자 각각에 대해서 별도로 만날 필요가 있다. 이렇게 할 경우, 학교폭력의 가해자와 피해자 모두는 솔직하게 이야기할 수 있게 되고, 또한 학교폭력의 피해자는 두려움 없이 이야기할 수 있게 된다(World Health Organization, 2019a).

한편, 학교폭력을 겪은 일부 학생은 크게 스트레스를 받을 수 있다. 이런 학생은 추가로 서비스가 필요할 수 있다. 추가로 서비스를 제공할 필요가 있는 학생의 예를 구체적으로 제시하면 다음과 같다(World Health Organization, 2019a).

① 자기 자신이나 다른 사람을 해칠 수 있는 학생이 있다.

② 매우 화가 나 있거나 두려워하거나 정서적으로 안정되지 않은 탓에, 자신을 통제하지 못하거나 학교생활을 제대로 할 수 없는 학생이 있다.

Points

- 학교폭력이 발생한 경우나 발생한 것으로 의심될 경우에는 신고하여야 한다. 학교폭력에 대해 개입하는 것은 여러 단계와 관련된다.
- 학교에서 폭력이 발생할 경우, 학교는 빠르게 개입하고 피해자와 가해자 모두에게 적절한 서비스를 제공할 필요가 있다.

10. 학교사회복지사의 역할

1) 일반적 역할

(1) 권리 교육 관련

교육은 학교폭력을 예방하고 없애는 데 있어 중요하다. 따라서 많은 기관과 조직의 경우, 학교폭력을 없애거나 줄이기 위해서 학생에게 인권을 포함한 여러 권리에 관해 교육하는 데 주목하고 있다. 예를 들어 유럽의회의 경우, 아동과 청소년에게 인권에 관해 교육하고 또한 민주주의 사회에서 시민이 누릴 권리에 관해 교육함으로써 학교폭력을 없애고자 하고 있다(Council of Europe, 2021).

그러므로 학교사회복지사는 학생에게 여러 가지 권리에 관해 교육하는 데 관여할 수 있다.

(2) 학교 상황 파악 및 프로그램 개발 관련

학교폭력에 대해 효과적으로 개입하기 위해서는, 학교의 상황을 계속해서 자세히 파악하는 것이 중요하다(Capp et al,, 2017). 그러므로 학교사회복지사는 학교의 상황을 계속해서 자세히 파악하는 데 관여할 수 있다.

그리고 학교사회복지사는 학교폭력을 줄이거나 없애기 위해서, 여러 가지 프로그램을 개발하는 데 관여할 수 있다. 예를 들어 학교사회복지사의 경우, 학생들 사이에 심각한 갈등을 겪고 있는 학교에서 폭력예방 프로그램을 개발할 수 있다(Constable, 2009).

(3) 조기 관여 관련

학교폭력을 줄이는 것도 중요하지만, 더 중요한 것은 학교폭력을 예방하는 것이다. 이를 위해서는, 학교폭력과 관련해 일찍 관여하는 것이 중요하다.

그러므로 학교사회복지사의 경우, 현재의 행동 때문에 나중에 학교에 다니면서 심각한 행동 문제를 겪을 가능성이 큰 학생을 파악하기 위해서, 체계적으로 미리 조사할 수 있다. 이때, 학교사회복지사는 이런 조사 과정에서 다음과 같이 할 수 있다(Frey & Walker, 2007).

① 학생이 학교에 입학할 때 모든 학생을 대상으로 조사한다.

② 어려움을 겪을 가능성이 있는 학생에 대해서는, 조기 개입 서비스를 받도록 하거나 또는 더 체계적으로 평가를 받도록 다른 전문가에게 의뢰한다.

(4) 신고체계 관련

학교에서는 학생과 교사와 부모에게 학교폭력 사례를 신고하도록 권장하고 있다. 그러나 이때 학교폭력의 피해자와 가해자를 도와줄 적절한 계획을 구체적으로 세워놓지 않은 경우가 많다(World Health Organization, 2019a). 그러므로 학교사회복지사는 학교폭력을 신고하는 체제를 제대로 갖추도록 하는 데 관여할 수 있다.

그리고 학교폭력의 피해자는 학교폭력 사례를 신고하는 기존의 방법을 신뢰하지 않는 경우가 많다. 예를 들어, 학교폭력의 피해자는 다음과 같은 상황에 있을 수 있다(World Health Organization, 2019a).

① 신고할 경우에 비밀이 보장될 것인지에 대해 확신하지 못한다.

② 보복을 당할 것을 두려워하고, 피해를 더 입을 것을 두려워하고, 다른 사람이 자신에 대해 좋지 않게 인식할 것을 두려워한다.

그러므로 학교사회복지사의 경우, 학교폭력의 피해자가 학교폭력을 신고하는 것과 관련해 안심하도록 도와주고 지지해줄 수 있다.

2) 구체적 역할

(1) 학교폭력의 목격자 관련

학교폭력을 목격하는 학생은 학교폭력 사례를 줄이는 것과 관련해 중요한 역할을 할 수 있다. 그러므로 학교사회복지사의 경우, 학교폭력의 목격자도 잘못하면 학교폭력에 간접적으로 관여하거나 학교폭력을 허용하는 상황에 놓일 수 있음을 알려줌으로써, 목격자가 학교폭력을 그대로 옆에서 보지 않도록 교육할 수 있다.

(2) 교사 관련

교사는 학교폭력의 피해자나 가해자와 주로 만나는 사람인 경우가 많다. 또한 교사는 일상생활에서 학생이 발달하는 모습을 보고 있다. 따라서 교사는 겉으로 드러나지 않는 폭력 사례를 파악하는 데 있어 중요한 역할을 할 수 있다.

이런 탓에, 교사는 학교에서 발생한 폭력을 적절하게 처리하는 데 있어 중요한 역할을 할 수 있다. 그리고 학교폭력을 없애거나 줄이기 위해서는, 학교를 중심으로 교사가 교실에서 실시하는 학교폭력 예방 프로그램이 중요한 것으로 알려져 있다(World Health Organization, 2019a; Powell & Jenson, 2010; Bickley-Green, 2007).

그러므로 학교사회복지사의 경우, 교사가 학교폭력 예방 프로그램을 교실에서 실시하는 데 도움을 줄 수 있다. 또한 학교사회복지사의 경우, 학생들이 서로 협력하고 서로 존중하도록 교사가 지도하는 데 도움을 줄 수 있다. 그리고 이와 관련해, 학교사회복지사는 교사를 교육하는 프로그램을 실시할 수 있다(Pedro, 2012).

(3) 부모 관련

부모는 학생의 가치와 태도와 행동에 매우 큰 영향을 미치고 있다. 따라서 부모는 학교폭력에 대처하는 데 있어 중요한 역할을 할 수 있다. 그러므로 학교사회복지사의 경우, 학교폭력과 관련해 부모가 자신의 자녀를 도와줄 수 있는 방법에 관해 교육할 수 있다. 예를 들어, 학교사회복지사는 자녀가 학교폭력의 피해자가 될 때 부모가 자녀를 도와주는 방법을 알려줄 수 있다(World Health Organization, 2019a).

또한 학교사회복지사의 경우, 학교폭력과 관련해 부모에게 여러 가지를 조언할 수 있다. 예를 들어, 학교사회복지사는 부모에게 다음과 같이 하라고 조언할 수 있다(World Health Organization, 2019a).

① 폭력을 겪은 사례를 심각하게 다룬다.

② 학교가 학교폭력을 학교의 규정에 따라 처리하는 데 동의한다.

③ 청소년 학생이 겪는 스트레스를 심각하게 생각한다. 그리고 자녀에게 이런 스트레스를 없애거나 줄이는 데 도움을 줄 것이라고 이야기한다.

(4) 사이버괴롭힘 관련

오늘날의 사회에서 정보통신 기술이 크게 발달함에 따라, 사이버 공간은 학생에게 매우 중요한 공간이 되고 있다. 하지만 이런 사이버 공간을 이용해 괴롭히는 사례도 증가하고 있다.

그러므로 학교사회복지사의 경우, 사이버 공간을 통해서 이루어지는 괴롭힘을 파악하고 이에 대처하는 데 관여할 수 있다. 또한 학교사회복지사의 경우, 부모가 학생의 사이버 공간에 관심을 가지게 하기 위해서, 부모에게 학생의 사이버 공간에 관해 교육할 수 있다.

(5) 대중매체 관련

신문이나 방송 등과 같은 대중매체에서 폭력적 장면을 보는 것이나 약자를 쉽게 다루는 장면을 보는 것은, 학교폭력을 유발하는 요인이 될 수 있다. 따라서 부모와 교사가 대중매체의 프로그램에 관해 학생과 함께 이야기를 나누는 것은, 학교폭력을 줄이거나 없애는 데 도움이 될 수 있다.

그러므로 학교사회복지사의 경우, 부모와 교사가 대중매체의 프로그램에 관해 학생과 이야기하며 지도하는 방법을 교육할 수 있다.

Points

- 학교사회복지사의 일반적 역할로 권리를 교육하는 것과 관련된 역할, 학교 상황을 파악하고 프로그램을 개발하는 것과 관련된 역할, 조기에 관여하는 것과 관련된 역할, 신고체계와 관련된 역할이 있다.
- 학교사회복지사의 구체적 역할로 학교폭력의 목격자와 관련된 역할, 교사와 관련된 역할, 부모와 관련된 역할, 사이버괴롭힘과 관련된 역할, 대중매체와 관련된 역할이 있다.

11. 학교폭력과 관련해 고려할 점

1) 여러 요인에 대한 주목

학생의 폭력적 행동은 한 가지 요인 때문에 나타나는 것이 아니라, 여러 가지 요인이 함께 작용하기 때문에 나타나는 경우가 많다. 따라서 학교폭력은 다양한 요인이 얽혀진 복잡한 문제에 속하고 있다. 이런 탓에, 학교가 학생의 생활과 교육에 제대로 개입하고자 할 경우, 한 가지 요인이 아니라 여러 가지 요인이 학교폭력과 관련된다는 점을 인식할 필요가 있다(Pedro, 2012). 그러므로 학교와 관련된 전문가나 기관의 경우, 학교에서 나타나는 폭력 행위를 예방하기 위해서 여러 가지 요인을 체계적으로 다룰 필요가 있다.

특히 학교사회복지사의 경우, 학교폭력과 관련된 문제에 대해서 여러 요인에 주목하는 접근방식을 취할 필요가 있다. 예를 들어, 학교사회복지사가 학교폭력과 관련된 문제를 해결하기 위해서는, 학교의 상황, 지역사회의 상황, 가족의 상황, 피해자와 관련된 기관의 상황 등을 살펴볼 필요가 있다. 그리고 이에 따라서, 학교사회복지사는 학교폭력 예방 프로그램이 학교 전체와 관련된 요인, 교실과 관련된 요인, 학생 개인과 관련된 요인, 학생의 가족과 관련된 요인 등을 포함하도록 할 필요가 있다(Weisbrot, 2012; Frey & Walker, 2007).

▲ 야외 활동을 하는 학생들: 학생의 폭력적 행동은 여러 가지 요인이 함께 작용하기 때문에 나타나는 경우가 많다.

[출처: 튀르키예에서 전영신 님 제공]

학교폭력과 생태학적 관점[12)]

생태학적 관점에서는 대상자를 둘러싸고 있는 여러 가지 특성이나 요인을 고려하고 있다(노병일, 2020b). 따라서 학교폭력을 이해하기 위해서, 생태학적 관점을 취하는 경우도 많아지고 있다.

학교폭력에 대한 생태학적 관점에서는 학교의 외부에 있는 특성, 학교의 내부에 있는 특성, 학교가 외부 요인과 상호작용하는 측면을 모두 고려하고 있다. 생태학적 관점의 경우, 학교는 학교를 둘러싸고 있는 지역사회에 속해 있고 또한 지역사회는 더 넓은 지역과 국가에 속해있다는 점을 인정하고 있다.

생태학적 관점은 학교폭력에 대해 개입하는 데 관여하는 교사와 직원에게 특히 중요하다. 왜냐하면 생태학적 관점을 취할 경우, 다음과 같이 할 수 있기 때문이다(Capp et al., 2017).

① 개입하기 위한 계획을 짜는 데 여러 사람을 포함시킨다. 이 경우, 관련되는 사람의 예로 학생, 교사, 직원이 있다.

② 학교를 더 안전하게 만들기 위해서, 환경을 변화시키거나 제도를 변화시킨다.

12) 생태학적 관점은 앞에서 제시한 '여러 요인에 대한 주목' 부분과 관련되고 있다. 생태학적 관점에 관해서는 학교사회복지의 생태학적 관점을 다루는 장(제13장)에서 자세히 설명한다.

2) 학교 수준의 개입

학교는 아동과 청소년에 대한 폭력을 해결하고 예방하는 데 있어 중요한 역할을 할 수 있다. 이 중에서도 학교 전체에 주목하면서 개입하는 프로그램은 학교폭력을 해결하는 데 효과적인 것으로 알려져 있다(World Health Organization, 2019a; Capp et al., 2017). 그러므로 학교사회복지사의 경우, 학교폭력에 대해 개입하는 프로그램에서는 학교에 있는 모든 사람이 참여하도록 할 필요가 있다.

또한 그동안의 연구에서, 학교 유대는 학생을 폭력에 대해 보호해주는 요인인 것으로 나타나고 있다(Frey & Walker, 2007). 그러므로 학교사회복지사는 학교 분위기를 좋게 하고 학교의 구성원들이 더 친한 관계를 형성하는 데 특히 주목할 필요가 있다.

3) 지역사회에 대한 주목

지역사회는 학교 환경의 중요한 부분을 이루고 있다. 따라서 지역사회가 학교폭력에 관심을 가질 경우, 학교폭력을 예방하는 활동은 효과가 더 있을 가능성이 크다.

지역사회에는 여러 조직과 집단이 있다. 이런 조직과 집단의 예로 의료 서비스를 제공하는 조직, 경찰, 종교조직, 청소년집단, 대학교, 시민단체, 지역 기업이 있다. 지역사회에 있는 이런 조직이나 집단과 친한 관계를 형성하는 것은 다음과 같은 것을 하는 데 도움이 될 수 있다(World Health Organization, 2019a).

① 학교폭력과 관련된 정보를 전달한다.

② 지역사회의 전문가와 자원을 학교폭력을 예방하는 활동에 참여시킨다.

그러므로 학교사회복지사가 학교폭력을 해결하기 위해 개입할 경우, 학교뿐만 아니라 지역사회에도 주목할 필요가 있다.

Points

- 학교폭력과 관련해 고려할 점으로 여러 요인에 대한 주목과 관련된 측면, 학교 수준의 개입과 관련된 측면, 지역사회에 대한 주목과 관련된 측면이 있다.

Chapter 12

학생의 정신건강

1. 학생의 정신건강에 대한 관심의 필요성
2. 학생의 정신건강문제가 미치는 영향
3. 학교 중심 정신건강 서비스의 필요성과 인식 변화
4. 학교 중심 정신건강 서비스의 장점과 효과
5. 학교에서 정신건강 서비스를 제공하기 위한 지침
6. 정신건강을 지원하는 학교 분위기를 형성하기 위한 단계
7. 학교사회복지사의 역할
8. 학생의 정신건강과 관련해 고려할 점

1. 학생의 정신건강에 대한 관심의 필요성

말할 것도 없이, 학생에게 정신건강은[1] 매우 중요하다. 왜냐하면 정신건강은 학생의 삶에 크게 영향을 미치고 있기 때문이다. 그러나 오늘날, 전 세계적으로 정신건강문제를 크게 겪는 학생은 많은 것으로 알려져 있다(UNICEF, 2021b).

정신건강이 좋지 않은 학생은 여러 영역에서 어려움을 크게 겪을 수 있다. 그리고 정신건강이 좋지 않은 학생은 가정생활에서뿐만 아니라 학교생활과 미래의 사회생활에서도 어려움을 크게 겪을 수 있다. 따라서 학생이 겪는 정신건강문제는 여러 영역에서 현재와 미래의 삶에 영향을 미치게 된다.

여러 가지 사회적 상황과 문화적 상황을 고려할 때, 앞으로 학생은 정신건강문제를 겪을 가능성이 더 크다. 이것은 우리나라에서 특히 더 해당한다고 볼 수 있다. 더불어, 오늘날에는 정신건강과 관련된 어려움 때문에, 전문가의 도움이 필요한 학생이 많아지고 있다. 이런 탓에, 오늘날에는 학생의 정신건강문제를 일찍 파악해서, 학생의 정신건강 영역에 개입하는 것이 더욱더 중요하다.

학교는 학생의 정신건강과 관련해 중요한 장소가 될 수 있다. 왜냐하면 학교에서도 전문적인 정신건강 서비스를 제공할 수 있기 때문이다. 이 경우, 여러 전문가와 더불어 학교사회복지사는 학생의 정신건강 문제를 줄이거나 없애는 데 도움을 줄 수 있다. 그러므로 학교사회복지에서는 학생의 정신건강에 대해 관심을 가질 필요가 있다.

1) 일반적으로 정신건강은 일상생활에서 겪는 어려움에 잘 대처하여 생산적으로 활동할 수 있는 상태라고 볼 수 있다.

▲ 정신건강의 중요성을 보여주는 디자인: 오늘날에는 학생의 정신건강문제를 일찍 파악해 개입하는 것이 매우 중요하다.

[출처: 언스플래시]

Points

- 학생의 정신건강문제는 여러 영역에서 현재와 미래의 삶에 영향을 미친다. 따라서 학교사회복지에서는 학생의 정신건강에 대해 관심을 가질 필요가 있다.

2. 학생의 정신건강문제가 미치는 영향

학생의 정신건강문제는 여러 가지 영역에서 학생에게 부정적인 영향을 미치고 있다. 학생이 정신건강문제를 겪을 때 학생이 겪을 수 있는 상황을 몇 가지 제시하면 다음과 같다(Adolescent and School Health, 2015).

① 스트레스를 받고, 불안해하고, 우울해한다.
② 괴롭힘을 당할까 걱정한다.
③ 가족관계나 친구관계에서 어려움을 겪는다.
④ 외로움을 느끼거나, 자신이 따돌려지고 있다고 생각한다.
⑤ 자살할 생각을 하거나, 다른 사람에게 해를 끼칠 생각을 한다.
⑥ 알코올이나 담배나 기타 약물을 사용한다.

학생의 정신건강문제는 학생의 학교생활에도 매우 부정적인 영향을 미칠 수 있다. 정신건강문제를 가진 학생이 학교에서 겪을 수 있는 상황을 몇 가지 제시하면 다음과 같다(Skalski & Smith, 2006).

① 학교에 다니는 것을 어려워한다.
② 학교에서 학습하는 데 어려움을 겪는다.
③ 학교에서 친구 및 성인과의 관계가 더 좋지 않게 된다.

결국, 정신건강문제는 학생이 가정과 학교와 지역사회에서 행동하는 데 어려움을 유발하고 있다. 그 결과, 정신건강문제는 학생이 학습을 잘하고 정서적으로 발달하고 사회적으로 발달하는 데 부정적인 영향을 미치고 있다.

Points

- 정신건강문제는 학생이 가정과 학교와 지역사회에서 행동하는 데 어려움을 유발함으로써, 학생의 학습과 정서적·사회적 발달에 부정적 영향을 미친다.

3. 학교 중심 정신건강 서비스의 필요성과 인식 변화

1) 학교 중심 정신건강 서비스의 필요성

학교가 주로 관심을 가지는 것은 교육이다. 그러나 좋은 정신건강은 학생의 정서적 발달과 사회적 발달을 위해서 반드시 필요하지만, 학생이 학습을 잘하기 위해서도 반드시 필요하다(American Council for School Social Work, 2013). 따라서 정신건강이 좋은 것과 학교에서 잘하는 것은 서로 관련되고 있다. 이런 예를 몇 가지 제시하면 다음과 같다(Skalski & Smith, 2006).

① 정신건강이 좋은 학생은 학교에서 성적이 더 좋은 것으로 나타난 바 있다.
② 정서적으로 어려움을 겪는 학생은 학교에서 자퇴할 가능성이 큰 것으로 나타난 바 있다.
③ 정신건강이 좋은 학생은 공부를 즐기는 것으로 나타난 바 있다.

결국, 좋은 정신건강을 유지하는 것은 학생이 학습을 더 잘하게 하는 방향으로 영향을 미칠 뿐만 아니라, 학생이 학습을 꾸준히 계속하게 하는 방향으로 영향을 미치고 있다. 따라서 정신건강은 학교에서 잘하는 것과 크게 관련되기 때문에, 학교는 학생의 정신건강을 더 좋게 하는 데 도움을 줄 필요가 있다(Mills et al., 2006; American Council for School Social Work, 2013).

그리고 오늘날에는 아동과 청소년의 정신건강문제가 교실에서 나타나는 경우도 많다. 따라서 학생이 많은 시간을 보내는 학교에서 학생에게 여러 가지 정신건강 서비스를 제공할 필요가 있다.

결국, 오늘날의 학교는 아동과 청소년의 정신건강문제를 해결하는 데 있어 중요한 장소가 되는 경우가 많다. 이런 탓에, 학교는 학생의 정신건강을 향상하는 데 있어 나름의 역할을 할 필요가 있다(Forenza & Eckhardt, 2020; President's New Freedom Commission on Mental Health, 2003).

2) 학교 중심 정신건강 서비스에 대한 인식의 변화

오늘날에는 학교를 정신건강 서비스를 제공하는 장소로 보는 경우가 많아지고 있다. 이에 따라서, 학교를 학생이 정신건강 서비스를 받을 수 있는 장소로 인식하는 경우가 많아지고 있다. 예를 들어 스웨덴의 경우, 학교사회복지사가 학교에서 학생과 개인적으로 만나는 가장 일반적인 이유는 학생의 정신건강문제 때문으로 나타난 바 있다(Skalski & Smith, 2006; Kjellgren, Lilliehorn & Markstroom, 2022).

▲ 학생의 정서에 편한 물건으로 장식한 교육복지실: 학교를 정신건강 서비스를 제공하는 장소로 보는 경우가 많아지고 있다.

[출처: 정윤옥 님 제공]

이와 더불어, 교사의 인식도 바뀌고 있다. 예를 들어, 학생의 정서적 복리와 성적 사이에 큰 관련이 있다는 점을 교사가 인정하는 경우가 많아지고 있다. 이에 따라서, 학생의 정서적 복리를 향상하는 정신건강 서비스에 대해 교사가 더 관심을 가지는 방향으로 나아가고 있다(Mills et al., 2006).

그 결과, 오늘날에는 많은 학교에서 학생에게 정신건강 서비스를 제공하고 있다. 그리고 학교사회복지사가 학교에서 어려움을 겪는 학생의 사례를 관리하고 정신건강과 관련된 서비스를 제공하는 경우가 많아지고 있다(Daftary et al., 2021).

Points

- 학교는 학생의 정신건강을 향상하는 데 있어 나름의 역할을 할 필요가 있다.
- 오늘날에는 학교를 정신건강 서비스를 제공하는 장소로 보는 경우가 많고, 정신건강 서비스에 대해 교사가 더 관심을 가지는 경우가 많다.

4. 학교 중심 정신건강 서비스의 장점과 효과

1) 학교 중심 정신건강 서비스의 장점

학교 중심 정신건강 서비스가 지니는 커다란 장점의 하나는, 현장에서 정신건강 서비스를 제공할 수 있다는 점이다(Forenza & Eckhardt, 2020). 그러나 이 외에도 학교 중심 정신건강 서비스는 여러 가지 장점을 지니고 있다. 학교 중심 정신건강 서비스의 장점을 몇 가지 제시하면 다음과 같다(Mills et al., 2006).

① 취약한 학생이 서비스를 더 쉽게 받을 수 있다.
② 학생의 부모와 교사가 학생의 정신건강을 향상하는 데 더 관여할 수 있다.
③ 학생의 정신건강문제를 더 예방할 수 있고, 정신건강과 관련해 조기에 더 개입할 수 있다.

2) 학교 중심 정신건강 서비스의 효과

학생을 대상으로 하는 정신건강 서비스는 학교생활의 여러 영역에서 학생에게 긍정적인 영향을 미치고 있다.[2] 학교에서 정신건강 서비스를 더 제공할 경우의 효과를 몇 가지 제시하면 다음과 같다(American Council for School Social Work, 2013).

① 학교 분위기가 더 좋아진다.

② 특수교육에 의뢰하는 사례가 줄어든다.

③ 행동문제 때문에 다른 곳에 의뢰하는 사례가 줄어든다.

④ 학교를 나오지 못하게 하는 사례(정학)와 학년을 끝까지 마치지 못하는 사례(유급)가 줄어든다.

특히 학교 중심 정신건강 서비스는 학생의 학습에 긍정적인 영향을 미칠 수 있다. 예를 들어, 학생이 사회적·정서적으로 더 좋은 상태를 유지하게 하는 정신건강 프로그램은 학생의 학습에 긍정적인 영향을 미치는 것으로 나타난 바 있다(Skalski & Smith, 2006).

또한 학교 중심 정신건강 서비스는 정서적·행동적 문제를 줄여줄 수 있다. 예를 들어, 학교 중심 정신건강 프로그램은 학생이 겪는 여러 가지 정서적 문제와 행동적 문제를 줄여주는 데 긍정적인 영향을 미치는 것으로 나타난 바 있다(Michelle & Hoagwood, 2000).

그리고 학생의 정신건강 영역에 투자하는 것은 사회에 유리하게 작용할 수 있다. 예를 들어, 학교 중심 정신건강 서비스는 학생을 건전하고 행복하게 해줌으로써, 학생이 나중에 사회에서 생산적인 일꾼이 되도록 하는 데 이바지하는 것으로 나타난 바 있다(Skalski & Smith, 2006; Mills et al., 2006).

결국, 학교 중심 정신건강 서비스는 여러 영역에서 학생의 현재 삶과 미래 삶에 긍정적인 영향을 미치고 있다.

2) 이런 점은 앞에서 이미 설명한 바 있다.

Points

- 학교 중심 정신건강 서비스는 여러 가지 장점을 지닌다.
- 학교 중심 정신건강 서비스는 여러 영역에서 학생의 현재 삶과 미래 삶에 긍정적 영향을 미친다.

5. 학교에서 정신건강 서비스를 제공하기 위한 지침

그동안 일부 기관과 학자는 학교에서 정신건강 서비스를 제공하는 것과 관련된 방안을 제시한 바 있다. 이런 방안은 학교에서 정신건강 서비스를 제공하기 위한 지침이 될 수 있다. 이런 방안의 예로 미국 정신건강 위원회의 보고서에 근거한 방안, 그동안의 여러 연구에 근거한 방안이 있다.

1) 미국 정신건강 위원회의 보고서에 근거한 지침

일부 학자의 경우, 미국의 정신건강 위원회에서 발간한 보고서에서 제안한 방안들을 근거로 해서, 학교에서 정신건강을 향상하기 위한 방안으로 다음과 같은 것을 제시하고 있다(Mills et al., 2006). 이것은 학교에서 학생에게 정신건강 서비스를 제공하는 것과 관련해 기본적 지침이 될 수 있다.

① 정신건강에 관해 잘못 인식하지 않도록 한다.

② 자살을 예방한다.

③ 학교에서 정신건강 서비스를 확대하고 개선한다.

④ 정신건강문제와 약물남용문제를 겪는 사람을 사전에 파악하고 치료한다.

2) 학교 중심 정신건강 서비스 관련 연구에 근거한 지침

일부 학자의 경우, 학교 중심 정신건강 서비스에 관한 그동안의 연구들을 검토한 바 있다. 이들은 학교 중심 정신건강 서비스를 계속 더 유지하기 위한 방안으로 다음과 같은 것을 제시하고 있다(Michelle & Hoagwood, 2000). 이것은 더 나은 학교에서 정신건강 서비스를 꾸준히 제공하기 위한 지침이 될 수 있다.

① 학교 중심 정신건강 프로그램을 계속 실시한다.

② 학교 중심 정신건강 프로그램에 부모나 교사나 또래를 참여시킨다.

③ 학교 중심 정신건강 프로그램에서 여러 가지 방식을 사용한다.

④ 학교 중심 정신건강 프로그램의 내용을 일반 교과 과정에 포함한다.

⑤ 학교 중심 정신건강 프로그램의 내용을 학생의 발달에 적절한 요소로 구성한다.

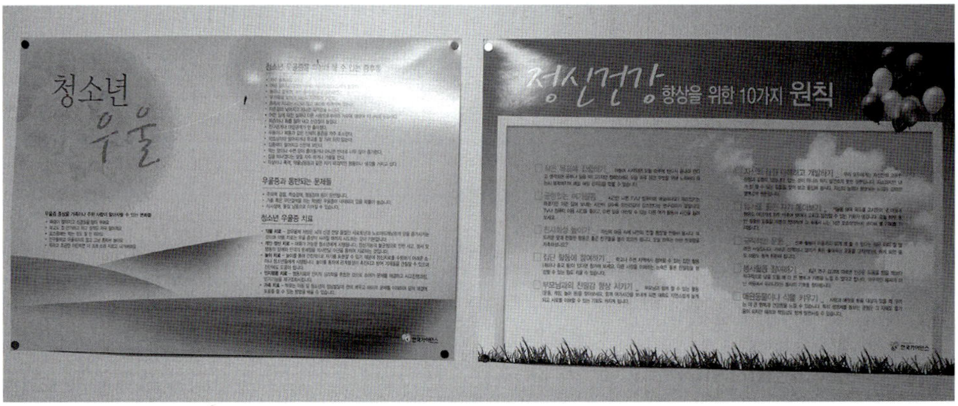

▲ 학교의 상담실 내부에 걸려있는 정신건강 안내문: 학교에서 정신건강 서비스를 꾸준히 제공하기 위해서는 여러 방식을 사용할 필요가 있다.

[출처: 담당자의 허락을 맡고, 저자 촬영]

Points

- 학교에서 정신건강 서비스를 제공하기 위한 지침의 예로 미국 정신건강 위원회의 보고서의 방안에 근거한 지침, 학교 중심 정신건강 서비스에 관한 그동안의 연구에 근거한 지침이 있다.

6. 정신건강을 지원하는 학교 분위기를 형성하기 위한 단계

학교에서 학생의 정신건강을 향상하고자 할 때 중요한 것은, 학교 전체가 학생의 정신건강을 지원하는 분위기를 만들어주는 것이다. 일부 학자의 경우, 정신건강을 지원하는 학교 분위기를 형성하는 단계를 몇 단계로 제시하고 있다(Skalski & Smith, 2006). 이때, 각 단계에서 학교사회복지사는 나름의 역할을 할 수 있다.

1) 첫째 단계

첫째 단계는 교사와 직원이 학생의 정신건강 욕구를 충족할 수 있는 능력을 갖추도록 해주는 단계이다. 이런 능력을 갖추게 하기 위해 처음으로 시작하여야 할 것은, 교사와 직원이 학생의 정신건강 욕구를 충족하는 데 도움을 주기 위해 필요한 전문적 기술에 관해 교육하는 것이다.

이때 중요한 점은, 학교의 모든 교사와 직원이 모든 학생과 좋은 방향으로 교류할 수 있도록 해주는 것이다. 이 경우, 직원에는 교사, 버스기사, 전문 보조원도 포함되고, 학생에는 심각한 정서적 어려움과 행동적 어려움을 겪고 있는 학생도 포함된다.

2) 둘째 단계

둘째 단계는 학교에 적절한 수의 정신건강 전문가를 배치하고, 이들이 학교에서 정신건강 서비스를 제공하는 데 있어 주요한 역할을 하도록 해주는 단계이다. 학교는 학교 중심의 정신건강 전문가와 지역사회 중심의 정신건강 전문가를 모두 이용할 수 있는 경우가 많다. 그러나 학교에서 정신건강 서비스를 제공할 때는 학교 중심의 전문가가 주요한 역할을 하게 할 필요가 있다.

말할 것도 없이, 학교 중심의 정신건강 전문가와 지역사회 중심의 정신건강 전문가 모두는 학생의 정신건강 욕구를 평가하고 충족시켜 줄 수 있다. 그리고 지역사회 중심의 정신건강 전문가도 학생에게 귀중한 자원일 수 있다. 그러나 지역사회 중심의 정신건강 전문가에 비해서, 학교 중심의 정신건강 전문가는 학교제도, 학습 이론, 학교의 규정, 학교에서의 개입과 예방에 관해 구체적인 지식을 추가로 지니고 있다. 따라서 학교에서는 학교 중심의 전문가가 더 쓸모가 있을 수 있다.

그러나 이때 다음과 같이 할 필요가 있다.

① 학교의 교장 · 교감과 학교 중심의 정신건강 전문가는 학생을 지원하기 위해서 서로 잘 협력한다.

② 지역사회 중심의 정신건강 전문가가 학교에서 서비스를 제공할 경우, 학교에 있는 정신건강 전문가와 가깝게 협력해 업무 등을 조정한다.

3) 셋째 단계

셋째 단계는 여러 가지의 폭넓은 정신건강 서비스를 더 제공하는 단계이다. 이런 서비스는 학교 전체에 걸쳐 정신건강 프로그램을 제공하는 것과 체계적으로 개입하는 것을 포함하고 있다. 학생이 긍정적으로 행동하게 하기 위해 학교 전체에 걸쳐 개입하고 지지하는 서비스를 이용한 학생은, 다음과 같은 특성을 보이는 것으로 알려져 있다.

① 문제가 되는 행동을 적게 한다.

② 성적이 더 좋아진다.

때에 따라서는, 학생이 정신건강과 관련해 겪는 어려움이 교사와 직원이 다룰 수 없을 정도로 매우 심각한 경우가 있을 수 있다. 이때는 해당 학생의 정신건강 욕구를 적절하게 충족해주기 위해서, 학교는 지역사회 전문가와 함께 협력해 서비스를 제공할 필요가 있다.

4) 넷째 단계

넷째 단계는 학생의 정신건강 욕구를 정기적으로 파악하고 또한 학교 중심 정신건강 서비스의 효과를 정기적으로 파악하는 단계이다. 학생이 정신건강과 관련해 가지는 욕구를 파악하고자 할 때는, 비공식적 방법과 공식적 방법을 모두 사용할 필요가 있다. 이 경우, 학생의 정신건강 욕구를 파악하기 위한 비공식적 방법을 몇 가지 제시하면 다음과 같다.

① 학생이 얼마나 잘하는지를 파악하기 위해, 식당이나 복도에서 학생들이 서로 교류하는 것을 관찰한다.

② 매주 특정한 시간에 모여서, 학생의 욕구와 관심거리에 관해 이야기를 나눈다.

그리고 학생의 정신건강 욕구를 파악하기 위한 공식적 방법을 몇 가지 제시하면 다음과 같다.

① 학교의 분위기를 보여주는 자료를 수집한다. 이런 자료의 예로 출석률, 잘못된 행동을 하는 횟수, 잘못된 행동의 정도, 잘못된 행동을 계속하는 기간이 있다.

② 조사표에 학생이 자발적으로 체크한다. 우울이나 기타 정신건강문제를 학생이 자발적으로 체크하도록 하는 것은, 학생의 정신건강과 관련된 욕구를 파악하기 위해 좋은 방법이 될 수 있다.

Points

- 정신건강을 지원하는 학교 분위기를 형성하는 단계는 교사·직원이 학생의 정신건강 욕구를 충족할 수 있는 능력을 갖추도록 해주는 단계, 정신건강 전문가가 학교에서 정신건강 서비스를 제공하는 데 있어 주요한 역할을 하도록 해주는 단계, 여러 폭넓은 정신건강 서비스를 더 제공하는 단계, 학생의 정신건강 욕구와 학교 중심 정신건강 서비스의 효과를 정기적으로 파악하는 단계로 구분할 수 있다.

7. 학교사회복지사의 역할

1) 일반적 역할

학교사회복지사는 정신건강 분야에서 교육을 받은 전문가이다. 따라서 학교사회복지사는 학생의 정신건강과 관련해 여러 가지 역할을 할 수 있다(Ding et al., 2023).

미국 학교사회복지협의회에 따르면, 학교사회복지에서는 학생의 정신건강 욕구를 충족하기 위해 다음과 같은 일을 하고 있다(American Council for School Social Work, 2013). 이것은 학교사회복지사가 정신건강 영역에서 하는 일반적 역할이라고 볼 수 있다.

① 교사와 직원, 학생의 부모, 학생에게 교육한다. 이와 관련된 예를 몇 가지 제시하면 다음과 같다.

㉠ 학생이 개인적으로 건전한 정신건강을 유지하는 방법 등에 관해 교육한다.

㉡ 정신건강문제를 보여주는 징후와 증상에 관해 교육한다.

㉢ 학생이나 부모가 정신건강문제를 겪을 때 대처하는 방법에 관해 교육한다.

㉣ 학생과 가족의 정신건강문제를 해결하기 위해 학교사회복지 서비스를 이용하는 방법에 관해 교육한다.

② 정신건강문제 때문에 어려움을 겪는 학생에게 정신건강 서비스를 제공한다. 이와 관련된 정신건강 서비스를 몇 가지 제시하면 다음과 같다.

㉠ 학생 개인이 위기를 겪을 때 개입하고 정신건강 상태를 파악한다.

㉡ 해당 학생의 가정을 방문해 가족에게 관여한다. 이와 관련된 역할을 몇 가지 제시하면 다음과 같다. ⓐ 해당 학생의 가족이 지역사회의 정신건강 서비스를 이용하도록 도와준다. ⓑ 정신건강 서비스를 받다가 중단한 가족이 정신건강 서비스를 다시 받도록 한다.

㉢ 학생의 정신건강을 꾸준히 살펴본다.

㉣ 학생 개인이나 집단을 대상으로 상담한다.

㉤ 사례를 관리한다.

ⓑ 학교의 자원과 지역사회의 자원을 조정한다.

ⓢ 교사와 직원이 학생의 행동문제에 대해 개입하고 학생을 지지하는 것을 도와준다.

ⓞ 학생이 정신건강문제를 극복하려고 노력하는 것을 친구가 지지하고 도와주는 방법에 관해 교육한다.

▲ 숙소에 도착해 이야기하는 친구들: 학교사회복지사는 학생이 정신건강문제를 극복하려고 노력하는 것을 친구가 도와주는 방법에 관해 교육할 수 있다.

[출처: 영국에서 저자 촬영]

③ 학교에서 증거에 근거한 예방 프로그램을 개발하고 실시하는 데 중심이 되어 관여하고 자문한다. 이런 프로그램을 몇 가지 제시하면 다음과 같다.

㉠ 긍정적으로 행동하도록 개입하고 지지하는 프로그램이 있다.

㉡ 원래의 상태로 회복하게 하는 프로그램이 있다.

㉢ 폭력을 줄이고 괴롭힘을 예방하는 프로그램이 있다.

㉣ 자살을 예방하는 프로그램이 있다.

㉤ 10대가 임신한 것과 관련된 프로그램이 있다.

㉥ 학교를 중간에 그만두는 것과 학교에 특별한 이유 없이 결석하는 것을 예방하는 프로그램이 있다.

㉦ 아동학대를 예방하는 프로그램이 있다.

㉧ 어려움을 겪었기에 생긴 마음의 상처를 돌보는 프로그램이 있다.

그리고 학교사회복지사는 학교에서 제공하는 정신건강 서비스와 관련해 가족과 학교를 연결할 수 있다(Nguyen et al., 2022).

2) 구체적 역할

(1) 정신건강 서비스에 대한 부정적 인식 제거 관련

정신건강에 관한 지식이 부족하고 정신건강에 관해 잘 이해하지 못하기 때문에, 정신건강문제와 정신건강 서비스에 대해 부정적으로 생각할 수도 있다. 이런 상황은 정신건강 서비스를 이용하는 것을 꺼리게 하는 요인이 될 수 있다.

그러므로 학교사회복지사는 학교 중심 정신건강 서비스를 더 확대해 실시함으로써, 정신건강 서비스에 대해 따라 다닐 수 있는 부정적 인식을 줄이는 데 관여할 수 있다.

(2) 교장에 대한 지원 관련

학생의 정신건강과 관련해서 교장은 학교에서 매우 중요한 인물이다. 교장은 학교의 정신건강 전문가와 협력해, 다음과 같은 것이 이루어지도록 할 필요가 있다(Skalski & Smith, 2006).

① 학생의 정신건강과 관련된 자료를 정기적으로 수집한다.
② 학생이 정신건강 서비스를 이용할 수 있는 정도를 조사한다.
③ 학생이 정신건강 서비스를 어느 정도 이용하였는지를 조사한다.
④ 정신건강 서비스가 학생의 정신건강을 더 좋게 하는 데 얼마나 긍정적인 영향을 미쳤는지를 조사한다.

그러나 앞에서와 같은 일은 외부의 도움 없이 교장 혼자 하기는 쉽지 않다. 그러므로 학교사회복지사는 교장이 이런 일을 하는 것을 도와줄 수 있다.

(3) 정신건강 프로그램의 효과 평가 관련

학교에 가르치고 배우는 것을 평가하기 위한 틀은 많이 있다. 그러나 학교에 학생에게 제공하는 정신건강 프로그램을 평가하기 위한 틀이 있는 경우는 많지 않을 수 있다(Mills et al., 2006).

그러므로 학교 중심 정신건강과 관련이 있는 학교사회복지사는, 학생을 위한 정신건강 프로그램의 효과를 평가하기 위한 틀을 개발하는 데 관여할 수 있다.

Points

- 학교사회복지사의 일반적 역할로 교사와 직원, 학생의 부모, 학생에게 교육하는 것과 관련된 역할, 학생에게 정신건강 서비스를 제공하는 것과 관련된 역할, 예방 프로그램을 개발·실시하는 것과 관련된 역할이 있다.
- 학교사회복지사의 구체적 역할로 정신건강 서비스에 대한 부정적 인식을 제거하는 것과 관련된 역할, 교장에 대한 지원과 관련된 역할, 정신건강 프로그램의 효과를 평가하는 것과 관련된 역할이 있다.

8. 학생의 정신건강과 관련해 고려할 점

1) 이른 개입

말할 것도 없이, 정신건강문제에 대해 일찍 개입하는 것(조기 개입)은 중요하다. 정신건강이 좋지 않은 학생에게는, 학교에서 일찍 개입함으로써 도움을 줄 수 있다. 이것은 일반적인 정신건강 서비스를 쉽게 이용할 수 없는 취약한 지역사회에 사는 학생에게 특히 그렇다(UNICEF, 2021). 그러므로 학교사회복지사는 정신건강 영역에서 어려움을 겪는 학생에 대해 일찍 개입할 필요가 있다.

2) 가족 참여의 확대

학생의 부모는 의료기관이 중심이 되어 제공하는 서비스보다는 학교가 중심이 되어 제공하는 서비스에 더 많이 참여하는 것으로 알려져 있다(Atkins, Graczyk, Frazier & Abdul-Adil, 2003). 그러므로 학교사회복지사는 학교 중심 정신건강 서비스를 학생과 학생의 가족에게 많이 홍보할 필요가 있다.

3) 관련자들의 협조 체계 형성

학교 중심 정신건강 서비스가 성공하고자 할 때 중요한 것은, 주요한 관련자들이 서로 협조하는 체제를 갖추는 것으로 알려져 있다. 이 중에서 학생의 정신건강과 관련해 개입할 때, 교사는 중요한 역할을 하고 있다. 따라서 정신건강 전문가 이외에, 교사도 학생의 정서와 관련된 문제를 해결하는 데 있어 중요하다(Mills et al., 2006; Nguyen et al., 2022).

그러므로 학교사회복지사는 정신건강 전문가, 교사, 기타 관련자들이 서로 잘 협력하는 데 관여할 필요가 있다.

▲ 학교사회복지사가 제공한 정신건강 프로그램에 참여한 학생들: 학교사회복지사는 학교 중심 정신건강 서비스를 많이 홍보할 필요가 있다.

[출처: 정윤옥 님 제공]

4) 자살 예방

세계적으로 볼 때, 자살은 청소년이 사망하는 주요한 원인의 하나에 속하고 있다(노병일, 2022b; UNICEF, 2021). 따라서 학교 중심 정신건강 서비스에서는 학생의 자살생각을 줄이고 자살을 예방하는 데 특히 주목할 필요가 있다. 이 경우, 자살을 예방하기 위한 프로그램을 학교에서 효과적으로 실시하기 위해서는, 학교 전체가 관여하는 접근방식이 필요하다. 그러므로 학교사회복지사는 교사, 교장과 교감, 학교와 관련된 기타 모든 사람이 학생의 자살을 예방하는 데 관여하도록 할 필요가 있다.

5) 효과에 대한 관심

학교에서 실시하는 정신건강 프로그램의 효과를 과학적으로 보여주는 사례는 적은 편이다. 그러나 학교 중심 정신건강 프로그램을 계속 유지하고 이런 프로그램이 더 잘되도록 하기 위해서는, 학교 중심 정신건강 프로그램이 학생의 복리와 학습에 긍정적인 영향을 미친다는 것을 증명하는 자료를 제시할 필요가 있다(Michelle & Hoagwood, 2000; Mills et al., 2006).

그러므로 학교사회복지사는 학교 중심 정신건강 프로그램이 얼마나 효과적인지를 측정하고 제시하는 측면에 더 관심을 가질 필요가 있다.

Points

- 학생의 정신건강과 관련해 고려할 점으로 이른 개입과 관련된 측면, 가족 참여의 확대와 관련된 측면, 관련자들의 협조 체계 형성과 관련된 측면, 자살 예방과 관련된 측면, 효과에 대한 관심과 관련된 측면이 있다.

PART

5

학교사회복지의 폭넓은 측면

Chapter 13

학교사회복지의 생태학적 관점과 거시적 측면

1. 학교사회복지의 생태학적 관점

1) 생태학적 관점에 대한 관심의 필요성

학생과 관련된 환경은 학생이 학습하고 행동하는 데 크게 영향을 미치고 있다. 따라서 학교가 학생을 잘 교육하기 위해서는, 학생과 가족이 생활하고 활동하는 다양한 환경에 주목하여야 한다(노병일, 2020b; Bowen, 2007; Frey et al., 2013; Nguyen et al., 2022).

학생 개인과 학생의 가족이 더 넓은 환경과 서로 교류하는 것과 관련된 요인에는 여러 가지가 있다. 따라서 이를 위해서는 여러 요인에 주목하는 관점이 필요한데, 이와 관련된 관점이 생태학적ecological 관점이다(노병일, 2020b).

생태학적 관점의 경우, 학생에게 긍정적·부정적인 영향을 미치는 모든 요인을 고려하면서 학생에 대해 주목하고 있다. 특히 생태학적 관점에서는 사회와 관련된 요인도 학생의 발달에 영향을 미친다고 보고 있다(노병일, 2020b; Lee, 2007). 이런 탓에, 생태학적 관점은 학교사회복지사가 활동하는 데 좋은 지침이 되고 있다. 실제로 미국 전국사회복지사협회에서 제시한 학교사회복지 서비스 기준Standards for School Social Work Services에서는, 학교사회복지를 실시하는 데 있어 생태학적 관점을 사용할 것을 권장한 바 있다(American Council for School Social Work, 2014; Garrett, 2007; Ding et al., 2023).

그러므로 학교사회복지에서는 학생이 겪는 문제를 이해하고 해결하는 것과 관련해 생태학적 관점에 대해 관심을 가질 필요가 있다. 특히, 학생이 학습을 잘하는 데 영향을 미치는 사회적 요인과 환경적 요인에 주목하며 개입할 경우, 생태학적 관점을 취할 필요가 있다(Constable, 2009; Garrett, 2007; Frey & Walker, 2007; Forenza & Eckhardt, 2020).

▲ 도시의 학교: 학교사회복지에서는 학생의 문제를 해결하는 것과 관련해 생태학적 관점에 관심을 가질 필요가 있다.

[출처: 저자 촬영]

2) 생태학적 관점의 정의와 장점

(1) 생태학적 관점의 정의

생태학ecology은 생명체와 환경 사이에 서로 교류하는 측면에 주목하는 학문이다. 따라서 생태학적 관점은 생명체가 환경에 어떻게 적응하는지를 설명하는 생물학적 이론에 근거를 두고 있다(Harris & White, 2013).

일반적으로 생태학적 관점은, 개인과 가족이 더 넓은 지역사회와 관계를 맺으며 활동하는 측면과 개인과 가족이 위치한 문화적 · 사회적 · 경제적 환경을 고려하는 관점을 말한다. 따라서 생태학적 관점은 '환경 속의 인간'에 주목하는 관점이라고 볼 수 있다(노병일, 2020b; Harris & White, 2013; Kelly, Frey & Anderson-Butcher, 2010).

(2) 생태학적 관점의 장점

생태학적 관점은 여러 가지 장점을 지니고 있다. 생태학적 관점이 지니는 장점을 몇 가지 제시하면 다음과 같다(노병일, 2015; 노병일, 2020b).

① 예방 측면과 관련된 장점이 있다. 생태학적 관점을 취하는 것은 인간 개인의 발달과 관련된 문제를 예방하는 효과가 있다.

② 인간 개인의 강점을 강조하는 측면과 관련된 장점이 있다. 생태학적 관점에서는 인간은 세대 사이에 서로 의존한다고 본다. 따라서 생태학적 관점은, 인간 개인에게 중요한 여러 체계들 사이에 서로 영향을 미치는 측면을 살펴보는 데 쓸모가 있다. 그 결과, 생태학적 관점에서는 인간 개인이 사회에 이바지하는 측면을 강조한다.

③ 전체 측면과 관련된 장점이 있다. 생태학적 관점은 가족이 제 역할을 하는 것을 전체적으로 보는 것을 강조한다.

그러므로 생태학적 관점은 학생의 복리를 향상하는 데 쓸모 있게 적용할 수 있다.

3) 학교사회복지와 관련된 생태학적 관점의 특징과 장점

(1) 학교사회복지와 관련된 생태학적 관점의 특징

학교에 대해서는 여러 가지 환경이 영향을 미치고 있다. 따라서 학교사회복지와 관련된 생태학적 관점에서는 학교와 관련된 다양한 환경에 주목하고 있다. 이런 탓에, 생태학적 관점에 근거한 학교사회복지에서는 학생에 대해 관심을 가질 뿐만 아니라, 학교와 관련해 서로 영향을 주고받는 환경체계에도 관심을 가지고 있다. 그 결과, 생태학적 관점에서는 '환경 속의 인간'이라는 측면에 주목하면서 학교와 관련된 여러 수준의 서비스와 여러 체계들을 연결하려 하고 있다(Adolescent and School Health, 2015; Garrett, 2007; Ding et al., 2023).

▲ 산꼭대기에 있는 학교: 학교사회복지와 관련된 생태학적 관점에서는 학교와 관련된 다양한 환경에 주목한다.

[출처: 대만에서 저자 촬영]

또한 학교사회복지와 관련된 생태학적 관점에서는, 체계들 사이의 관계를 분석해 학교사회복지 서비스나 프로그램에 대한 계획을 짜고 있다. 이때 학교사회복지사는 체계들 사이에 복잡하게 서로 교류하는 것을 파악한 후에, 자신이 사용할 수 있는 방법을 선택하고 있다(Constable, 2009).

학교사회복지사가 생태학적 관점을 취해서 하고자 하는 것을 몇 가지 제시하면 다음과 같다(Garrett, 2007).

① 여러 환경에서 학생을 살펴본다.

② 학생이 환경에 어떻게 영향을 미치는지를 살펴보고, 환경이 학생에게 어떻게 영향을 미치는지를 살펴본다.

(2) 학교사회복지와 관련된 생태학적 관점의 장점

학교사회복지사는 생태학적 관점에 관해 잘 알고 있다. 생태학적 관점은 학교사회복지사가 다른 전문가 및 부모와 협력하기 위한 틀을 제공하고 있다. 따라서 생태학적 관점을 사용하는 것은, 학교사회복지사가 다른 전문가와 구분되는 독특한 존재라는 점을 보여주는 데 도움이 될 수 있다(Lee, 2007; Ding et al., 2023).

또한 생태학적 관점은 학생과 가족에게 이용할 수 있는 자원을 늘려주는 데 도움이 되고 있다. 예를 들어, 학생들 사이의 격차를 줄이기 위한 자원을 파악하고자 할 때, 학교사회복지사는 생태학적 관점을 취하면서 여러 체계에서 자원을 찾아볼 수 있다(National Association of Social Workers, 2012).

4) 학교사회복지의 생태학적 관점에 따른 사정과 개입

(1) 생태학적 관점에 따른 사정

학교사회복지사가 생태학점 관점에 근거해 문제를 해결하고자 할 때 먼저 하여야 할 것은 사정이다. 생태학적 관점에 따라 사정할 때는 다음과 같은 측면 모두에 주목하고 있다(Garrett, 2007).

① 학생을 둘러싼 여러 환경에 학생이 미치는 영향에 주목한다.

② 학생과 환경들 사이에 주고받는 교류에 주목한다.

③ 환경체계가 학생에게 미치는 영향에 주목한다.

그러므로 생태학적 관점에 근거한 사정에서는 학생과 여러 환경체계가 서로에게 잘 적응하는 정도에 주목하고 있다. 생태학적 관점에 근거한 사정에서 주목하는 예를 몇 가지 제시하면 다음과 같다(Garrett, 2007).

① 학생이 학급, 또래집단, 가족에게 미치는 영향에 주목한다.

② 해당 학생이 없을 때 학급과 또래관계 등이 어떻게 변하는지에 주목한다.

③ 다른 사람은 학생을 어떻게 인식하는지에 주목하고, 다른 사람은 학생에게 어떻게 반응하는지에 주목한다.

④ 학생과 다른 사람들 사이에 주고받는 관계가 학생에게 어떻게 영향을 미치는지에 주목하고, 학생은 이런 관계에 어떻게 영향을 미치는지에 주목한다.

(2) 생태학적 관점에 근거한 개입

(가) 주요한 목표와 개입 대상

생태학적 관점에 근거한 개입에서는 학생이나 가족이 다른 사람과 관계를 맺는 능력을 키워주려고 하는 경우가 많다(Garrett, 2007). 생태학적 관점에 근거한 개입의 경우, 개인을 대상으로 개입할 수도 있고, 환경을 대상으로 개입할 수도 있고, 개인과 환경 모두를 대상으로 개입할 수도 있다.

(나) 개입방법

생태학적 관점에 따라 개입하는 방법에는 직접적으로 개입하는 방법(직접적 개입)과 간접적으로 개입하는 방법(간접적 개입)이 있다.

ⓐ 직접적 개입

생태학적 관점에 근거한 직접적 개입의 경우, 학생이 주위 환경에 더 잘 적응하는 방향으로 변하도록 도와주는 데 주목하고 있다. 이런 개입은 학생이 다음과 같이 하도록 하는 데 도움을 줄 수 있다(Garrett, 2007).

① 다른 사람과 관계를 잘 맺는다.

② 자신은 능력이 있다고 생각한다.

③ 자신은 가치 있는 존재라고 생각한다.

▲ 야외에 단체 활동을 하러 온 학생들: 생태학적 관점에 근거한 직접적 개입에서는 학생이 주위 환경에 더 잘 적응하는 방향으로 변하도록 도와주는 데 주목한다.

[출처: 포르투갈에서 저자 촬영]

특히, 학교나 학급에서 어려움을 겪는 학생이 다음과 같이 하도록 하기 위해서, 학생에게 직접적으로 개입할 수 있다(Garrett, 2007).

① 학급의 구조를 이해한다.

② 자신의 행동이 왜 교사나 친구를 불편하게 하는지를 이해한다.

이때, 학교나 학급에서 어려움을 겪는 학생을 도와줄 수 있는 방법을 구체적으로 제시하면 다음과 같다(Garrett, 2007).

① 다른 사람에게 불편함을 주지 않고서도 자신의 욕구를 충족할 수 있는 행동을 찾게 한다.

② 행동할 경우, 학교에서 하는 여러 가지 행동 중에서 선택할 수 있다는 점을 이해하게 한다.

ⓑ 간접적 개입

생태학적 관점에 따른 개입에서는, 환경체계를 변화시키기 위해 학생이 아닌 다른 사람을 대상으로 활동할 수 있다. 이것은 간접적 개입이라고 볼 수 있다.

생태학적 관점에 근거해 간접적으로 개입하는 예를 몇 가지 제시하면 다음과 같다(Garrett, 2007).

① 부모가 가정에서 학생이 할 수 있는 활동에 범위를 정하도록 도와준다.

② 학급의 친구들이 학생의 상황을 이해하도록 도와준다.

③ 교사가 교실의 좌석 배치를 바꾸도록 도와준다.

5) 생태학적 관점과 관련해 고려할 점

(1) 여러 영역에서 부족한 측면과 여러 관계에 대한 주목

학교사회복지사가 생태학적 관점을 취할 경우, 학교사회복지사는 다음과 같은 것에 모두 주목하는 방향으로 나아갈 필요가 있다(Lee, 2007).

① 학생이 정신적·사회적 영역을 포함한 여러 영역에서 부족한 측면에 주목한다.

② 학생과 교사 사이의 관계, 가정과 학교 사이의 관계, 교사와 교장 및 직원 사이의 관계, 학생과 외부 환경 사이의 관계에 주목한다.

(2) 사정과 관련된 주목

사정과 관련해, 생태학적 관점을 취하는 학교사회복지사는 다음과 같은 점에 주목할 필요가 있다(Garrett, 2007).

① 학생에게 영향을 미치는 체계와 학생이 영향을 미치는 체계를 평가한다. 이런 체계의 예로 복지시설, 동네, 부모의 직장, 종교기관이 있다.

② 일반적인 사회적 환경, 학생의 사회적 상황, 학생을 지지하는 사회관계, 학생이 다른 사람에게 영향을 미치는 과정을 평가한다.

(3) 예방에의 관심

생태학적 관점에서는 여러 요인을 함께 고려하고 있다. 따라서 생태학적 관점을 취하는 학교사회복지사는 예방하는 측면에 관심을 가질 필요가 있다.[1)]

Points

- 학생과 가족이 더 넓은 환경과 교류하는 것과 관련된 요인에는 여러 가지가 있는데, 이와 관련된 관점이 생태학적 관점이다. 따라서 학교사회복지에서는 생태학적 관점에 관심을 가질 필요가 있다.
- 생태학적 관점은 개인과 가족이 더 넓은 지역사회와 관계를 맺으며 활동하는 측면과 개인과 가족이 위치한 문화적·사회적·경제적 환경을 고려하는 관점이다.
- 생태학적 관점은 예방 측면, 강점을 강조하는 측면, 전체 측면과 관련된 장점이 있으므로, 학생의 복리를 향상하는 데 쓸모 있게 적용할 수 있다.
- 학교사회복지와 관련된 생태학적 관점에서는 학교와 관련된 다양한 환경에 주목하고, 체계들 사이의 관계를 분석해 서비스나 프로그램에 대한 계획을 짠다.
- 생태학적 관점은 학교사회복지사가 다른 전문가와 구분되는 독특한 존재라는 점을 보여주고 또한 학생과 가족이 이용할 수 있는 자원을 늘려주는 데 도움이 된다.
- 생태학적 관점에 근거한 사정에서는 학생과 여러 환경체계가 서로에게 잘 적응하는 정도에 주목한다.
- 생태학적 관점에 근거한 개입에서는 학생이나 가족이 다른 사람과 관계를 맺는 능력을 키워주고자 한다. 이런 개입은 개인, 환경, 개인·환경 모두를 대상으로 할 수 있다. 이때 개입하는 방법에는 직접적 개입과 간접적 개입이 있다.
- 생태학적 관점과 관련해 고려할 점으로 여러 영역에서 부족한 측면과 여러 관계에 대해 주목하는 것과 관련된 측면, 사정에서 주목하는 것과 관련된 측면, 예방에의 관심과 관련된 측면이 있다.

1) 생태학적 관점의 장점이 예방이라는 점은, 앞에서 이미 설명한 바 있다.

2. 학교사회복지의 거시적 측면

1) 학교사회복지와 거시적 측면

(1) 거시적 측면에 대한 관심의 필요성

학교사회복지사는 개인이나 가족 수준에서 개입해서 학생과 가족에게 당장 필요한 것을 해결하는 데 관심을 가지는 경우가 많다. 그러나 학생 개인이나 가족을 둘러싸고 있는 여러 상황과 제도 등도 학생의 복리에 크게 영향을 미치고 있다. 우선, 학교나 학생과 관련된 지역사회는 학생의 삶에 크게 영향을 미치고 있다. 또한 학교와 관련된 제도나 법이나 정책은 학생의 현재와 미래의 삶에 다양한 방식으로 크게 영향을 미치고 있다.

그리고 거시적 측면에 주목하는 학교사회복지사는 학교나 학생과 관련된 문제를 더 폭넓게 이해하면서 개입할 수 있다. 예를 들어, 거시적 측면에 주목하는 학교사회복지사의 경우, 학교와 지역사회 주민 사이에 관계를 더 잘 맺을 수 있다(Wilson, 2007; Daftary et al., 2021).

이런 탓에, 학교사회복지에서는 거시적 측면에 관심을 가질 필요가 있다.

(2) 관심을 가지는 주요한 가치

거시적 측면에 주목하는 학교사회복지와 관련되는 가치에는 여러 가지가 있을 수 있다(노병일, 2021a). 이 중에서도, 거시적 측면에 주목하는 학교사회복지와 크게 관련되는 가치는 사회 정의social justice이다. 학교에서 사회 정의가 부족한 예로, 교육을 평등하게 받을 기회를 가지지 못한 학생이 나중에 자신의 경력에서 매우 불리해지는 것이 있다. 학교가 적절한 교육 자원과 기회를 제공하지 못할 경우, 일부 학생은 적절한 보수를 제공하는 안정된 일자리를 구하는 데 필요한 지식과 기술을 갖추지 못한 채 학교를 그만둘 수 있다. 이렇게 될 경우, 이런 학생이 자신과 가족의 생계를 위해 안정된 직장과 충분한 소득을 얻을 가능성은 적어지게 된다. 그 결과, 이런 학생에게는 빈곤이 세대 사이에 반복될 수 있다(Wilson, 2007). 이런 상황은 결코 정의롭지 못한 상황이다. 즉, 이런 상황은 사회 정의에 크게 어긋나는 상황이다.

▲ 어느 학교의 모습: 거시적 측면에 주목하는 학교사회복지와 크게 관련되는 가치는 사회 정의이다.

[출처: 네덜란드에서 저자 촬영]

(3) 관심을 가지는 주요한 영역

학교사회복지에서 거시적 측면에 주목할 때 크게 관련되는 영역은 지역사회와 정책이다. 따라서 거시적 측면에 주목하는 학교사회복지사는 지역사회와 정책에 특히 더 관심을 가지는 경우가 많다.

2) 지역사회와 학교사회복지

(1) 지역사회에 대한 관심의 필요성

지역사회는 아동과 청소년이 제대로 성장하고 발달하는 데 중요한 역할을 하고 있다. "한 아이를 키우려면 마을이 필요하다"라는 아프리카 속담은 이런 점을 잘 보여주고 있다. 실제로 외국과 우리나라에서 실시한 많은 연구에서, 지역사회의 지지 네트워크는 아동과 청소년의 발달과 복리에 긍정적인 영향을 미치는 것으로 나타나고 있다(노병일, 2020b; 노병일, 2015; Andrews & Ben-Arieh, 1999).

지역사회는 아동과 청소년의 학교와 관련해서도 중요한 역할을 하고 있다. 왜냐하면 지역사회 자체의 환경과 분위기는 지역사회에 있는 학교의 환경과 분위기에 영향을 미치기 때문이다. 따라서 학교사회복지에서는 지역사회의 요인을 고려하면서 학생에게 개입하고 서비스를 제공할 필요가 있다. 이런 탓에, 학교사회복지에서는 지역사회에 대해 크게 관심을 가질 필요가 있다.

(2) 지역사회의 정의와 특징

(가) 지역사회의 정의

일반적으로 지역사회community는 가치나 서비스나 목적을 함께 하거나 지리적으로 가까운 집단을 말한다. 그러나 학교와 관련시켜 볼 경우, 지역사회는 학교가 위치하고 학생이 거주하는 공간적 환경을 가리킨다고 볼 수 있다(Bowen, 2007).

(나) 지역사회의 특징

지역사회에는 여러 집단이 존재하고 있다. 지역사회를 구성하는 집단의 예로 가족, 또래집단, 이웃, 기업, 종교기관, 공공 지역기관, 민간 지역기관이 있다(Bowen, 2007). 말할 것도 없이, 학교도 지역사회를 구성하는 주요한 집단에 속하고 있다.

(3) 지역사회와 학교사회복지

(가) 지역사회와 학교의 교류

지역사회와 학교는 서로 꾸준히 교류하고 있다. 따라서 지역사회는 학교에 중요하다. 지역사회가 학교에 중요한 이유를 구체적으로 제시하면 다음과 같다(Bowen, 2007).

① 학생은 지역사회에 있는 물품, 정보 등을 학교에 가져가기 때문이다.

② 지역사회의 사건과 상황은 학교의 사건과 상황에 영향을 미치기 때문이다.

▲ 학교와 지역사회(마을)의 교류와 관련된 발표회: 지역사회와 학교는 서로 꾸준히 교류한다.

[출처: 저자 촬영]

(나) 지역사회 지지와 학생의 복리

여러 연구에서, 지역사회가 지지해 주는 것은 학생이 학교에서 잘하는 데 중요한 것으로 나타나고 있다. 예를 들어, 지역사회에서의 지지는 학생이 학교에 적응하는 데 긍정적으로 작용하는 것으로 나타나고 있다(노병일, 2015). 따라서 지역사회에서의 지지는 학생의 복리 수준을 높이는 데 도움이 되고 있다.

(다) 지역사회 특성과 교육적 성과

여러 연구에서 지역사회의 특성은 교육적 성과와 관련되는 것으로 나타나고 있다. 이와 관련된 지역사회 특성의 예로 지역사회 통제가 있다. 예를 들어, 지역사회에서 통제를 잘하는 것은 학생의 성적에 긍정적인 영향을 미칠 수 있다.

(4) 학교사회복지사의 역할

(가) 일반적 역할

ⓐ 기본적 역할

학교사회복지사는 지역사회와 관련해 여러 가지 기본적인 역할을 할 수 있다. 지역사회와 관련해 학교사회복지사 할 수 있는 기본적 역할을 몇 가지 제시하면 다음과 같다(National Association of Social Workers, 2012).

① 지역의 교육기관에서 지역사회와 관련된 서비스를 더 잘 제공한다.
② 지역사회에서 서비스를 제공하는 사람이나 기관이 학교의 분위기, 학교의 문화, 학교의 구조에 맞추도록 도와준다.

더불어, 학교사회복지사는 학생이 학습을 잘하게 돕기 위해서 학교와 가정과 지역사회를 연결할 수 있다(National Association of Social Workers, 2024).

⑥ 학교와 지역사회의 교류 관련

학교와 지역사회가 서로 많이 교류하는 것은 학교사회복지에서 중요하다. 특히 학생과 지역사회와 학교 사이에 서로 친하게 교류하는 관계를 형성하는 것은 중요하다. 따라서 학교사회복지사는 학교와 지역사회를 중요하게 연결할 수 있다. 또한 이와 관련해, 학교사회복지사는 여러 영역에서 지역사회기관과 학교가 서로 협력하는 것을 조정할 수 있다(American Council for School Social Work, 2014; Bowen, 2007; National Association of Social Workers, 2012).

학교사회복지사는 여러 가지 방법을 사용해 학교와 지역사회가 교류하도록 도와줄 수 있다. 학교사회복지사가 학교와 지역사회가 교류할 수 있도록 도와주는 방법을 몇 가지 제시하면 다음과 같다(Wilson, 2007; Huxtable, 2022).

① 학생의 욕구, 학생이 추구하는 목표, 학생이 학교에서 더 잘 하기 위한 방안을 짜기 위해, 지역사회 주민들을 함께 모은다.

② 지역사회 주민이 필요한 서비스나 프로그램을 파악하고 이런 서비스나 프로그램을 제공하도록 도와주기 위해서, 지역사회의 일반 집단들과 함께 활동한다. 이런 집단의 예로 복지와 관련된 집단, 종교집단, 여가활동 집단이 있다. 그리고 지역에 필요한 서비스나 프로그램의 예로 건강서비스, 정신건강 서비스, 방과 후 프로그램, 일자리를 제공하는 프로그램이 있다.

③ 지역사회를 더 변화시키기 위해서, 지역사회에 있는 집단이 함께 힘을 합쳐 활동하도록 도와준다. 이와 관련된 영역의 예로 범죄를 줄이는 것, 지역사회를 더 깨끗하게 하는 것이 있다.

한편, 학교사회복지사는 지역사회가 학교에 더 관여하도록 도와줄 수 있다(National Association of Social Workers, 2024).

(나) 구체적 역할

ⓐ 주민 관련

학교와 교육이 잘 되기 위해서는 지역사회 주민의 역할도 중요하다. 이 경우, 지역사회 주민이 중심이 되어 활동하는 것이 중요하다. 그러므로 학교사회복지사는 지역사회 주민이 학교와 교육을 위해 적극적으로 활동하는 것을 도와줄 수 있다(Wilson, 2007).

ⓑ 지역사회를 변화시키는 것 관련

학생의 복리 수준을 높이기 위해서는, 지역사회가 학생에게 좋은 방향으로 변할 필요가 있다. 이를 위해서는, 지역사회의 힘을 키우고 주민들이 단결하는 것이 무엇보다도 중요하다. 그러므로 학교사회복지사는 이와 관련해 여러 가지 역할을 할 수 있다. 예를 들어, 지역사회에 주목하는 학교사회복지사는 지역사회의 욕구를 더 충족해주기 위해서 지역사회 주민들을 더 단결시키는 데 도움을 줄 수 있다(Wilson, 2007).

ⓒ 교사 관련

학교와 지역사회가 서로 교류하는 것은 교사에게도 도움이 될 수 있다. 예를 들어, 학교와 지역사회가 서로 교류하는 것은 교사를 추가로 지지해주는 데 도움을 줄 수 있다(Kahne, O'Brien, Brown & Quinn, 2001). 그러므로 학교사회복지사는 교사를 위해서 학교와 지역사회가 서로 협력하는 관계를 형성하는 데 관여할 수 있다.

(5) 지역사회와 관련해 고려할 점

(가) 지역사회의 고유한 특성을 이해하는 것 관련

지역사회는 나름의 상황에서 나름의 특성을 지니고 있다. 따라서 지역사회에 개입하고자 하는 학교사회복지사는 다음과 같은 점을 이해할 필요가 있다(Bowen, 2007).

① 개인과 가족의 인구적 특성과 사회적 특성이 다른 것처럼, 학교와 지역사회의 인구적 특성과 사회적 특성은 서로 다르다.

② 학교와 지역사회는 발달한 정도가 서로 다르다.

(나) 지역사회 자원을 파악하는 것 관련

지역사회에는 다양한 자원이 존재하고 있다. 이때, 어떤 자원은 겉으로 드러날 수 있고, 어떤 자원은 겉으로 드러나지 않을 수 있다. 따라서 학교사회복지사는 지역사회의 자원에 관해 잘 알고 있을 필요가 있다(National Association of Social Workers, 2012).

그리고 학교사회복지사는 지역사회의 주민뿐만 아니라 지역사회에 있는 전문가 및 기업과도 관계를 잘 맺을 필요가 있다(노병일, 2021b; Wilson, 2007). 이렇게 할 경우, 학교사회복지사가 학교와 학생의 가정에서 사용할 수 있는 지역사회 자원이 크게 늘게 된다.

(다) 관계를 형성하는 것 관련

학교와 관련해 지역사회에서 형성하는 관계는 누구에게 불리하지 말아야 한다. 예를 들어, 전문가와 지역사회 주민은 서로 협력하여 서로에게 이득이 되는 식으로 관계를 맺을 필요가 있다. 그리고 이 경우, 서로의 강점을 인정하면서 이런 관계를 형성할 필요가 있다(Wilson, 2007).

(라) 다양한 방안을 사용하는 것 관련

학교사회복지사가 지역사회에서 널리 잘 활동하기 위해서는 여러 가지 방안을 사용할 필요가 있다. 이때 사용할 수 있는 방안을 몇 가지 제시하면 다음과 같다(Bowen, 2007).

① 동료들이 서로 지지하는 집단을 형성한다.

② 인터넷을 이용해 사이버 공간에서 교류한다.

(마) 문제 해결 능력을 향상하는 것 관련

지역사회에는 여러 가지 복잡한 문제가 존재하고 있다. 그리고 학교나 교육 영역과 관련된 새로운 문제가 지역사회에서 어느 때고 발생할 수 있다. 그러므로 학교사회복지사가 지역사회와 관련된 활동을 하기 위해서는, 여러 가지 문제를 다룰 수 있는 능력을 갖출 필요가 있다(Wilson, 2007).

3) 정책과 학교사회복지

(1) 정책의 정의와 중요성

그동안 여러 학자와 기관은 정책에 관해 정의해왔다. 이런 여러 정의를 정리할 경우, 정책은 "목적을 달성하기 위해 실시하는 행동에 관한 원칙이나 지침이나 절차나 계획"이라고 볼 수 있다(노병일, 2021a: 14). 따라서 학교사회복지와 관련된 정책은 학교사회복지와 관련된 목적을 이루기 위해 하는 행동에 관한 원칙이나 지침이나 절차나 계획이라고 볼 수 있다.

정책은 특정한 활동 영역에서 법적으로 무엇을 할 수 있고 무엇을 할 수 없는지에 관해 지침을 제공하므로 중요하다. 따라서 정책은 실제로 제공하는 서비스에도 크게 영향을 미치고 있다(노병일, 2021a). 이런 탓에, 학교사회복지와 관련된 정책은 제공하는 서비스에 크게 영향을 미치고 있다.

(2) 정책과 학교사회복지

교육과 관련된 정책은 학교사회복지에서 중요하다. 무엇보다도, 교육과 관련된 정책은 학생뿐만 아니라 학교사회복지사에게도 매우 중요하다. 교육과 관련된 정책이 학생과 학교사회복지사에게 중요한 이유를 몇 가지 제시하면 다음과 같다(노병일, 2021a; Lee, 2007).

① 교육과 관련된 정책은 졸업하는 데 필요한 수업시간, 학교사회복지사의 역할

등과 같은 측면을 결정하기 때문이다.

② 교육과 관련된 정책은 학교사회복지사가 서비스를 제공하는 대상, 제공하는 서비스의 영역, 기타 업무를 결정하기 때문이다.

(3) 학교사회복지사의 역할

정책을 설계하고 실시하는 데 영향을 미칠 수 있는 방법에는 여러 가지가 있다. 따라서 학교사회복지사는 다양한 방법을 사용해 교육정책을 설계하고 실시하는 데 도움을 줄 수 있다.

학교사회복지사가 정책과 관련해 할 수 있는 역할을 몇 가지 제시하면 다음과 같다(Wilson, 2007).

① 정치적 활동에 참여한다.
② 법과 관련해 제안한다.
③ 국회나 시군의회에서 증언한다.
④ 법이 제대로 지켜지는지를 보기 위해서 관련 조직에서 활동한다.
⑤ 현재의 정책을 분석하고, 더 나은 방안을 제시한다.
⑥ 사회를 변화시키기 위한 대규모 운동에 참여한다.

(4) 정책과 관련해 고려할 점

학교사회복지사의 경우, 가족, 교사와 직원, 지역사회 주민, 법과 관련된 전문가와 협력함으로써, 학생의 복리와 관련된 정책을 설계하고 실시하는 데 도움을 줄 필요가 있다. 특히 학교사회복지사는 다음과 같은 정책을 설계하고 실시하는 데 도움을 줄 필요가 있다(Wilson, 2007).

① 학생과 관련된 문제를 예방한다.
② 학교에서 잘 지내는 데 필요한 자원을 모든 학생에게 제공한다.

특히 학교사회복지사는 학생과 가족이 빈곤 상태에 있는 것, 학생이 글자를 제대로 읽지 못하는 것, 학생에게 직업훈련을 하는 것, 지역사회를 개발하는 것과 관련된 주요한 정책적 문제에 관심을 가질 필요가 있다(Wilson, 2007).

▲ 어느 나라의 국회: 학교사회복지사는 법과 관련해 제안할 수 있다.

[출처: 모나코에서 저자 촬영]

Points

- 학교사회복지에서는 거시적 측면에 관심을 가질 필요가 있다.
- 거시적 측면에 주목하는 학교사회복지와 크게 관련되는 가치는 사회 정의이다.
- 학교사회복지에서 거시적 측면에 주목할 때 크게 관련되는 영역은 지역사회와 정책이다.
- 지역사회는 학교가 위치하고 학생이 거주하는 공간적 환경이다. 지역사회에는 여러 집단이 존재한다.
- 지역사회와 학교는 서로 꾸준히 교류하고 있고, 지역사회 지지는 학생의 복리 수준을 높이는 데 도움이 되고, 지역사회의 특성은 교육적 성과와 관련된다.
- 학교사회복지사는 지역사회와 관련해 여러 기본적 역할을 할 수 있다. 학교사회복지사의 구체적 역할로 주민과 관련된 역할, 지역사회를 변화시키는 것과 관련된 역할, 교사와 관련된 역할이 있다.
- 지역사회와 관련해 고려할 점으로 지역사회의 고유한 특성을 이해하는 것과 관련된 측면, 지역사회 자원을 파악하는 것과 관련된 측면, 관계를 형성하는 것과 관련된 측면, 다양한 방안을 사용하는 것과 관련된 측면, 문제 해결 능력을 향상하는 것과 관련된 측면이 있다.
- 학교사회복지와 관련된 정책은 학교사회복지와 관련된 목적을 이루기 위해 하는 행동에 관한 원칙이나 지침이나 절차나 계획이다. 학교사회복지와 관련된 정책은 제공하는 서비스에 크게 영향을 미친다.
- 학교사회복지사는 다양한 방법을 사용해 교육정책을 설계하고 실시하는 데 도움을 줄 수 있다.
- 정책과 관련해 고려할 점으로 가족, 교사와 직원, 지역사회 주민, 법과 관련된 전문가와 협력함으로써, 학생의 복리와 관련된 정책을 설계·실시하는 데 도움을 주는 것과 관련된 측면이 있다.

참고문헌

국가법령정보센터(2024). https://www.law.go.kr

권효숙(2011). 다문화적 소통을 위한 사진활용의 가능성 탐색. 열린교육연구, 19(3), 227-247.

김홍원(2012). 방과후학교의 사교육비 경감 효과와 과제. 서울: 한국교육개발원.

노병일·노대겸(2016). 사례관리의 윤리적 문제에 관한 탐색적 연구. 사회과학논문집, 34(2), 79-97.

노대겸·노병일(2015). 사진치료가 취약아동의 자아존중감 향상에 미치는 영향. 사회과학논문집, 34(1), 145-173.

노병일(2023). 사회복지조사론. 경기 고양: 공동체.

노병일(2022a). 빈곤론(제2판). 경기 고양: 공동체.

노병일(2022b). 사회문제론(제2판). 경기 파주: 양서원.

노병일(2022c). 청소년문제와 보호. 경기 파주: 양성원.

노병일(2021a). 사회복지정책론(제3판). 경기 고양: 공동체.

노병일(2021b). 현대 산업복지론(제3판). 경기 고양: 공동체.

노병일(2020a). 사회보장론(제4판). 경기 고양: 공동체.

노병일(2020b). 아동복지론(제4판). 경기 고양: 공동체.

노병일(2015). 생태학적 관점에 따른 사회자본과 아동발달 사이의 관계. 열린부모교육연구, 7(1), 85-100.

노병일·노대겸(2024). 청소년복지론(제2판). 경기 파주: 양성원.

노병일·노대겸(2017). 가족정책론. 경기 파주: 정민사.

서유정·신재한(2013). 학교 따돌림과 직장 따돌림의 연관성 분석과 따돌림 방지 방안 연구. 서울: 한국직업능력개발원.

성민선 외 20명(2004). 학교사회복지의 이론과 실제. 서울: 학지사.

심예은(2024). 다문화학생, 학업중단율 뚜렷…세심한 사회적 관심 필요. 헬스경향, 3월 4일.

오주연(2023). 발달장애 7년간 25% 늘어… 전체 장애인 증가율 4배. 아시아경제.

장재훈(2023). 다문화학생 대신 '이주배경학생'으로 불러주세요. 에듀프레스, 10월 24일.

전구훈(2013). 무단결석 학생의 학교적응 과정에 관한 연구: 학교사회복지서비스 이용학생을 중심으로. 숭실대학교 대학원 박사학위 논문.

전영신·노대겸(2018). 지역아동센터 이용아동의 자아존중감 향상을 위한 정신분석 집단미술치료의 효과 연구. 지역사회연구, 26(2), 119-138.

조성심(2014). 학교사회복지사 인권실태. 복지동향, 2월, 22-24.

중앙다문화교육센터(2024). 다문화학생 유형 및 통계. https://www.edu4mc.or.kr/guide/typeStat.html

최성보·김영학(2014). 교사가 지각한 학교장의 다문화 교육 인식이 교사의 다문화 교수효능감에 미치는 영향. 다문화교육연구, 7(3), 153-169.

한국학교사회복지사협회(2024a). 학교사회복지란. https://kassw.or.kr/page/s1/s1.php

한국학교사회복지사협회(2024b). 학교사회복지사의 역할. https://www.kassw.or.kr/page/s1/s2.php

황선영·노병일(2015). 다문화가족아동의 학교생활만족도에 영향을 미치는 요인. 한국케어매니지먼트연구, 15, 71-96.

Abacioglu, C. S., Epskamp, S., Fischer, A. H. and Volman, M.(2023). Effects of multicultural education on student engagement in low- and high-concentration classrooms: The mediating role of student relationships. Learning Environments Research, 26, 951 - 975.

Adolescent and School Health(2015). Glossary. http://www.cdc.gov/healthyyouth/shi/glossary.htm

Allen, R.(2002). Big schools: The way we are. Educational Leadership, 59(5), 36-41.

Allen-Meares, P.(2011). School social work. In Encyclopedia of Social Work(20th ed). Washington, DC and New York: NASW Press and Oxford University Press.

American Council for School Social Work(2014). About school social work. http://acssw.org/aboutschool.html

American Psychological Association(2015). Bullying. http://www.apa.org/topics/bullying/

Andrews, A. B. and Ben-Arieh, A.(1999). Measuring and monitoring children's well-being across the world. Social Work, 44(2), 105-114.

Astor, R. A., Benbenishty, R. and Estrada, J. N.(2011). School violence. In Encyclopedia of Social Work(20th ed). Washington, DC and New York: NASW Press and Oxford University Press.

Atkins-Burnett, S.(2007). Children with disabilities. In Social Work Services in School(5th ed), edit ed by P. Allen-Meares. Boston, MA: Pearson Education.

Atkins, M. S., Graczyk, P. A., Frazier, S. L. and Abdul-Adil, J.(2003). Toward a new model for promoting urban children's mental health: Accessible, effective, and sustainable school-based mental health services. School Psychology Review, 32(4), 503-514.

Baker, M. L., Sigmon, J. N. and Nugent, M. E.(2001). Truancy reduction: Keeping students in school. OJJDP Juvenile Justice Bulletin, September, 1-15.

Barker, R. L.(2003). The Social Work Dictionary(5th ed). Washington DC: NASW Press.

Barrett, C., Downing, C., Frederick, J. Johannsen, L. and Riseley, D.(2011). Practice Standards for School Social Workers. Canberra: Australian Association of Social Workers.

BBC(2014). Is your child playing truant from school? http://www.bbc.co.uk/schools/parents/truancy/

Bickley-Green, C.(2007). Visual arts education: Teaching a peaceful response to bullying. Art Education, 60(2), 6-12.

Bowen, G. L.(2007). Social organization and schools: A general systems theory perspective. In Social Work Services in School(5th ed), edited by P. Allen-Meares. Boston, MA: Pearson Education.

Bridgeland, J. M., DiIulio, Jr., J. J. and Morison, K. B.(2006). The Silent Epidemic: Perspectives of High School Dropouts. Washington, D.C.: Civic Enterprises.

Bye, L.(2007). School social work with families. In School Social Work: Theory to Practice, edited by L. Bye and M. Alvarez. Belmont, CA: Thomson Brooks/Cole.

Caplan, A. H.(2005). The human rights of students in public schools: Principles and trends. Human Rights, 32(4), 8-9.

Capp, G., Moore, H., Pitner, R., Iachini, A., Berkowitz, R., Astor, R. A. and Benbenishty, R. (2017). School violence. Oxford Research Encyclopedias. Oxford University Press.

Carnes, S. L.(2023). Overworked and stretched thin: Burnout and systemic failure in school social work. Children & Schools, 45(3), 151 - 159.

Centers for Disease Control and Prevention(2021). Preventing school violence. https://www.cdc.gov/violenceprevention/youthviolence/schoolviolence/fastfact.html

Chzhen, Y., Bruckauf, Z., Toczydlowska, E., Elgar, F., Moreno-Maldonado, C., Stevens, G. W., Sigmudova, D. and Gariepy, G.(2018). Multidimensional poverty among adolescents in 38 countries: Evidence from the Health Behaviour in School-aged Children(HBSC) 2013/14 Study. Child Indicator Research, 11, 729 - 753.

Constable, R.(2009). The role of the school social worker. In School Social Work: Practice, Policy, and Research(7th ed.), edited by R. Constable, C. R. Massat, S. McDonald and J. P. Flynn. Chicago, IL: Lyceum Books.

Council of Europe(2021). Violence in schools. https://www.coe.int/en/web/children/violence-in-schools#{%2212441337%22:[2

Cunningham, B.(2024). What's the difference between RTI and MTSS? https://www.understood.org/en/articles/whats-the-difference-between-rti-and-mtss

Daftary, A. H., Sugrue, E. P., Gustman, B. D. and Lechuga-Pena, S.(2021). Pivoting during a pandemic: School social work practice with families during COVID-19. Children & Schools, 43(2), 71 - 78.

Dahl, P.(2016). Factors associated with truancy: Emerging adults' recollections of skipping school. Journal of Adolescent Research, 31(1), 119 - 138.

Denton, S.(2020). Magnificent teams for student success: Creatively and resourcefully supporting all students. Leadership, March-April, 8-11.

Ding, X., Lightfoot, E., Berkowitz, R., Guz, S,. Franklin, C. and DiNitto, D. M.(2023). Characteristics and outcomes of school social work services: A scoping review of published evidence 2000 - June 2022. School Mental Health, 15, 787 - 811.

Division of Violence Prevention(2016). Understanding school violence. https://www.cdc.gov/violenceprevention/pdf/School_Violence_Fact_Sheet-a.pdf

Division of Violence Prevention(2013). Understanding school violence: Fact sheet 2013. National Center for Injury Prevention and Control.

Dowrick, P. W.(2003). School drop-outs, adolescence. In Encyclopedia of Primary Prevention and Health Promotion, edited by T. P. Gullotta et al. Boston, MA: Springer.

Dupere, V., Dion, E., Leventhal, T., Archambault, I., Crosnoe, R., and Janosz, M.(2018). High school dropout in proximal context: The triggering role of stressful life events. Child Development, 89(2), e107 - e122.

Dupper, D. R.(2003). School Social Work: Skills and Interventions for Effective Practice. New York:

John Wiley & Son.

Elledge, L. C., Williford, A., Boulton, A. J., Depaolis, K. J. and Little, T. D.(2013). Individual and contextual predictors of cyberbullying: The influence of children's provictim attitudes and teachers' ability to intervene. Journal of Youth and Adolescence, 42(5), 698-710.

Elswick, S. E., Cuellar, M. J. and Mason, S. E.(2019). Leadership and school social work in the USA: A qualitative assessment. School Mental Health, 11, 535 - 548.

Fernandez-Suarez, A., Herrero, J., Perez, B,. Juarros-Basterretxea, J. and Rodriguez-Díaz, F.(2016). Risk factors for school dropout in a sample of juvenile offenders. Frontiers in Psychology, 26, 1-7.

Ferrara, P., Franceschini, G., Villani, A. and Corsello, G.(2019). Physical, psychological and social impact of school violence on children. Italian Journal of Pediatrics, 45(76).

Frey, A. and Walker, H.(2007). School social work at the school organization level. In School Soci al Work: Theory to Practice, edited by L. Bye and M. Alvarez. Belmont, CA: Thomson Brooks/Cole.

Frey, A. J., Alvarez, M. E., Dupper, D. R., Sabatino, C. A., Lindsey, B. C., Raines, J. C., Streeck, F., McInerney, A. and Norris, M. A.(2013). School Social Work Practice Model. School Social Work Association of America.

Forenza, B. and Eckhardt, B.(2020). Education, training, case, and cause: A descriptive study of school social work. Children & Schools, 42(2), 99-109.

Garrett, K. J.(2007). Ecological perspective for school social work practice. In School Social Work: Theory to Practice, edited by L. Bye and M. Alvarez. Belmont, CA: Thomson Brooks/Cole.

Gentle-Genitty, C., Karikari, I., Chen, H., Wilka, E. and Kim, J.(2015). Truancy: A look at definitions in the USA and other territories. Educational Studies, 41(1 - 2), 62 - 90.

Gherardi, S. A., Knox, K., Stoner, A. and Garling-Spychala, B.(2022). Perceptions and practices in school social worker-teacher interprofessional collaboration. International Journal of School Social Work, 8(1).

Gianesin, J. R.(2007). School social work and educational reform. In School Social Work: Theory to Practice, edited by L. Bye and M. Alvarez. Belmont, CA: Thomson Brooks/Cole.

Gregory, J. R.(2020). Whiteness and school shootings: Theorization toward a more critical school social work. Children & Schools, 42(3), 153-160.

Hammond, C., Linton, D., Smink, J. and Drew, S.(2007). Dropout Risk Factors and Exemplary Programs: A Technical Report. Clemson, SC and Alexandria, VA: National Dropout Prevention Center/Network and Communities In Schools, Inc.

Harris, J. and White, V.(2013). A Dictionary of Social Work & Social Care. Oxford, UK: Oxford University Press.

Hopson, L., Franklin, C. and Harris, M. B.(2017). The future of the profession. In School Social Work: National Perspectives on Practice in Schools, edited by Sosa, L. V., Cox, T. and Alvarez, M. New York: Oxford University Press.

Huxtable, M.(2007). International school social work. In School Social Work: Theory to Practice, edited by L. Bye and M. Alvarez. Belmont, CA: Thomson Brooks/Cole.

Huxtable, M.(2022). A global picture of school social work in 2021. International Journal of School Social Work, 7(1), 1-25.

Johnson, A. and Nealis, L. K.(2014). Maximize the potential of your school social worker. Principal Leadership, 14(7), 12-15.

Jung, D.(2024). Multicultural student ratio exceeds 70% in 2 Seoul elementary schools. The Korea Times, January 8.

Kahne, J., O'Brien, J., Brown, A. and Quinn, T.(2001). Leveraging social capital and school improvement: The case of a school network and a comprehensive community initiative in Chicago. Educational Administration Quarterly, 37(4), 429-461.

Kelly, M. S., Frey, A. J. and Anderson-Butcher, D.(2010). School social work practice: Future directions based on present conditions. Children & Schools, 32(4), 195-199.

Kelly, M. S., Frey, A. J., Alvarez, M., Berzin, S. C. and Shaffer, G.(2010). School social work practice and response to intervention. Children & Schools, 32(4), 201-209.

Kelly, M. S., Raines, J. C., Stone, S. and Frey, A.(2010). School Social Work: An Evidence-Informed Framework for Practice. New York: Oxford University Press.

Kemthorne, D.(2005). National Governor's Association Task Force on School Readiness: Building the Foundation for Bright Futures. Washington D.C.: National Governor's Association Center for Best Practices.

Kennedy, M.(1995). Rights for children who are disabled. In The Handbook of Children's Rights, edited by B. Franklin. London: Routledge.

Kim, D. H. and Kim, J. H.(2013). Social relations and school life satisfaction in South Korea. Social Indicators Research, 112(1), 105-127.

Kim, E.(2002). The relationship between parental involvement and children's educational achievement in the Korean immigrant family. Journal of Comparative Family Studies, 33(4), 529-540.

Kjellgren, M., Lilliehorn, S. and Markstroom, U.(2022) Therapist, intermediary or garbage can? Examining professional challenges for school social work in Swedish elementary schools. International Journal of School Social Work, 8(1).

Knox, K. M., Gherardi, S., and Stoner, A.(2020). Rules, roles, and practices: Exploring school social worker preparation for practice. International Journal of School Social Work, 5(2), 1-19.

Kuperminc, G. P., Darnell, A. J. and Alvarez-Jimenez, A.(2008). Parent involvement in the academic adjustment of Latino middle and high school youth: Teacher expectations and school belonging as mediators. Journal of Adolescence, 31(4), 469 - 483.

Lacour, M. and Tissington, L. D.(2011). The effects of poverty on academic achievement. Educational Research and Reviews, 6(7), 522-527.

Lee, H-Y.(2008). A study on the effects of education welfare action zone policy in Korea. Educational Research Policy Practice, 7, 35-45.

Lee, W. C.(2007). The many facets in the role of a school social worker. In School Social Work: Theory to Practice, edited by L. Bye and M. Alvarez. Belmont, CA: Thomson Brooks/Cole.

Lexia(2018). RTI and MTSS: Do you know the difference between these support systems? https://www.lexialearning.com/blog/rti-and-mtss-do-you-know-difference-between-these-support-systems

Lund, I.(2014). Dropping out of school as a meaningful action for adolescents with social, emotional and behavioural difficulties. Journal of Research in Special Educational Needs, 14(2), 96-104.

Maxey, M. and Beckert, T. E.(2017). Adolescents with disabilities. Adolescent Research Review, 2, 59-75.

Michelle, R. and Hoagwood, K.(2000). School-based mental health services: A research review.

Clinical Child and Family Psychology Review, 3(4), 223-41.

Mills, C., Stephan, S. H., Moore, E., Weist, M. D., Daly, B. P. and Edwards, M.(2006). The president's new freedom commission: Capitalizing on opportunities to advance school-based mental health services. Clinical Child and Family Psychology Review, 9(3), 149-161.

Moore, A.(2017). How does poverty affect a teen's lifestyle? https://healthfully.com/1007306-poverty-affect-teens-lifestyle.html

Morris, J.(2002). Schools morass. Community Care, April 11, 38-39.

National Association of Secondary School Principals(2020). Position statement: Poverty and its impact on students' education. https://www.nassp.org/poverty-and-its-impact-on-students-education/

National Association of Social Workers(2012). NASW Standards for School Social Work Services. Washington, DC: NASW.

National Association of Social Workers(2024). School social work. https://www.socialworkers.org/Practice/School-Social-Work

National Center for Mental Health Promotion and Youth Violence Prevention(2012). Truancy preve ntion efforts in school-community partnerships. http://crisisresponse.promoteprevent.org/pu blications/prevention-briefs/truancy-prevention-efforts-school-community-partnerships

New York State School Social Workers' Association(2024). Definitions of school social work. http s://nyssswa.org/definitions-of-school-social-work/

Nguyen, B. T. N., Vo-Thi, T., Nguyen-Vu, N. and Tran-Chi, V.(2022). Collaboration between social workers and educational forces in schools: Advantages, objectives, content, and form. Journal for Educators, Teachers and Trainers, 13(5), 170-180.

Pedro, A.(2012). School violence and violence in school: A proposal for a teacher training curriculum. Education, 2(4), 73-83.

Pfiffner, R., Windlinger, R. and Hostettler, U.(2023). When do pupils talk about their problems? Explaining pupils' intentions to seek help from school social work services. Children and Youth Services Review, 152, 1-9.

Powell, A. and Jenson, J. M.(2010). Predictors of peer victimization among Hispanic adolescent girls: Implications for school social work. Children & Schools, 32(4), 211-222.

President's New Freedom Commission on Mental Health(2003). Achieving the Promise: Transforming Mental Health Care in America. Rockville, MD: U.S. Department of Health and Human Services.

Raising Children Network(2021). Truancy: Pre-teens and teenagers. https://raisingchildren.net.au/pre-teens/school-education/truancy-other-school-problems/truancy-9-15-years

School Social Work Association of America(2016). National school social work model. https://web.archive.org/web/20160103170313/http://www.sswaa.org/general/custom.asp?page=459

Shaffer, G. L.(2007). History of school social work. In School Social Work: Theory to Practice, edited by L. Bye and M. Alvarez. Belmont, CA: Thomson Brooks/Cole.

Skalski, A. K. and Smith, M. J.(2006). Responding to the mental health needs of students. Principal Leadership, September, 12-15.

SocialWork.org(2024). School social worker. https://www.socialwork.org/careers/school-social-worker/

Sosa, L. V.(2022). School social work: Challenges and opportunities. Children & Schools, 44(2), 67 - 69.

Stalnecker, D., Tan, K. and Alvarez, M. E.(2022). Administrators' perception of school social work. Children & Schools, 44(3), 172-182.

Tan, K., White, J., Hillen, M. and Alvarez, M.(2020). Addressing student social and emotional needs: An ecological systems framework to advocate for school social work services. School Social Work Journal, 45(1), 16-39.

Teasley, M., Canfield, J. P., Archuleta, A. J., Crutchfield, J. and Chavis, A. M.(2012). Perceived barriers and facilitators to school social work practice: A mixed-method method. Children & Schools, 34(3), 145-153.

The Ceceilyn Miller Institute(2021). Middle school & high school peer mediation. https://themillerinstitute.com/middle-school-high-school-peer-mediation/.

Thompson, A. M. and Frey, A. J.(2020). Free, feasible, and valid measurement tools for school social workers. Children & Schools, 42(1), 3 - 6.

Thornburgh, N.(2006). Dropout nation. Time, April 9.

Tinerella, V. P.(2012). [A Review of] Encyclopedia of School Crime and Violence. Reference &

User Services Quarterly, 52(1), 70-71.

Tokunaga, R. S.(2010). Following you home from school: A critical review and synthesis of research on cyberbullying victimization. Computers in Human Behavior, 26, 277-287.

Truancy Prevention(2015). Truancy definition, facts and laws. http://www.truancyprevention.org/

Twemlow, S. W., Fonagy, P. and Sacco, F. C.(2001). An innovative psychodynamically influenced approach to reduce school violence. Journal of the American Academy of Child and Adol escent Psychiatry, 40(3), 377-379.

UNICEF(2021a). Cyberbullying: What is it and how to stop it. https://www.unicef.org/end-violence/how-to-stop-cyberbullying

UNICEF(2021b). Social service workers in schools: Their role in addressing violence and other chi ld protection concerns. https://www.unicef.org/media/122916/file/Social%20Service%20Workers%20in%20Schools%20Policy%20Brief.pdf

University of Minnesota Libraries(2016). Sociology: Understanding and Changing the Social World. University of Minnesota Libraries Publishing.

U.S. Department of Education(1996). Manual to combat truancy. https://www2.ed.gov/pubs/Truancy/index.html

Varasteanu, C. and Iftime, A.(2013). The role of the self-esteem, emotional intelligence, performan ce triad in obtaining school satisfaction. Procedia - Social and Behavioral Sciences, 93, 1830-1834.

Verkuyten, M. and Thijs, J.(2002). School satisfaction of elementary school children: The role of performance, peer relations, ethnicity and gender. Social Indicators Research, 59(2), 203-228.

Violence Prevention Works(2015). Olweus success stories. http://www.violencepreventionworks.org/public/olweus_success_stories.page

Weisbrot, D. M.(2012). [A Review of] Preventing Bullying and School Violence. American Journal of Psychiatry, 169(6), 669-670.

Western Australian Centre for Health Promotion Research(2010). Peer mediation. https://mypeer.org.au/planning/what-are-peer-based-programs/program-types/peer-mediation/

Wikipedia(2024a). Dropping out. http://en.wikipedia.org/wiki/Dropping_out

Wikipedia(2024b). School. https://en.wikipedia.org/wiki/School

Wikipedia(2024c). School social work. https://en.m.wikipedia.org/wiki/School_social_work#History

Wilson, J.(2007). School social work at the policy and community level. In School Social Work: Theory to Practice, edited by L. Bye and M. Alvarez. Belmont, CA: Thomson Brooks/Cole.

World Health Organization(2019a). Burn-out an "occupational phenomenon": International Classification of Diseases. https://www.who.int/news/item/28-05-2019-burn-out-an-occupational-phenomenon-international-classification-of-diseases

World Health Organization(2019b). School-Based Violence Prevention: A Practical Handbook. Geneva, Switzerland: WHO.

Zastrow, C.(2010). Introduction to Social Work and Social Welfare: Empowering People(10th ed). Belmont, CA: Thomson Brooks/Cole.

찾아보기

1

노병일(盧炳一)

[약력]

대전 출생
서울대학교 졸업(학시)
공주대학교 대학원 졸업(사회복지학 석사)
미국 뉴욕주립대학교 대학원 졸업(사회학 석사, 사회학 박사)
대전대학교 지역협력연구원장 역임
대전대학교 사회복지연구소장, 지역발전연구소장 역임
중앙공무원 사회복지학 시험문제 출제위원, 시험문제 선정위원 역임
전국 종합사회복지관 평가위원, 전국 지역아동센터 평가위원 역임
사회복지공동모금회 대전광역시지부 배분위원 역임
대전광역시 사회복지위원, 건강가정위원 역임
대전대학교 사회복지학과 교수 역임
유섭사회복지연구회 고문 (현)
동그라미발달연구소 사회적협동조합 고문 (현)

[주요한 저서]

『청소년복지론』(2인 공저, 2024, 제2판)
『노인복지론』(2024, 제2판)
『사회복지조사론』(2023)
『사회문제론』(2022, 제2판)
『빈곤론』(2022, 제2판)
『청소년문제와 보호』(2022)
『사회복지정책론』(2021, 제3판)
『현대 산업복지론』(2021, 제3판)

『아동복지론』(2020, 제4판)

『사회보장론』(2020, 제4판)

『아동권리와 복지』(2018)

『가족정책론』(2인 공저, 2017) [대한민국 학술원 우수학술도서 선정]

『현대 사회복지의 이해』(2017)

『사회복지조사론』(5인 공저, 2014, 제2판)

『사회복지관련 지역·예술자원의 활용과 취약집단』(편저, 2011)

『취약지역의 사회적 배제』(2006)

『East Asian Cooperation in the Glocal Era』(영문 공저, 2006)

『지역 노인의 사회적 지지와 우울』(2인 공저, 2005)

『주거빈곤층의 삶과 터전』(2인 공저, 2004)

[주요한 논문]

"다문화가족아동의 학교생활만족도에 영향을 미치는 요인"

"생태학적 관점에 따른 사회자본과 아동발달 사이의 관계"

"다양한 수준에서의 사회적 지지가 시설 청소년의 학교적응에 미치는 영향"

"유엔 '청소년기의 아동권리에 대한 일반 논평'에 나타난 청소년의 권리에 대한 일반적 논의"

"사회적 지지와 지역사회 사회자본이 미취학 아동의 자기효능감에 미치는 영향에 관한 탐색적 연구"

"비정규직 근로자의 사회적 배제가 정신건강에 미치는 영향"

"지역사회 의료기관 거주 정신장애인의 삶의 만족도에 영향을 미치는 개인·가족·기관 요인"

"지역사회빈곤과 사회적 유대가 도시주민의 우울증에 미치는 영향에 대한 다수준 분석"

"도시노숙자의 삶의 질 예측 요인"

"사회적 지지의 수준과 차원이 노인 우울에 미치는 영향"

"The Development and Prospect of East Asian Welfare System"

제2판
학교사회복지론

1판 1쇄 발행　2015년 8월 14일
2판 1쇄 발행　2024년 7월　1일

지 은 이 | 노병일
발 행 인 | 박철용
발 행 처 | 양서원
주　　소 | 경기도 파주시 직지길 522 파주출판도시
전　　화 | 031-955-8000(代)
팩　　스 | 031-955-8005
홈페이지 | www.yswpub.co.kr
이 메 일 | yswgroup@naver.com
출판등록 | 1987년 11월 24일 제 406-2003-037 호

ISBN 978-89-994-1469-5

정가 22,000원